FRESSE 1976

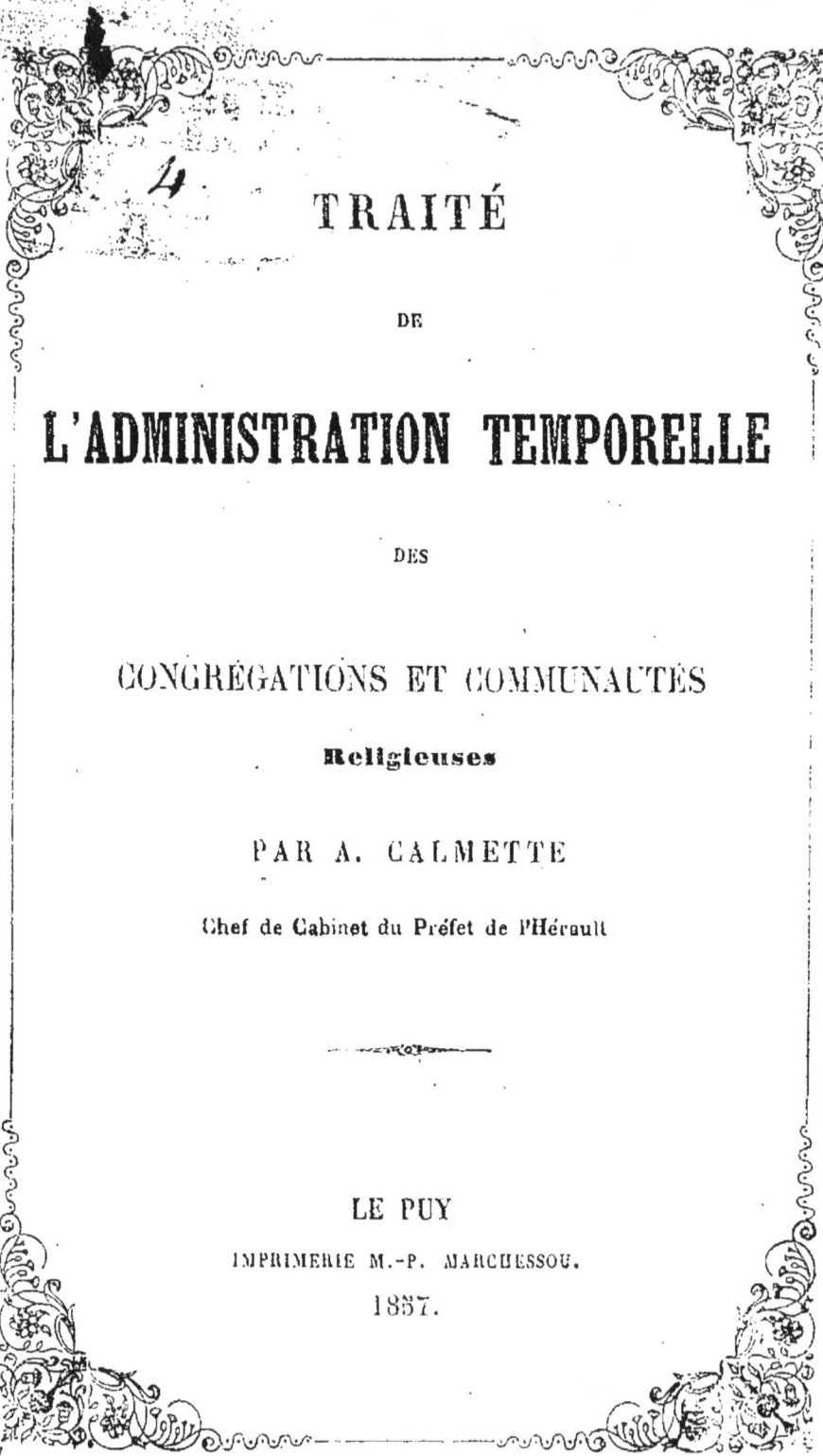

TRAITÉ

DE

L'ADMINISTRATION TEMPORELLE

DES

CONGRÉGATIONS ET COMMUNAUTÉS

Religieuses

PAR A. CALMETTE

Chef de Cabinet du Préfet de l'Hérault

LE PUY

IMPRIMERIE M.-P. MARCHESSOU.

1857.

TRAITÉ

DE L'ADMINISTRATION TEMPORELLE

DES CONGRÉGATIONS ET COMMUNAUTÉS

religieuses.

C.

TRAITÉ

DE

L'ADMINISTRATION TEMPORELLE

DES

CONGRÉGATIONS ET COMMUNAUTÉS

Religieuses

PAR A. CALMETTE

Chef de Cabinet du Préfet de l'Hérault

LE PUY

IMPRIMERIE M.-P. MARCHESSOU.

1857.

INTRODUCTION.

I. — ORIGINE DES ASSOCIATIONS RELIGIEUSES ET COUP D'ŒIL SUR LEUR HISTOIRE JUSQU'EN 1789.

L'origine des associations religieuses remonte aux premiers temps du christianisme. Elles prirent naissance en Orient. La Thébaïde devint célèbre par la retraite d'un grand nombre d'anachorètes. Leurs lieux de refuge les plus ordinaires étaient des rochers et des cavernes. Ce furent saint Antoine et saint Pacôme qui, au ive siècle, établirent en Egypte les premiers monastères réguliers. Chacun de ces monastères comprenait de trente à quarante *moines* soumis à une règle commune et à un seul supérieur. Saint Basile donna, vers la fin de ce même siècle, une règle monastique qui fut bientôt adoptée par tous les couvents qui s'établirent en Orient.

Ce fut à cette même époque que l'institution monastique s'étendit à l'Occident. Toutefois elle y fit peu de progrès jusqu'à ce que parut le plus grand et le plus divinement inspiré des réformateurs des couvents, saint Benoît, le fondateur de ces Bénédictins qui, pendant de longs siècles, ont si puissamment aidé la civilisation dans sa marche. C'est lui qui composa vers l'an 529, au monastère de Vicovaro, ou plutôt dans celui du Mont-Cassin, cette célèbre règle monastique sous laquelle devaient se ranger, dans la suite, tous les couvents occidentaux, et qui fit leur force au milieu des désordres de toute espèce qu'occasionnèrent les invasions des barbares, au moyen-âge.

Les premiers grands monastères de femmes qu'ait eus la France furent celui d'Arles, établi au commencement du VIe siècle par saint Césaire, et celui de Poitiers, dont la reine Radegonde fut la fondatrice.

L'exemple donné par saint Césaire et par Radegonde répondait à l'un des besoins les plus profonds de ce temps. Il était, en effet, impossible aux âmes délicates de s'arranger de la vie de la terre, telle qu'elle était alors. Fatiguées plus encore que les hommes d'oppressions et de violences, les femmes se réfugièrent dans les monastères, où, abjurant solennellement leurs plus doux instincts, elles renonçaient à être épouses et mères pour vivre calmes et tranquilles sous une règle sévère, mais volontairement acceptée.

Sainte Bathilde, qui, faite esclave dès l'enfance, épousa Clovis II, fit construire, au VIIᵉ siècle, les monastères de Corbic et de Chelles. Elle mourut simple religieuse dans cette dernière abbaye, dont la haute renommée s'est soutenue pendant plus de mille ans [1].

Sous les derniers Mérovingiens, la discipline monastique s'était un peu affaiblie en France. Charlemagne s'en inquiéta, et il résolut de régénérer l'état religieux. La réforme qu'il avait préparée fut introduite dans les monastères sous Louis-le-Débonnaire, son successeur, par saint Benoît d'Aniane, auteur d'une nouvelle règle dans laquelle étaient combinées celles de saint Benoît, de saint Pacôme et de saint Basile.

[1] *L'abbaye* était une maison religieuse dans laquelle on vivait en communauté sous l'autorité et la juridiction spirituelle d'un supérieur auquel on donnait le titre d'*abbé*. Il y avait en France des abbayes d'hommes et des abbayes de femmes.

L'invasion normande détruisit un grand nombre de monastères. C'est à cette triste époque que paraît remonter l'usage de donner à des laïques des monastères en *commende* [1]. On l'avait fait d'abord pour les engager à réparer ceux de ces monastères qui tombaient en ruines ou qui avaient été dévastés par les Normands. Plus tard, au temps de la féodalité, les seigneurs suzerains prirent l'habitude d'en disposer comme de tout autre fief, et on en vint à donner à des hommes des monastères de femmes, et à des femmes des monastères d'hommes.

Le xe et le xie siècle virent éclore plusieurs réformes monastiques importantes. Guillaume, comte de Toulouse et duc d'Aquitaine, fonda, en 910, le monastère de Cluny, qui devint bientôt l'un des plus célèbres et des plus riches de toute la chrétienté.

En 1084, saint Bruno établit, au milieu d'un désert voisin de Grenoble, appelé la Chartreuse, l'ordre des Chartreux. Ces moines n'ont cessé depuis leur fondation de se montrer zélés observateurs de la règle qui leur a été donnée par leur fondateur.

[1] Un monastère était en commende, lorsque le titre pouvait en être conféré à des séculiers qui en prenaient possession, en percevaient les revenus, et en laissaient le gouvernement à un prieur qui était, par le fait, le seul supérieur ecclésiastique en fonction dans la communauté.

Enfin, vers 1098, saint Robert de Molesmes fonda l'abbaye de Cîteaux, qui dut une si grande illustration à saint Bernard, le prédicateur des croisades.

Robert d'Arbrisselles établit, au XIIᵉ siècle, l'ordre de Fontevrault, et il plaça à sa tête une abbesse à laquelle les moines et les religieuses devaient une entière obéissance.

C'est à l'époque des premières croisades, et à leur occasion, que prirent naissance les ordres tout à la fois religieux et militaires de Saint-Jean de Jérusalem et des Templiers.

L'ordre du Temple, qui eut pour fondateur Hugues de Payens, gentilhomme champenois, fut surtout célèbre. Les chevaliers prononçaient les trois vœux monastiques de chasteté, d'obéissance, de pauvreté. Ils y joignaient le serment de porter sans cesse les armes contre les infidèles, de veiller à la sûreté des routes, enfin de protéger les pèlerins contre les brigands. Les immenses richesses qu'acquit bientôt cet ordre inspirèrent des craintes aux souverains et excitèrent l'avidité de Philippe-le-Bel, qui jura sa ruine. L'ordre du Temple fut supprimé en 1312, après un procès scandaleux qui dura plus de six années. Le grand-maître, Jacques de Molay, et un grand nombre de chevaliers périrent au milieu des flammes.

L'ordre hospitalier de Saint-Jean de Jérusalem se fixa à Malte, en 1530, prit le nom de cette île, et s'y maintint glorieusement jusqu'en 1789.

Citons encore, parmi les ordres militaires qui eurent quelque célébrité, les chevaliers teutoniques qui, employés d'abord au service des pauvres malades de la nation allemande, prirent ensuite les armes pour la défense de la Palestine; l'ordre de Saint-Lazare, et, en Espagne, les ordres de Calatrava et d'Alcàntara.

Le XIIIe siècle vit naître les ordres mendiants, qui se donnèrent pour mission de réformer les abus qu'un grand accroissement de richesses avait introduits au sein de quelques monastères, et d'extirper les hérésies qu'avaient enfantées les subtilités d'une fausse dialectique, notamment l'hérésie des Albigeois. Les Franciscains et les Dominicains, les principaux de ces ordres, durent leur fondation à saint François d'Assises et à saint Dominique.

Saint Louis eut une affection particulière pour les ordres mendiants, qui jouirent bientôt des privilèges les plus importants, et furent protégés par presque tous les princes de l'Europe. Ils remplaçaient le clergé séculier dans toutes ses fonctions, et se mettaient dans la plus basse des conditions sociales pour rappeler la pauvreté et l'humilité évangéliques. Apôtres de la paix, théologiens savants et orateurs populaires, pleins d'exaltation mystique, d'humilité et d'esprit de pénitence, ils régénérèrent l'Église dans l'esprit du peuple.

Saint Thomas d'Aquin et Albert-le-Grand, qui furent la gloire de leur siècle, étaient dominicains.

Les maux de toute espèce qui désolèrent la France, au XIVᵉ et au commencement du XVᵉ siècle, préparaient à l'Eglise de nouvelles et terribles épreuves. C'est vers 1517 que parut Luther, moine augustin, docteur renommé de l'université de Wittemberg. Il fut chargé par le général de son ordre de s'opposer aux prédications des moines dominicains, qu'on accusait de vendre les indulgences.

Luther, après s'être élevé contre les abus qui s'étaient introduits dans quelques couvents, n'avait pas tardé à attaquer les institutions conventuelles elles-mêmes dans leur essence, et à se séparer de l'Eglise.

Pour répondre aux attaques de Luther contre les vœux monastiques, le concile de Sens rendit en 1528 un décret qui confirmait l'excellence de ces vœux. Cependant la vie monastique, il faut bien le reconnaître, n'était pas exempte alors de tout reproche ; elle demandait une réforme, et en 1537, le concile de Vicence fut solennellement assemblé dans le but de l'opérer. L'Eglise fut puissamment aidée dans cette difficile tâche par de nouveaux ordres monastiques, par les Théatins, qui se vouaient à la prédication et au soin des malades, et par plusieurs institutions de même genre fondées en Italie, en France et en Espagne. Ce fut de ce dernier pays, terre catholique romaine par excellence, que sortit un ordre véritablement nouveau, approprié aux besoins actuels de l'Eglise, et destiné à servir l'orthodoxie contre l'hérésie luthérienne, comme autrefois les ordres mendiants l'avaient servie contre l'hérésie albigeoise. Il s'agit des Jésuites.

Cette célèbre *compagnie* fut fondée en 1540 par un militaire espagnol de noble origine, Ignace de Loyola. Après avoir longtemps rêvé la gloire des anciens preux, Ignace voulut atteindre celle des Saints, et il se fit *chevalier de la Vierge*. Il avait quarante ans lorsque, venu à Paris pour y suivre les cours de l'université, il y jeta, en 1536, les premiers fondements de cet ordre qui devait remuer le monde.

Le concile de Trente approuva l'institution de l'ordre des Jésuites et rendit, en 1563, un décret de réforme qui dût être appliqué à tous les couvents de moines réguliers. Par ce décret, il était expressément recommandé aux religieux et religieuses de garder fidèlement les trois vœux d'obéissance, de pauvreté et de chasteté. Il leur était défendu de conserver aucuns biens meubles ou immeubles; tous devaient être remis entre les mains du supérieur, représentant du monastère, auquel était accordé canoniquement le droit de posséder des biens-fonds. Cependant certains ordres mendiants, les Capucins entre autres, furent privés de ce droit. Ils ne pouvaient avoir ni propriété collective, ni propriété personnelle.

Le même concile fixa à seize ans l'âge de la profession religieuse. Il permit aux moines et aux religieuses de réclamer contre leurs vœux; il régla la clôture et ce qui concernait l'élection des supérieurs [1].

[1] Les personnes engagées dans les ordres monastiques étaient liées pour toute leur vie; l'autorité civile et judiciaire venait en aide à la puissance ecclésiastique pour les maintenir dans leur état et dans leur couvent. Elles étaient frappées d'une sorte de mort civile. Leur existence était confondue avec celle de leur couvent. Un grand nombre de maisons étaient indépendantes de l'autorité épiscopale, et se gouvernaient ou par des supérieurs particuliers ou par des supérieurs généraux, qui souvent avaient une autorité épiscopale et ne dépendaient que du souverain pontife. (M. Gaudry.)

Peu de temps après que saint Ignace de Loyola eut fondé la Société de Jésus, une religieuse, espagnole comme lui, sainte Thérèse, s'occupa de la réforme des monastères. Elle éprouva d'abord bien des résistances, mais elle surmonta enfin tous les obstacles, et, en vingt années, elle établit en différents lieux plus de trente monastères tant de femmes que d'hommes. A cette époque, parurent les grandes réformes de l'ordre des Frères mineurs, celles des Récollets et des Pénitents du tiers-ordre de saint François.

C'est surtout au xviie siècle que, à l'imitation des ordres religieux, sous des formes analogues, mais liées seulement par des vœux simples, quelquefois même sans vœux, s'élevèrent les *Congrégations* religieuses [1]. Il s'en établit pour toutes les nécessités morales, intellectuelles et matérielles des peuples. Elles prirent bientôt en France un tel développement qu'il n'est aucun objet de l'enseigne-

[1] On entend par *congrégation* religieuse la réunion de plusieurs communautés soumises à la même règle, ayant la même direction et se proposant le même but; et par *communauté* religieuse, une association de plusieurs personnes se liant par des vœux, vivant en commun et soumises à la même règle. Dans le langage ordinaire, on emploie indifféremment, mais à tort, l'une et l'autre dénomination.

ment catholique qui n'ait trouvé son organe, aucun besoin de l'humanité souffrante auquel il n'ait été donné satisfaction.

L'année 1610 vit fonder, par saint François de Sales et par Mme de Chantal, la congrégation des Dames de la Visitation. En 1611, le cardinal de Bérulle institua celle de l'*Oratoire,* qui se chargeait d'instruire la jeunesse, d'élever des clercs pour l'Eglise dans les séminaires, d'enseigner le peuple par la prédication et les missions.

Saint Vincent de Paul fut l'un des principaux promoteurs des congrégations. C'est lui qui établit, en 1625, les *Prêtres de la Mission,* autrement dits *Lazaristes.* Des lettres patentes de 1627, 1630, 1642, 1714 et 1743, enregistrées en parlement, approbatives, confirmatives ou interprétatives, se rapportent à cette célèbre congrégation, spécialement destinée par son fondateur à évangéliser le peuple dans les campagnes, à diriger des séminaires, à envoyer des missionnaires en pays étranger.

On doit également à saint Vincent de Paul la fondation de l'admirable institution des Sœurs de *la Charité,* qui se vouent au soin des malades et à l'enseignement gratuit des jeunes filles pauvres.

La Société des Prêtres de Saint-Sulpice, ce corps

si apostolique et si vénérable, fut établie, en 1641, par M. Ollier, pour la direction des séminaires.

De nombreuses associations religieuses de femmes s'étaient établies, sur le modèle de la congrégation des Sœurs de la Charité, pour l'éducation des jeunes filles et pour le service des hôpitaux [1]. Les garçons pauvres réclamaient le même secours. L'esprit de piété et de charité devait donc, pour satisfaire à ce besoin, enfanter une nouvelle association qui excitât l'attention et la reconnaissance des amis de la religion, de l'ordre et de la morale. Le précieux institut des Frères des Écoles chrétiennes fut fondé à Reims, vers 1680, par le vénérable abbé de la Salle.

Tout, pendant le XVIIᵉ siècle, prit un caractère de grandeur qui assure sa supériorité sur les siècles précédents et sa célébrité jusques dans la postérité la plus reculée, par les modèles qu'il fournit en tous genres. Les Bénédictins, qui embrassèrent les réformes naissantes de saint Vannes et de saint Maur, ne crurent pas s'éloigner de l'esprit de leur fondateur en alliant à la piété la culture des lettres. Le célèbre abbé de Rancé, qui avait charmé le

[1] On trouvera, à l'appendice, la liste des principales congrégations religieuses légalement reconnues.

monde par la haute distinction de ses manières et par son esprit, l'étonna par sa retraite à la Trappe, où il observa strictement la règle primitive de Cîteaux.

Il y eut bien peut-être un certain relâchement, au XVIIIe siècle, dans quelques monastères, mais nous n'hésitons pas à affirmer que la plupart des historiens modernes ont fait de la corruption des associations religieuses, avant la révolution, un tableau excessivement exagéré. Nous n'en voulons pour preuve que le témoignage de l'écrivain le plus hostile à la religion et aux établissements religieux. « Ce fut » longtemps une consolation pour le genre hu- » main, dit Voltaire, qu'il y eut des asiles ouverts » à tous ceux qui voulaient fuir les oppressions du » gouvernement goth ou vandale. Presque tout ce » qui n'était pas seigneur de château était esclave. » On échappait, dans la douceur des cloîtres, à la » tyrannie et à la guerre... Le peu de connaissan- » ces qui restait chez les barbares fut perpétué dans » le cloître. Les Bénédictins transcrivirent quel- » ques livres. Peu à peu il sortit des monastères » des inventions utiles; d'ailleurs, ces religieux » cultivaient la terre, chantaient les louanges de » Dieu, vivaient sobrement, étaient hospitaliers, » et leurs exemples pouvaient mitiger la férocité

» de ces temps de barbarie. On ne peut nier qu'il
» n'y ait eu dans le cloître de grandes vertus.

» Les Chartreux sont consacrés sans relâche-
» ment au jeûne, au silence, à la prière, à la soli-
» tude ; les Bénédictins ont donné beaucoup de bons
» ouvrages ; les Jésuites ont rendu de grands ser-
» vices aux belles-lettres... Le premier devoir est
» d'être juste.

» Peut-être n'est-il rien de plus grand sur la
» terre que le sacrifice que fait un sexe délicat, de
» la beauté, de la jeunesse, souvent de la haute
» naissance, pour soulager dans les hôpitaux ce
» ramas de toutes les misères humaines, dont la
» vue est si humiliante pour l'orgueil et si révol-
» tante pour notre délicatesse. Les peuples séparés
» de la communion romaine n'ont jamais imité
» qu'imparfaitement une charité si généreuse. »

L'assemblée constituante décréta, le 13 février
1790, la suppression de toutes les associations religieuses, et confisqua bientôt après leurs biens
au profit de l'Etat.

II. — RECONSTITUTION DES ASSOCIATIONS RELIGIEUSES ET LÉGISLATION QUI LEUR EST MAINTENANT APPLICABLE.

L'ouragan révolutionnaire avait tout emporté : souvenirs, institutions religieuses, gouvernement. Dès que la terreur eut cessé et qu'il fut possible au penseur de regarder autour de lui, il n'aperçut plus que des ruines. Mais une génération nouvelle, moitié religieuse, moitié philosophe, apparaissait, et elle dut avoir sa bonne part dans la reconstitution de l'édifice social.

Les *congrégations* avaient disparu avec les ordres religieux; mais tandis que ceux-ci restaient encore sous le coup de la réprobation révolutionnaire, les *congrégations*, celles de femmes surtout, se relevaient successivement sur de nouvelles bases, tout en conservant leurs anciennes dénominations.

Le concordat n'avait point fait mention des associations religieuses; cependant, hâtons-nous de le dire, leur suppression n'était pas dans la pensée du nouveau gouvernement. Il ne désirait pas, sans doute, le rétablissement des congrégations exclusivement vouées à la vie contemplative [1], mais il

[1] Les associations religieuses sont *enseignantes, hospitalières* ou *contemplatives*. La plupart d'entre elles remplissent en

ne voulait pas non plus maintenir l'interdiction de celles qui se consacraient au soulagement des malades, à l'enseignement et à d'autres soins aussi utiles que méritoires. Aussi la révolution n'était pas finie que, sur plusieurs points de la France, reparaissaient les congrégations, à peine dispersées, des Sœurs hospitalières qui n'avaient laissé derrière elles que le souvenir de leur inépuisable charité. L'Empereur, témoin attentif de cet élan, comprit le besoin de le favoriser et de lui donner une direction régulière. Il ordonna, en 1808, la convocation à Paris, sous la présidence de Madame-Mère et du cardinal Fesch, d'un chapitre général des Sœurs consacrées au soulagement des pauvres. On lit dans le rapport sur cette assemblée : « J'ai » vu les Sœurs de la charité et les autres établis-

même temps une double mission d'instruction et de charité. On nomme *contemplatives*, les associations qui se livrent entièrement à des exercices de piété sans se vouer à une œuvre spéciale.

Un avis du conseil d'Etat déclare que, dans aucun temps, le Gouvernement n'a entendu autoriser des congrégations où l'on se livrerait à des occupations ou à une vie purement contemplatives, et qu'il a toujours voulu, ainsi que l'indiquent de nombreux décrets et ordonnances rendus en pareille matière, borner l'autorisation légale aux seules congrégations hospitalières ou enseignantes. (Av. du c. d'Et., 18 mars 1836)

» sèments consacrés au soulagement des pauvres.
» J'ai été pleinement satisfaite de ces respectables
» Sœurs; elles m'ont édifiée par leur piété sans
» exagération, et par cette tendresse véritablement
» maternelle qu'elles portent à leurs enfants adop-
» tifs, les pauvres et les malheureux. Il m'a été
» démontré qu'il est bien doux de concourir au
» bonheur de ces âmes pieuses qui, oubliant tou-
» jours le bien qu'elles font, ne se souviennent que
» de celui qu'elles reçoivent. J'ai reconnu que ces
» précieuses institutions se multiplient heureuse-
» ment sur tous les points de l'Empire, que le bien
» qui en résulte pour l'humanité est incalculable,
» et que l'Etat ne saurait leur donner trop d'encou-
» ragements [1]. »

Par suite de ce rapport, intervinrent : 1º le décret du 3 février 1808, d'après lequel une somme
de 182,000 fr. était accordée, pour frais de premier
établissement, à dix-neuf principales congrégations,
qui devaient également recevoir, à l'avenir, une
subvention annuelle sur les fonds de l'Etat; 2º le
décret du 18 février 1809, qui posa les conditions
auxquelles ces congrégations seraient légalement
autorisées.

---

[1] Rapport de Madame-Mère à l'Empereur. Voir le *Moniteur*
de janvier 1808.

A côté des Sœurs hospitalières, auxquelles l'Empereur prodigua ses encouragements, se formèrent bientôt un grand nombre d'autres associations religieuses de femmes, bien dignes aussi de la faveur du Gouvernement, notamment celles destinées à desservir les maisons de refuge, les établissements pénitentiaires, etc.

L'existence de l'institut des Frères des Écoles chrétiennes avait été implicitement reconnue par le décret du 17 mars 1808, constitutif de l'université. L'article 109 est ainsi conçu : « Les Frères des écoles chrétiennes seront brevetés et encouragés par Grand-Maître, qui visera leurs statuts intérieurs, les admettra au serment, leur prescrira un habit particulier, et fera surveiller leurs écoles. »

Les services rendus par les congrégations religieuses, dans les dernières années de l'Empire, étaient incontestables, et la législation de 1809 était devenue insuffisante. Le pouvoir impérial, représentant direct des idées qui avaient triomphé en 1789, avait été remplacé, en 1815, par le gouvernement de la Restauration. Un moment, l'ancien parti, demeuré étranger aux luttes de la révolution, et tout à fait ignorant des changements qu'elles avaient opérés dans les esprits, espéra rétablir, sur leurs bases primitives, les anciennes institutions religieuses, mais il ne tarda pas à s'apercevoir qu'il ne pourrait le faire sans danger, et il dut se résigner à jouer le rôle de conciliateur. La loi du 2 janvier 1817 et l'ordonnance royale du 2 avril suivant eurent pour principal objet de donner une première satisfaction aux établissements religieux en général. Ils obtinrent, avec l'autorisation légale, le droit d'acquérir des immeubles à titre gratuit et à titre onéreux, d'aliéner, de plaider, de transiger.

La loi du 24 mai 1825 rétablit d'une manière générale les associations religieuses de femmes et détermina les formalités à remplir pour obtenir la reconnaissance légale. Là se bornèrent les mesures prises en faveur des établissements religieux par le gouvernement de la Restauration.

Le gouvernement de Juillet, issu d'un principe contraire au précédent, ne rencontra point d'abord dans sa marche les mêmes obstacles, et il put, sans se créer de trop graves embarras, se montrer peut-être plus bienveillant encore à l'égard des associations religieuses en général. Il fit aux Trappistes une concession importante de terres en Algérie, bien que cet ordre religieux ne fût pas légalement reconnu, et il confia à plusieurs communautés charitables, également non autorisées, le service des aliénés et celui des prisons.

Vers 1840, l'ordre des Frères Prêcheurs ou Do-

minicains fut rétabli, en France, par notre grand
orateur chrétien, M. l'abbé de Lacordaire.

La constitution de 1848 réservait à l'égard des
associations religieuses « les règles qui, de tout
» temps, ont fait la base du droit public français,
» et que la République devait et voulait maintenir
» avec fermeté. »

La loi du 15 mars 1850, sur l'enseignement,
admit que les congrégations religieuses non autorisées pourraient être reconnues par le Gouvernement comme établissements d'utilité publique, et,
à ce titre, fournir des instituteurs aux écoles communales.

Après le grand acte du 2 décembre, le nouveau
Gouvernement, voulant encore faciliter aux associations religieuses de femmes leur reconnaissance
légale, décida par un décret du 31 janvier 1852,
qui a force de loi, qu'il n'y aurait plus désormais
qu'un seul cas nécessitant l'intervention d'une loi,
ce serait celui d'une congrégation ou communauté
qui, fondée postérieurement à l'année 1825, présenterait à l'approbation des statuts complètement
nouveaux.

Tel est l'état de la législation qui régit maintenant les associations religieuses.

Il en résulte qu'elles doivent être rangées en
trois catégories distinctes : 1° celles qui sont léga-

lement autorisées en vertu de la loi du 24 mai 1825 et du décret du 31 janvier 1852 ; 2° celles qui sont reconnues seulement comme établissements d'utilité publique, conformément aux dispositions des art. 31, 34 et 79 de la loi du 15 mars 1850 ; et 3° enfin celles qui n'ont point d'existence légale.

Les associations religieuses légalement autorisées forment des *personnes civiles* [1] ; elles peuvent, avec l'autorisation du Gouvernement, acquérir, vendre, recevoir des libéralités, plaider, transiger. Leur existence civile est garantie, et l'autorisation qu'elles ont obtenue ne peut leur être retirée que par une loi.

Les congrégations et communautés, reconnues comme établissements d'utilité publique [2], jouissent de droits beaucoup moins étendus. La reconnaissance a moins en vue ces associations en elles-mêmes que l'intérêt public qui l'a fait accorder ; elle ne procure que les avantages qui en dérivent

---

[1] On entend par *personne civile* un être fictif auquel la loi reconnaît une partie des droits qui appartiennent aux personnes ordinaires, aux individus.

[2] Les *établissement d'utilité publique* sont des institutions d'origine privée qui, à raison des services qu'elles rendent, obtiénnent l'autorisation d'acquérir par donation et testament.

d'après la loi sur l'enseignement. Nous croyons, contrairement à l'opinion de quelques auteurs, que cette reconnaissance rend les associations religieuses qui l'obtiennent habiles à posséder des biens et à recevoir des libéralités. Cette faculté résulte des règles générales concernant les établissements d'utilité publique ; mais nous admettons qu'elle ne peut s'exercer que pour l'objet même en vue duquel ces associations ont été reconnues.

Quant aux associations religieuses qui ne sont pas autorisées, nous pensons qu'elles continuent d'être sous l'empire des lois du 13 février 1790 et du 18 août 1792, et du décret du 3 messidor an XII, ordonnant leur dissolution [1]. Cependant aucune peine ne nous paraît devoir être encourue

---

[1] Disons toutefois que, dans une consultation, délibérée le 5 juillet 1845, par MM. de Vatisménil, Berryer, Béchard, Mandaroux-Vertamy, Pardessus, Fontaine, Jules Gossin, Lauras, H. de Riancey, et insérée dans le *Journal des Fabriques*, il est établi qu'aucune loi actuellement en vigueur ne prohibe la vie en commun des personnes appartenant à des associations religieuses non reconnues; que, lors même qu'il existerait des lois portant une telle prohibition, l'autorité n'aurait pas le droit de procéder à la dissolution par voie administrative, et qu'enfin la dissolution par voie administrative serait, dans l'application, une mesure impraticable et sans résultat possible.

par ces associations, puisque la loi du 10 avril 1834 et les art. 291 et suivants du code pénal ne sauraient leur être applicables. Seulement, elles ne forment point un corps de communauté dans l'Etat. Elles ne peuvent point y vivre, traiter, acquérir, disposer ou recevoir comme un seul homme, comme un être collectif, comme une société consacrée par la loi, l'autorisation légale et spéciale donnant seule cette existence civile.

Nous regrettons que des préventions, peut-être exagérées, n'aient pas encore permis d'assimiler complètement les associations religieuses d'hommes à celles de femmes. Il est bien évident que, d'après les principes du droit public actuel, ces sortes d'établissements ne sauraient offrir aucun inconvénient pour la société ; au contraire, leur existence légale lui serait, croyons-nous, très-profitable.

L'exposé qui précède fait suffisamment ressortir les nombreux avantages que l'autorisation légale procure aux associations religieuses. Ne leur donnerait-elle que le droit de jouir sans trouble de la vie civile, en un mot, d'être aptes à acquérir, à titre gratuit ou à titre onéreux, à aliéner, à plaider, à transiger, qu'elles devraient la solliciter avec empressement. La plupart de ces associations nous paraissent avoir compris tout l'intérêt qui s'attache à cette question ; mais l'ignorance des formalités à remplir pour se faire reconnaître par le Gouvernement, la crainte même que leur inspire l'accomplissement de quelques-unes de ces formalités, sont autant d'obstacles à leurs bonnes intentions. Puis, quelques auteurs exclusifs n'ont-ils pas affirmé que les avantages procurés par l'autorisation légale aux associations religieuses ne compensent point les ennuis occasionnés par l'immixtion journalière de l'administration supérieure dans la gestion de leurs biens ? C'est là une erreur contre laquelle a protesté le Gouvernement par un avis du conseil d'Etat, en date du 13 janvier 1835, déclarant qu'il n'y avait pas lieu d'appliquer aux congrégations et communautés religieuses les règles relatives aux actes de simple gestion des biens des communes , hospices, fabriques, etc. L'Etat n'intervient que lorsqu'il s'agit d'une acquisition, d'une aliénation, d'un échange, d'une action à intenter, d'une transaction à consentir, d'un placement de fonds à effectuer, et non point quand il n'est question que d'une disposition d'aménagement intérieur, d'une construction ou d'une reconstruction, de l'achat d'objets mobiliers, des baux à ferme ou à loyer, des marchés pour fournitures, etc., etc.

Bien que la législation concernant les associations religieuses de femmes soit généralement favorable à leur extension, nous la trouvons cependant sévère dans certaines de ses dispositions, dans celles, notamment, qui sont relatives à l'acceptation des dons et legs. Nous croyons également que l'autorité épiscopale, dont l'action est si puissante sur tout ce qui touche au spirituel de ces associations, n'est pas suffisamment armée contre les abus qui peuvent se glisser dans les actes de simple administration des biens. Nous désirerions que son contrôle s'étendît, comme pour les fabriques, au règlement des comptes et budgets. Nous demanderions aussi, mais en vue de la gestion des biens seulement, que le conseil d'administration de chaque communauté fût composé, en outre de l'élément actuel, de deux nouveaux membres, un prêtre et un laïque, à la nomination de l'Évêque diocésain.

III. — PLAN ET DIVISIONS DE CET OUVRAGE.

Après de tristes vicissitudes, la législation et le Gouvernement sont devenus favorables aux associations religieuses en général, à celles de femmes en particulier. Nous l'avons dit, nous croyons qu'elles ont toutes un grand intérêt à se faire reconnaître légalement; notre travail a pour but de leur tracer les règles à cette fin, et de les diriger ensuite dans la gestion de leurs intérêts temporels.

1*

Il comprend deux parties et un appendice. La première partie, de beaucoup la plus importante, est consacrée aux associations religieuses de femmes ; dans la seconde, nous avons exposé la législation spéciale aux associations religieuses d'hommes, aux associations religieuses non autorisées et aux confréries. On trouvera, dans l'appendice, le texte, en entier ou par extrait, des lois, décrets, ordonnances et instructions dont la connaissance est indispensable aux personnes qui font partie d'une association religieuse. Nous y avons joint une liste des principales *congrégations* déjà autorisées par le Gouvernement.

PREMIÈRE PARTIE.

DES ASSOCIATIONS RELIGIEUSES DE FEMMES.

CHAPITRE PREMIER.

De l'Organisation intérieure, de la Reconnaissance légale, de la Révocation ou de l'Extinction.

I. — DE L'ORGANISATION INTÉRIEURE DES COMMUNAUTÉS ET CONGRÉGATIONS.

Sous le titre général d'associations religieuses, nous comprendrons : 1º les *congrégations* proprement dites auxquelles la loi accorde, après l'accomplissement de certaines formalités, le droit de former des établissements sous leur dépendance ;

2º Les *communautés*, ou associations régies par une supérieure locale et existant dans une entière indépendance les unes des autres, bien que leurs statuts puissent être complètement identiques ;

3º Enfin les *maison particulières*, ou établissements dépendant d'une congrégation et fondés dans les communes pour tenir des écoles ou soigner des malades.

De la Supérieure et de ses attributions.

A la tête de la congrégation est placée une *supérieure générale* qui a une action immédiate sur toutes les maisons qui en dépendent ; elle a le droit de placer et déplacer les sujets, de les transférer d'un établissement dans un autre, de surveiller enfin le régime intérieur, et d'administrer les biens. C'est elle qui, aux termes de l'article 3 de l'ordonnance du 2 avril 1817, achète, vend, transige, accepte, etc., avec l'autorisation du Gouvernement, et après l'accomplissement des formalités que nous indiquerons au chapitre II ci-après.

Toutefois, l'Evêque diocésain étant le tuteur-né de tout établissement religieux existant dans son diocèse, chacun d'eux lui est soumis pour les choses spirituelles, et aucun acte important ne doit se faire sans son consentement.

La supérieure générale est représentée, dans chaque établissement, par une supérieure qui, sous ses ordres et sa direction, y exerce des attributions analogues.

La *supérieure locale* n'a d'autorité que sur les

membres et sur les biens de la communauté qu'elle est appelée à diriger.

La supérieure est, le plus souvent, soumise à l'élection ; ses pouvoirs sont temporaires ou à vie [1].

Du Conseil d'administration.

A côté de la supérieure, générale ou locale, est presque toujours placé un conseil dit d'administration, appelé, aux termes des statuts et du règlement intérieur, et aussi toutes les fois que la supérieure le demande, à délibérer ou à donner un simple avis sur les affaires concernant l'administration temporelle ou spirituelle de l'association.

Ce conseil est ordinairement composé, sous la présidence de la supérieure, d'une assistante, d'une maîtresse des novices et d'une ou plusieurs conseillères. L'une d'elles fait fonction de trésorière. Il

---

[1] La loi du 24 mai 1825 ne reconnaissant, pour l'administration des associations religieuses de femmes, que des *supérieures*, il en résulte qu'aucun ecclésiastique, excepté l'Evêque ou ses vicaires généraux, ne peut être dénommé dans les actes relatifs à l'administration temporelle en qualité de *directeur*. (Décision min. du 29 novembre 1827.) Celui qui prend ce titre ne doit être considéré que comme délégué de l'Evêque, et seulement par rapport aux choses spirituelles.

est généralement soumis à l'élection. Les conditions d'âge à remplir pour en faire partie sont déterminées dans les statuts.

L'instruction ministérielle du 8 mars 1852, pour l'exécution du décret du 31 janvier précédent, et celle du 29 janvier 1831, pour l'exécution de l'ordonnance royale du 14 du même mois, appellent le conseil d'administration à délibérer sur les projets de réunion de plusieurs communautés, de promotion d'une communauté à supérieure locale au rang de congrégation, de modification des statuts, d'acquisitions, d'échanges, d'aliénations, etc.

Il résulte de ce qui précède qu'une mission importante est confiée, même au point de vue exclusivement temporel, au conseil d'administration. Les religieuses qui en font partie sont donc tenues de s'éclairer sur leurs devoirs et sur la manière de les remplir avec fruit pour leur communauté ou congrégation [1].

Il est rare, nous assure-t-on, que les règlements particuliers des associations religieuses portent fixation des jours de réunion du conseil d'adminis-

[1] Ni la loi du 24 mai 1825, ni le décret du 51 janvier 1852 n'ont fait mention du conseil d'administration. Sa formation fait ordinairement l'objet d'un article spécial des statuts soumis à l'approbation du Gouvernement.

tration, qui est habituellement convoqué au gré de la supérieure. C'est là une lacune qu'il serait désirable de faire disparaître. Bien que les questions d'administration temporelle aient peu d'importance aux yeux de beaucoup de ces associations, dont les ressources sont excessivement restreintes, il nous paraît utile et convenable que la supérieure soit entendue par son conseil, au moins dans les premiers jours de chaque mois, sur sa gestion pendant le mois précédent, sur les dépenses effectuées, sur les recouvrements opérés ou à opérer, sur les améliorations à réaliser, etc.

Nous désirerions encore que, pour faciliter la surveillance que doit exercer l'Evêque diocésain sur l'administration temporelle des associations religieuses, il fût tenu, en exécution de l'article 20 de l'instruction ministérielle du 17 juillet 1825, par les soins de la trésorière, un registre sur lequel seraient transcrites, successivement et avec le plus grand soin, toutes les délibérations prises par le conseil d'administration [1].

En marge il serait fait mention du n° d'ordre de la délibération et de son objet spécial.

---

[1] Art. 20. Les livres de chaque établissement où seront inscrits tous actes, délibérations, comptes en recettes et dépenses, quoique sur papier non timbré, seront cotés et paraphés par la supérieure, et tenus sans lacune.

La trésorière devrait être chargée également de la tenue d'un sommier de tous les immeubles appartenant à l'association. Il comprendrait la description de chaque immeuble, sa contenance, son évaluation en argent, et mentionnerait les titres en vertu desquels il est devenu la propriété de la communauté ou congrégation. Ces titres, ainsi que les inventaires qu'il est si important d'établir en fin d'année, seraient classés dans un portefeuille spécial.

De l'admission des novices, des vœux et de l'aumône dotale.

Les associations religieuses sont autorisées, par le fait même de la reconnaissance légale qu'elles ont obtenue, à entretenir un noviciat dans la maison conventuelle; mais la loi leur défend de recevoir aucune novice si elle n'est majeure, ou si ses parents n'ont expressément consenti à son entrée en religion.

Aux termes des articles 7 et 8 du décret du 18 février 1809, les novices ne peuvent contracter des vœux si elles n'ont atteint l'âge de seize ans accomplis; ces vœux ne sont faits que pour un an, si elles n'ont pas vingt-un ans; passé cet âge, ils peuvent être contractés pour cinq ans.

L'émission des vœux ne peut avoir lieu qu'avec

l'assentiment des parents lorsque la novice est mineure; elle est alors tenue de présenter la preuve du consentement demandé par les articles 143, 150, 159 et 160 du code Napoléon, pour contracter mariage.

Le décret du 18 février 1809 n'ayant pas prescrit l'observation de l'article 151, on doit en conclure que les filles majeures ne sont pas obligées de requérir le consentement de leurs parents. En effet, les vœux religieux ne présentent pas les mêmes conséquences que le mariage et ne sont jamais autorisés que pour une durée limitée.

L'engagement des novices doit être contracté en présence de l'Evêque ou d'un ecclésiastique délégué par lui, et d'un officier de l'état civil, qui dresse l'acte et le consigne ensuite sur un registre double, dont un exemplaire est déposé entre les mains de la supérieure de la communauté et l'autre à la mairie, et, pour Paris, à la préfecture de police. Cependant il est universellement admis que l'absence de l'officier de l'état civil n'entraîne pas, aux yeux de la loi, la nullité de l'engagement qui peut être constaté d'une manière suffisante par la signature de la novice et par celle de l'Evêque ou de son délégué. En fait, les prescriptions de l'article 8 du décret du 18 février 1809 n'ont reçu, presque nulle part, un commencement d'exécution.

Les vœux faits pour cinq ans étant reconnus par la loi, une religieuse qui, après les avoir prononcés, abandonnerait son état, ne pourrait se marier avant l'expiration de son engagement. L'officier de l'état civil devrait refuser de recevoir l'acte de célébration.

Les vœux constituent un véritable engagement personnel ; mais, comme nul engagement ne peut enchaîner la personne contre sa volonté, il en résulte que, sauf en ce qui concerne le mariage, la violation des vœux ne saurait donner lieu qu'à une répression spirituelle, et ne pourrait, dans aucun cas, autoriser une communauté à retenir un de ses membres par la force, et à appeler, comme autrefois, l'autorité publique en aide à une contrainte personnelle. La séquestration constituerait le crime prévu par l'article 341 du code pénal, et, si elle était dénoncée, les officiers de police judiciaire seraient tenus d'y mettre fin ; car il est de principe que nul ne peut aliéner sa liberté, et que nul ne peut en être privé qu'en vertu d'un mandat de justice et pour être placé dans une prison reconnue.

Ce que nous avons dit sur la restriction de la durée des vœux écrits ne peut pas s'appliquer aussi complètement aux engagements de conscience.

Quoique les vœux, aux yeux de la loi civile, soient temporaires, il est impossible d'empêcher que, dans le for intérieur, ils ne soient faits à perpétuité; mais le Gouvernement pourrait dissoudre l'association s'il constatait que l'émission des vœux perpétuels vient enchaîner les consciences et violer ainsi indirectement les conditions de l'autorisation.

Disons enfin que la profession religieuse n'enlève rien aux membres des associations de leur capacité civile. Ils peuvent donc posséder, acquérir, recueillir les successions qui leur sont dévolues; en un mot, faire tous les actes de la vie civile. L'entrée en religion n'est un changement d'état que pour la conscience et nullement aux yeux de la loi.

Les statuts de la plupart des associations religieuses mettent l'apport d'une dot pour condition à l'entrée de tout nouveau membre dans la communauté ou congrégation. Cette dot, dont la quotité est le plus ordinairement déterminée, demeure acquise à l'association.

Plusieurs contestations se sont déjà élevées sur la validité du contrat qui intervient à cette occasion. On a prétendu notamment qu'il consacrait une donation prohibée par la loi du 24 mai 1825, et les héritiers de quelques religieuses décédées se sont crus autorisés à réclamer les sommes versées à titre de dot; mais la jurisprudence a toujours vu avec raison, dans de telles conventions, un contrat

commutatif et non un acte de libéralité, et elle a,
en conséquence, repoussé ces prétentions.

(Ainsi jugé par la cour royale d'Agen, arrêt du 22 mars
1856, la communauté de la Visitation de Saint-Céré contre
le sieur et la dame Bressac, et arrêt du 12 juillet suivant, le
sieur Daynac contre les dames Ursulines de Sousseyrac; décision ministérielle du 11 février 1845 ; arrêt de la cour de
Lyon, 8 mai 1844.)

Le jugement prénoncé dans l'affaire Daynac pré-
sentant un grand intérêt, nous reproduirons ici ses
considérants, ainsi que l'exposé historique qu'en
ont fait MM. Durieu et Roche, dans leur excellent
répertoire de l'administration des établissements
de bienfaisance.

Une convention intervint, sous signatures privées, le 24 février 1831, entre le sieur Daynac et
sa fille, et la supérieure des Ursulines de Sousseyrac. Le père prit l'engagement de payer, entre
les mains de la supérieure ou de l'économe du
couvent, pour l'aumône dotale de sa fille, la somme
de 4,000 fr., savoir : 3,000 fr. à sa volonté,
et 1,000 fr. après son décès. « Au moyen de cette
donation, la supérieure promit, de son côté, qu'à
compter dudit jour, ladite demoiselle Daynac
serait nourrie, soignée, entretenue et considérée,
aux frais du couvent, de la même manière et au
même pot que les autres religieuses. »

Peu de temps après son entrée, la demoiselle Daynac tomba malade et mourut; son père demande la restitution des 3,000 fr. qu'il avait versés, et soutint : 1° que le traité était nul comme contenant une *donation*, et n'étant pas revêtu de la forme authentique (cod. Nap., art. 931); 2° qu'en admettant qu'il pût être fait sous signature privée, il aurait dû être dressé en *triple* et non en *double* original (cod. Nap., art. 1325); 3° que par la donation qui avait été faite à sa fille, il n'avait pas renoncé au droit de retour réservé par la loi (cod. Nap., art. 747), et qu'ainsi la communauté ne pouvait retenir que les intérêts; 4° enfin, que la communauté n'avait pu acquérir le capital de l'aumône dotale sans l'autorisation du Gouvernement. Le sieur Daynac offrait à la communauté une somme de 600 fr. pour l'indemniser des frais funéraires et de dernière maladie.

La prétention réussit devant le tribunal de Figeac; mais la cour royale d'Agen, saisie par l'appel, réforma le jugement par arrêt du 12 juillet 1836, ainsi motivé :

« Attendu que l'acte du 24 février 1831 ne peut être considéré comme un acte de donation ; qu'il n'en a ni les caractères ni les résultats; que c'est, au contraire, un véritable contrat commutatif, puisqu'il renferme des obligations réciproques et

2

équivalentes de part et d'autre ; qu'alors l'authenticité du contrat ne peut être d'aucune importance pour sa validité ;

» Attendu que le préliminaire du traité dont s'agit, qui contient les qualité des parties, démontre que les conventions et obligations de cet acte sont consenties uniquement entre les dames de la congrégation de Sousseyrac et le sieur Daynac, que c'est entre ces parties seulement que s'est formé le lien civil, et qu'elles seules se sont obligées à son exécution ; que si la demoiselle Marie Daynac a comparu dans cet acte, elle n'y a contracté aucune espèce d'obligation ; mais, comme c'était dans son intérêt et conformément à son intention que le sieur Daynac s'obligeait envers la congrégation, elle n'a fait, en acceptant l'aumône dotale, que donner son assentiment aux conventions stipulées entre son père et la congrégation de Sousseyrac ;

» Attendu que toutes les clauses de l'acte démontrent et qu'il est impossible de méconnaître que la somme que le sieur Daynac s'oblige de payer, à titre d'aumône dotale, n'est que la représentation des obligations que la congrégation de Sousseyrac s'impose de nourrir, soigner et entretenir la demoiselle Marie Daynac ; que c'est dans ce but et pour ce motif que le sieur Daynac s'oblige de verser la somme première entre les mains de la congrégation; que c'est à la suite de cette promesse qu'intervient l'obligation réciproque de la congrégation; que le sieur Daynac, obligé par la nature et par la loi de fournir aux besoins de son enfant, a cru plus avantageux, dans l'intérêt de celui-ci, et suivant ses intentions reconnues et manifestées, de se dégager de son obligation au moyen de la somme promise et des obligations contractées envers lui; que la justice ne saurait rien voir que de très-licite et de très-moral dans un pareil traité;

» Attendu qu'on ne saurait disconvenir que ce n'est pas seulement les intérêts de la somme promise, mais la somme elle-même qui doit être versée entre les mains de la congrégation, aux époques déterminées dans l'acte, puisque, outre que telles sont les conventions expressément stipulées, il est évident que l'intérêt seul de la somme promise serait insuffisant pour fournir à tous les besoins de la demoiselle Daynac;

» Attendu que cet acte renferme encore tous les caractères d'un véritable contrat aléatoire, puisque le plus ou moins d'existence de la demoiselle Daynac, le plus ou moins d'infirmités ou de maladies rendent les obligations de la congrégation plus ou moins onéreuses;

» Attendu que le Gouvernement, ayant autorisé les congrégations de cette espèce, a dû, par voie de conséquence, permettre les moyens de les former et de les entretenir ; que la défense d'aliénation, d'échange, de donation ou d'acceptation de legs, sans l'autorisation du Gouvernement, ne saurait concerner la somme promise ou donnée pour fournir à l'entretien ou à la nourriture de la personne qui entre en communauté ; que si, sous le prétexte de fournir à ce besoin, et voulant se soustraire aux sages prohibitions du Gouvernement, on se permettait des donations hors de proportion avec ce qu'autorise une juste appréciation des charges de la congrégation, la justice, démêlant alors l'infraction aux règlements, se hâterait d'annuler ces conventions comme contraires à l'ordre public ;

» Attendu que le traité dont il s'agit ne présente qu'une juste compensation entre la somme promise et les secours à fournir. »

La dot doit-être, autant que possible, fournie en numéraire, et elle est, dans ce cas, acceptée sans autorisation par l'association, qui s'engage, en échange, à loger la nouvelle religieuse et à pourvoir, pendant sa vie, à sa nourriture et à son entretien.

Si la dot était payée au moyen d'un immeuble, l'autorisation du Gouvernement serait indispensable. (Décisions ministérielles spéciales sur les dots de cette nature, en date des 18 mai 1839 et 18 octobre 1841 ; avis du conseil d'Etat, 12 octobre et 9 novembre 1847.)

En général, les statuts prévoient les cas d'exclusion et de renvoi ; mais bien qu'ils ne renferment aucune clause à ce sujet, il n'est pas douteux que toute association religieuse n'ait le droit d'expulser de son sein un sujet dont elle aurait à se plaindre. Cependant ce renvoi ne pourrait avoir lieu qu'à la suite d'une délibération du conseil d'administration, approuvée par l'Evêque diocésain. (Décision min. 24 août 1811.) La religieuse renvoyée reprendrait simplement la dot qu'elle aurait apportée ; elle ne pourrait, dans aucun cas, demander le partage des bénéfices et des économies réalisés par la communauté ou congrégation, et elle n'aurait droit à aucune pension alimentaire ni à aucune indemnité. (Ainsi jugé par le tribunal de la Seine, le 4 juin 1831, et par celui du Puy, le 16 juin 1855.)

Ce dernier jugement n'offrant pas moins d'intérêt que celui intervenu dans l'affaire Daynac, et étant tout aussi puissamment motivé, nous en reproduisons également ci-après les principaux considérants. La demoiselle C., qui avait longtemps fait partie de la congrégation des Sœurs de la Présentation, du Bourg-Saint-Andéol, en ayant été renvoyée par une délibération du conseil d'administration, en date du 28 août 1846 , assigna madame la supérieure générale devant le tribunal du Puy, à l'effet de s'entendre condamner à lui payer, à titre d'indemnité, une pension viagère de 1,200 francs. La congrégation lui avait offert le remboursement de sa dot, conformément à l'article 13 des statuts approuvés par le conseil d'Etat.

. . . .

« Attendu que, relativement aux offres, les parties n'ont élevé aucune difficulté, et que la demoiselle C. s'est bornée à former une demande reconventionnelle tendant à faire condamner la communauté dont elle a fait partie à lui payer une pension viagère de 1,200 fr., pour réparation du préjudice que lui a causé son renvoi de cette communauté ; qu'il ne s'agit donc, en ce moment, que d'examiner le mérite de sa prétention ;

» Sur ce point, attendu qu'une communauté religieuse, dans sa nature comme dans son objet, ne saurait être identiquement assimilée à une société purement civile ; qu'il faut reconnaître que si, sur certains points extérieurs, elle est soumise au droit commun, elle n'en a pas moins des statuts qui lui sont propres, et des règles spéciales pour tout ce qui concerne son régime intérieur et les rapports existant entre la communauté et les membres qui la composent ; que cela est si vrai que les statuts de

la congrégation dont s'agit, approuvés par le conseil d'Etat, après avoir posé quelques principes
généraux relatifs au chiffre de la dot à apporter par
les Sœurs, au vœu qu'elles forment en entrant ,
comme aussi aux obligations de la communauté envers chacune d'elles pendant leur séjour ou lors de
leur sortie, ajoutent textuellement, par leur article
17, que, pour tout ce qui tient au régime intérieur
de la congrégation , les Sœurs se conformeront aux
règles approuvées par Mgr l'Évêque diocésain, d'où
il suit que c'est l'ensemble de ces statuts et de ces
règles qui constitue la loi de la communauté , et
que ce n'est que par la combinaison de leurs dispositions respectives que l'on peut déterminer d'une
manière rationnelle et certaine les droits et les devoirs de la communauté en général et des Sœurs en
particulier ;

» Attendu que le noviciat imposé à toute postulante
a évidemment pour but, relativement à elle, de lui
enseigner les statuts et les constitutions de la congrégation, afin que si, persistant dans sa vocation,
elle n'entre dans la communauté qu'en parfaite
connaissance des devoirs auxquels elle sera soumise à l'avenir ;

Attendu, en effet, que le 21 novembre 1837, et
lorsque, après deux ans d'épreuve ou de noviciat,
la demoiselle C. fut agrégée à la congrégation de la

Présentation de Marie, elle s'obligea formellement à observer et suivre ses règles et ses constitutions, dont elle déclara en même temps avoir une pleine connaissance; qu'ainsi il faut dire en toute assurance que la demoiselle C. en entrant dans la communauté s'est soumise volontairement et sciemment à toutes les prescriptions écrites dans les statuts et les constitutions qui la régissent, et qu'il ne lui était pas permis de les négliger ou de les enfreindre sans manquer ouvertement à ses engagements, et sans donner par là à la communauté et à son encontre personnel les droits dérivant de cette violation; reste donc à examiner les dispositions de ces statuts qui ont trait à la cause, et qui peuvent servir à l'appréciation de la demande que la demoiselle C. a soumise au tribunal.

Attendu que l'art. 13 des statuts approuvés par le conseil d'Etat, et qu'on peut considérer comme le principe fondamental de la congrégation quant aux intérêts temporels, est ainsi conçu: «Les Sœurs ne se lient à la congrégation par aucun vœu; elles sont toujours libres d'en sortir, comme aussi la congrégation peut les en exclure si elles le méritent par leur inconduite; » et il est ajouté dans un article subséquent, qu'en cas de sortie volontaire comme d'exclusion, la dot apportée par la Sœur lui sera intégralement restituée. Voilà donc la position respective des parties nettement fixée : la Sœur sera toujours libre de se retirer de la communauté, si bon lui semble ; qu'elle agisse par raison ou par caprice, peu importe, nul ne peut lui demander les motifs de sa détermination ; de son côté, la communauté, quoique plus restreinte dans ses droits, n'en a pas moins celui de renvoyer la Sœur pour cause d'inconduite ; cette réciprocité, on le comprend aisément, était indispensable, car, sans elle, il n'est pas de communauté religieuse qui pût subsister huit jours ;

» Attendu que l'expression *inconduite*, insérée dans l'article précité, ne doit pas être prise dans un sens étroit et avec la signification purement mondaine ; qu'elle y a été employée, au contraire, dans un sens large, générique, pour ainsi dire, mais surtout relatif aux personnes qu'elle avait en vue. Combien, en effet, dans la vie, d'actes, de paroles ou d'omissions qui, dans la société ordinaire, passeraient inaperçus ou sans conséquence, et qui, au sein d'une communauté religieuse, pourraient néanmoins devenir la cause des plus graves désordres et souvent des plus grands scandales ; du reste, ce mot *inconduite* n'exprime pas l'idée d'un fait précis, car, d'après sa définition grammaticale, il ne signifie pas autre chose qu'un défaut de conduite, c'est-à-dire, dans l'espèce, un défaut de conduite selon les règles de la communauté, règles qu'aucun membre ne peut ignorer, et que tous ont promis d'observer et de suivre ;

» Attendu que le statut civil , si l'on peut parler ainsi, s'étant borné à poser le principe en faveur de la communauté, le droit d'exclusion pour cause d'inconduite, sans spécifier les faits qui pouvaient constituer cette inconduite, sans parler des formes à suivre pour la constater, non plus que de l'autorité qui la prononcerait, s'en est évidemment sur tous les points rapporté à ce qui serait réglé par le statut religieux ou la constitution approuvée par l'Évêque diocésain, car autrement il ne serait lui-même qu'une lettre morte destinée à ne recevoir jamais d'application ;

» Attendu, en effet, que dans les règles de la congrégation, approuvées par Mgr l'Évêque de Viviers, se trouve l'énumération de toutes les causes qui peuvent donner lieu au renvoi d'une Sœur; que, dans ce nombre, figurent notamment l'hérésie, le schisme, l'insubordination, un caractère mauvais ou insociable, la paresse aux devoirs religieux, etc., et qu'il y est encore dit que la question de renvoi sera portée devant le conseil de l'ordre, lequel ne pourra le prononcer qu'à la majorité des deux tiers de voix;

» Attendu que, conformément à ces statuts et dans

les formes qu'ils prescrivent, le renvoi de la demoiselle C. a été prononcé par le conseil de l'ordre, suivant délibération des 20 et 28 août 1846, quoique la mesure n'ait reçu son exécution que plus tard, la supérieure, sans doute, ayant voulu par là, ainsi qu'il a été plaidé, donner à celle qui en était frappée, le temps de s'amender;

» Attendu que cette décision a été rendue par la seule autorité compétente, celle qui était désignée par les statuts de la communauté qui faisaient la loi des parties, et que, quelles qu'en soient pour la demoiselle C. les conséquences, le tribunal n'a ni mission, ni caractère pour l'apprécier ou la réviser, parce que l'examen auquel il se livrerait ne pourrait porter que sur des intérêts et des questions d'un ordre tout différent de ceux que la loi civile confie à ses délibérations et attribue à sa juridiction;

» Que vainement on dirait que, s'agissant uniquement, dans l'espèce, d'une demande en pension viagère, l'intérêt en litige est purement civil, et rentre, par conséquent, dans la compétence du tribunal, car, pour apprécier le mérite de la demande, il faudrait bien de toute nécessité remonter à sa cause, et, comme c'est sur l'exclusion qu'elle est basée, on serait bien forcé d'examiner si les motifs qui l'ont fait admettre étaient fondés ou non, ou si la sentence a été bien ou mal rendue. Qu'on suppose, pour un instant, qu'au lieu, ainsi qu'il a été plaidé et qu'il est énoncé dans les délibérations de l'ordre, d'avoir été prononcée pour cause d'insu- bordination ou de mauvais caractère, l'exclusion l'eût été pour cause d'hérésie ou de schisme, le tribunal, en présence de la législation qui nous ré- git, pourrait-il, on le demande, s'immiscer dans de pareilles matières, et décider si la demoiselle C. a été justement ou injustement frappée par les juges qu'elle s'était donnés en entrant dans la congréga- tion? Evidemment non. D'où il faut conclure que, si parmi les causes de renvoi, il en est qui, pour tout le monde, sont hors des attributions du tribunal, ici toutes échappent à sa juridiction, car, ou le prin- cipe est vrai pour tous les cas, ou il est faux pour tous;

» Attendu que, sans qu'il soit besoin d'entrer dans de plus longs développements, il est aisé de com- prendre que le système contraire n'aurait d'autre résultat que de rendre impossible tout établisse- ment religieux, et qu'il vaudrait autant, pour ainsi dire, les rayer de notre constitution sociale;

Attendu, en résumé, qu'il résulte de ce qui pré- cède que la demoiselle C., en se faisant agréger à la congrégation de la Présentation de Marie, s'est soumise aux statuts et constitutions qui régissent cette communauté ; que, suivant ces statuts, la communauté, le cas échéant, avait le droit de prononcer son exclusion ; qu'une sentence d'exclusion a été effectivement rendue contre elle, dans les formes prévues par lesdits statuts ; que cette décision, juste ou non au fond, ne saurait être révisée par le tribunal, et que l'expulsion n'étant que le résultat de l'exercice du droit qu'avait la communauté, elle ne peut évidemment servir de base à une demande en dommages-intérêts ; que, conséquemment, sous ce rapport, celle de la demoiselle C. est inadmissible ;

» Par ces motifs, le tribunal jugeant en premier ressort, rejette purement et simplement la demande reconventionnelle de la demoiselle C.; ce faisant, valide les offres à elle faites, et condamne ladite demoiselle C. à tous dépens. »

Ce jugement a été confirmé en appel.

De la formation et des modifications des statuts.

Toute communauté ou congrégation religieuse doit avoir des *statuts*. Ils consistent dans l'ensemble de certaines règles écrites qui forment la base de toute association ; ils en déterminent le but et le régime général. C'est par conséquent l'acte fondamental, celui sur lequel toute l'attention doit se porter. Les statuts sont d'abord soumis à l'examen et à la sanction de l'autorité diocésaine, surtout compétente pour reconnaître s'ils ne renferment aucune clause qui puisse en empêcher l'approbation par le Gouvernement.

Les statuts doivent comprendre peu de détails, mais quelques règles générales seulement. Le but de l'association y est tout d'abord nettement indiqué ; il y est dit expressément si elle demande à être reconnue comme *communauté* ou comme *congrégation*. Ils déterminent le mode de nomination ou d'élection des supérieures ou dignitaires, de réception des novices ; fixent, autant que possible, la quotité de la dot à apporter, et renferment la déclaration que la nouvelle association sera soumise, pour le spirituel, à la juridiction de l'ordinaire, et, pour le temporel, à l'autorité civile.

Les dispositions insérées dans les statuts au sujet des biens personnels des religieuses ayant soulevé de nombreuses difficultés, la rédaction suivante a été adoptée : « *Chaque sœur conserve la propriété et l'administration des biens qui lui appartiennent et de ceux qui pourraient lui survenir par succession ou autrement ; elle peut en disposer conformément aux lois.* »

Enfin, aucun point essentiel ne doit être omis dans la formation des statuts, et il importe extrêmement de ne rien dire qui puisse donner prise à une interprétation erronée. En un mot, les statuts doivent être brefs, mais parfaitement clairs et précis sur tous les points fondamentaux.

Tout ce qui tient à la discipline intérieure doit rester étranger aux statuts soumis à l'approbation du Gouvernement. Les règlements, à cet égard, sont présentés à l'Evêque diocésain, qui a seul le droit de les accepter, de les modifier ou de les rejeter.

Par *modification* de statuts, il faut entendre seulement les améliorations de détail révélées par la pratique, l'extension des bonnes œuvres, la faculté, par exemple, pour une communauté ou congrégation reconnue seulement à titre d'hospitalière, de se livrer à l'enseignement. Ces modifications ne doivent en rien changer le but fondamental de l'institution.

Un décret suffit pour autoriser de simples modifications aux statuts des associations religieuses autorisées. On doit produire :

1º La délibération du conseil d'administration de l'association faisant connaître les causes et la nécessité de la modification projetée ;

2º La copie des statuts déjà approuvés ;

3º La copie des statuts modifiés ; elle doit être signée par toutes les religieuses et approuvée par l'Evêque diocésain ;

4º L'avis de l'Evêque ;

5º L'avis du préfet en forme d'arrêté.

II. — DE LA RECONNAISSANCE LÉGALE DES COMMUNAUTÉS ET CONGRÉGATIONS.

Aux termes du décret du 31 janvier 1852 combiné avec la loi du 24 mai 1825, les associations religieuses de femmes, *canoniquement instituées* [1], sont autorisées par un décret impérial ou par une loi.

Des associations religieuses à autoriser par un décret.

Les associations religieuses sont autorisées par un décret impérial dans les cas suivants :

1º Lorsqu'elles déclarent adopter, quelle que soit l'époque de leur fondation, des statuts déjà vérifiés et enregistrés au conseil d'Etat, et approuvés pour d'autres congrégations ou communautés religieuses ;

2º Lorsqu'il est attesté par l'Evêque diocésain que les associations qui présentent des statuts nouveaux, existaient antérieurement au 1er janv. 1825;

3º Lorsqu'il y a nécessité de réunir plusieurs

---

[1] Aucune association religieuse ne peut se former sans l'assentiment du Saint-Siège et sans une autorisation spéciale de l'Evêque du diocèse dans lequel elle désire s'établir.

communautés qui ne peuvent plus exister séparément;

4° Lorsqu'une association religieuse de femmes, après avoir été d'abord régie par une supérieure locale, justifiera qu'elle était réellement dirigée, à l'époque de son autorisation, par une supérieure générale, et qu'elle avait formé, à cette époque, des établissements sous sa dépendance;

5° Lorsqu'une association religieuse à supérieure générale sollicite l'autorisation de fonder un établissement de religieuses de son ordre, ou la reconnaissance légale d'un établissement déjà créé.

Nous allons faire connaître les formalités qu'il y a lieu d'observer dans ces différentes situations :

1. — *Formalités à remplir par une association religieuse qui, quelle que soit la date de sa fondation, déclare adopter des statuts déjà approuvés par le Gouvernement.* — Ce cas se présente aujourd'hui fréquemment. Il existe, en effet, maintenant des congrégations et communautés religieuses de femmes, légalement reconnues, pour tous les besoins des populations, et toute nouvelle association trouvera facilement des statuts déjà approuvés pour d'autres communautés ou congrégations, hospitalières ou enseignantes, et répondant complètement au but de son institution

particulière. En déclarant adopter ces statuts , elle échappera aux lenteurs qu'entraînent toujours la préparation d'une loi, tant dans les bureaux de l'administration des cultes qu'au sein du conseil d'Etat, et les débats que la discussion de cette loi pourrait faire naître au sein des assemblées, délibérantes.

La demande en reconnaissance légale , formulée sur papier timbré, conformément aux dispositions de l'art. 12, titre II, de la loi du 13 brumaire an VII, doit faire connaître le but de l'association, l'époque précise et le lieu de sa fondation, le nombre de ses membres, et, si elle désire être reconnue comme *congrégation*, le nombre et la résidence des établissements de son ordre qu'elle aurait déjà fondés. Cette demande doit être signée par tous les membres de l'association.

Il doit être produit à l'appui :

1º La copie des statuts que l'association déclare adopter, avec mention de la date de leur enregistrement au conseil d'Etat, et déclaration de leur adoption sans aucune modification. Cette déclaration, signée par tous les membres de la nouvelle association religieuse, doit être accompagnée de l'approbation de l'Evêque diocésain ;

2º L'état de l'actif et du passif de l'association, faisant ressortir ses recettes et ses dépenses annuelles.

On doit y indiquer notamment si elle est propriétaire ou seulement locataire des bâtiments servant
de maison conventuelle [1]. L'actif de l'association
comprend la valeur et le revenu annuel des biens
meubles et immeubles qu'elle possède (bâtiments,
terres, rentes, actions industrielles, etc.) ; le produit présumé du travail des religieuses, etc.

On inscrit au passif le montant des dettes qui
pourraient avoir été contractées, celui des contributions à payer annuellement, les dépenses pour la
nourriture et l'entretien des membres de l'association, les honoraires du médecin, les frais de
déplacement des religieuses, etc.

La balance est établie, et l'état est certifié sin-
cère et véritable par la supérieure de la communauté ou congrégation.

[1] Un avis du conseil d'Etat, en date du 31 janvier 1840,
porte que nul établissement religieux ne doit être autorisé s'il
ne justifie de ressources financières suffisantes pour se former
et pour exister ; et plusieurs décisions ministérielles déclarent
qu'il n'y a pas lieu d'autoriser des associations religieuses de
femmes qui ne seraient pas propriétaires ou au moins cession-
naires à perpétuité de la maison qu'elles occupent et qui ne
présenteraient pas des conditions de durée. Ces décisions ne
nous paraissent pas devoir s'appliquer aux congrégations ou
communautés hospitalières.

Bien que les instructions ministérielles ne renferment aucune prescription à ce sujet, il nous paraît désirable que ce document, dont l'importance est grande aux yeux du Gouvernement, soit vérifié et certifié exact par l'Evêque diocésain.

Le dossier, ainsi formé par les soins de la supérieure de l'association et sous la direction de l'Evêque, est transmis par ce dernier, et avec son consentement, au préfet, qui le fait compléter suivant les indications contenues dans la circulaire ministérielle du 8 mars 1852, c'est-à-dire en y faisant annexer le procès-verbal de l'enquête de *commodo* et *incommodo* faite dans la commune où l'association demande à s'établir, l'avis du conseil municipal de cette commune, et, s'il y a lieu, l'avis du sous-préfet. Il transmet ensuite lui-même toutes ces pièces, avec son avis en forme d'arrêté, au ministre compétent [1].

---

[1] Il appartient au ministre de l'intérieur, en vertu des pouvoirs généraux de surveillance qui lui sont attribués sur les établissements hospitaliers et de bienfaisance, d'apprécier les avantages ou les inconvénients que pourrait présenter la fondation d'une communauté hospitalière ou d'une maison de refuge, et au ministre de l'instruction publique, en vertu des mêmes pouvoirs qui lui sont attribués sur l'instruction publique, d'apprécier les avantages que peut offrir à une

La forme de l'enquête n'a été déterminée par aucune disposition législative ni par aucune instruction ministérielle, et l'administration reste libre d'en confier la direction à qui il lui plaît. Nous pensons qu'elle doit, autant que possible, faire choix du juge de paix, et qu'il y a lieu de procéder à l'information suivant les règles tracées dans la circulaire du 20 août 1825.

L'avis demandé au conseil municipal, conformément aux dispositions de l'article 3 de la loi du 24 mai 1825, doit indiquer si l'établissement à autoriser présente des avantages pour la commune, s'il peut se soutenir par ses propres ressources sans être à charge aux habitants, et s'il ne serait pas de nature à nuire à d'autres établissements précédemment autorisés. Il ne nous paraît pas absolument nécessaire que cet avis soit favorable pour que l'association soit autorisée. Cependant le conseil d'Etat a émis une opinion contraire. (Avis du 31 mai 1836.)

2. — *Formalités à remplir par une association religieuse qui, justifiant que son existence de fait*

localité la fondation d'un établissement consacré à l'instruction, et dont l'autorisation est essentiellement subordonnée à cette appréciation. (Avis du conseil d'Etat, 31 janvier et 17 février 1840.)

est antérieure au 1er *janvier* 1825, *présente des statuts nouveaux.* — La loi du 24 mai 1825 avait consacré, dans son article 1er, leprincipe de l'autorisation, par ordonnance royale, des associations religieuses de femmes qui justifieraient avoir existé de *fait* avant le 1er janvier de la même année. Ce principe a été maintenu par le décret du 31 janvier 1852. Il repose sur les faits accomplis, sur la tolérance de la législation antérieure à 1825, et il est extrèmement favorable aux associations religieuses de femmes déjà anciennes et qui ont négligé de se pourvoir d'une autorisation légale.

La demande en reconnaissance, formulée, d'ailleurs, comme il a été dit dans le cas précédent, et accompagnée d'une copie des statuts et des autres pièces ci-dessus énumérées, doit préciser la date de la fondation de *fait.* — Il y a lieu d'y joindre, en outre, une déclaration écrite de l'Evêque diocésain constatant que la formation de l'association sous le rapport spirituel est antérieure à l'année 1825. En effet, une association religieuse ne saurait être considérée comme ayant le caractère d'une communauté ou congrégation qu'à partir du jour où elle a été canoniquement instituée. C'est donc à l'Evêque diocésain à constater cette institution. Son témoignage est une preuve suffisante pour l'administration des cultes.

Il se pourrait que l'association qui sollicite sa reconnaissance légale se fût formée bien antérieurement au 1er janvier 1825 pour s'occuper d'œuvres de bienfaisance; mais elle ne saurait être considérée comme ayant formé dans le sens de la loi une *congrégation* ou *communauté* antérieure au 1er janvier 1825, qu'autant qu'elle aurait été, avant cette époque, instituée comme telle par l'Evêque diocésain, et que ses statuts auraient été approuvés par lui. Il est donc indispensable de préciser la date de l'institution canonique.

3. — *Formalités pour obtenir la réunion de plusieurs associations religieuses en une seule.* — Il peut arriver qu'une association religieuse déjà autorisée se trouve dans l'impossibilité de se soutenir isolément, à défaut, soit de ressources pécuniaires, soit de moyens de recruter le nombre nécessaire de sujets. Dans ces deux cas, l'intérêt comme le devoir de cette association lui commandent la réunion avec une *communauté* ou *congrégation* dont la constitution se rapproche de la sienne et qui consent à cette réunion.

Il en serait de même si deux ou plusieurs associations religieuses ne pouvaient plus subsister séparément; mais, pour que la réunion puisse être prononcée, il est indispensable que ces associations y donnent respectivement leur adhésion et qu'elles suivent des statuts complètement identiques. Il faut, en outre, préciser, dans un état spécial, la nature, l'origine et la valeur des biens appartenant à chacune d'elles afin de prévenir toute difficulté ultérieure.

Il y a lieu de produire :

1° La délibération du conseil d'administration de chaque communauté, contenant les motifs qui les empêchent de subsister séparément, et la demande d'être réunie à une autre communauté ou congrégation qui est désignée. (Dans le cas où une seule communauté ne pourrait se soutenir isolément, il suffirait de produire le consentement de l'association à laquelle elle désire se réunir);

2° Le consentement de l'Evêque ou des Evêques diocésains, si les communautés sont établies dans des diocèses différents;

3° Une copie des statuts de chaque communauté;

4° L'engagement contracté par toutes les religieuses de se conformer aux statuts que suivra la communauté après la réunion;

5° L'état du passif et de l'actif de chaque communauté. On y joint un état spécial constatant la nature, l'origine et la valeur estimative des biens qui appartiennent à chacune d'elles;

6° Le procès-verbal de l'enquête administrative

qui est faite sur le projet de réunion dans chacune des communes où les établissements sont situés ;

7° L'avis du conseil municipal de chacune de ces communes.

Enfin, le dossier ainsi complété est transmis par le préfet, avec son avis en forme d'arrêté, à l'administration des cultes.

Parmi les pièces dont la production est prescrite, nous n'avons pas mentionné l'avis du sous-préfet de l'arrondissement dans lequel sont établies les associations religieuses qui demandent à être réunies ; mais il va sans dire que cet avis forme, dans tous les cas, l'un des éléments de l'instruction de la demande et qu'il doit être toujours joint au dossier.

4. — *Formalités à remplir pour obtenir la promotion d'une communauté au rang de congrégation.* — Toute association à supérieure locale, qui demande à être élevée au rang de *congrégation*, se trouve dans l'un des deux cas suivants :

1° Ou, à l'époque de sa reconnaissance légale, elle était déjà instituée canoniquement comme congrégation et avait formé des établissements sous sa dépendance, sans que la décision du Gouvernement en ait fait mention ;

2° Ou, d'abord instituée canoniquement et légalement reconnue à supérieure locale, elle a été ultérieurement instituée canoniquement à supérieure générale, et a fondé en cette qualité des établissements particuliers.

Le but fondamental de l'association religieuse étant resté le même dans les deux cas, nous pensons qu'un décret suffit pour prononcer la promotion à supérieure générale, bien que les termes du décret du 31 janvier 1852 semblent restreindre au premier cas seulement la faculté d'autorisation par un décret. Toute difficulté à ce sujet serait d'ailleurs levée par la déclaration de l'autorité spirituelle.

Il faut produire :

1º La délibération du conseil d'administration de la communauté indiquant les motifs de la demande, la date de la première autorisation, le nombre et la situation des établissements qu'elle a formés ;

2º La déclaration de l'Evêque diocésain attestant que la communauté a été réellement instituée canoniquement à supérieure générale ;

3º La copie des statuts avec les modifications reconnues nécessaires, signée par toutes les religieuses et revêtue de l'approbation de l'Evêque diocésain ;

4º L'état de l'actif et du passif de l'association ;

5º L'avis de l'Evêque diocésain ;

6º Enfin, l'avis du préfet en forme d'arrêté.

On n'exige pas qu'il soit procédé, dans ce cas, à une enquête de *commodo* et *incommodo*, et l'avis du conseil municipal de la commune où est établie la congrégation n'est point demandé. Il ne s'agit pas, en effet, d'une nouvelle association religieuse à autoriser, mais bien seulement d'une simple modification de statuts à décréter.

5. — *Formalités à remplir par une congrégation qui sollicite l'autorisation de fonder un établissement de religieuses de son ordre ou la reconnaissance légale d'un établissement déjà créé.* — Quoiqu'une *congrégation* soit légalement reconnue, elle ne peut fonder des établissements particuliers sans une autorisation spéciale.

Ces sortes d'établissements ont le plus souvent pour origine des libéralités faites à une congrégation hospitalière ou enseignante, sous la condition de fonder une communauté, soit pour desservir un hospice, soit pour diriger une école de filles ou tout autre établissement public dont la création est en même temps imposée. Il y a lieu alors, conformément à un avis du conseil d'Etat, en date du 23 décembre 1835, de solliciter à la fois la reconnaissance légale de la nouvelle communauté religieuse et l'autorisation d'accepter la libéralité qui assure son existence.

Nous indiquerons ici seulement les formalités relatives à la reconnaissance légale , et nous renverrons au chapitre suivant (§ 1er. *Des acquisitions à titre gratuit*) l'énumération des pièces dont la production est prescrite pour l'acceptation des libéralités.

Dès que ces établissements particuliers, qui sont si précieux à cause des nombreux services qu'ils rendent aux populations , ont été autorisés, ils ne peuvent plus se séparer de la congrégation dont ils dépendent, soit pour s'affilier à une autre *congrégation,* soit pour former une maison indépendante, sans perdre par cela seul les effets de leur autorisation.

Aux termes d'un avis du conseil d'Etat du 24 février 1840, le Gouvernement ne saurait autoriser un établissement particulier qui ne présenterait aucune des conditions propres à garantir sa durée et à lui mériter le titre et les avantages d'un établissement public.

Les communautés dépendantes d'une congrégation sont autorisées sur la production :

1° D'une délibération du conseil d'administration de la congrégation, indiquant la commune où le nouvel établissement doit être fondé, les motifs qui font désirer sa fondation et les ressources qui lui seront appliquées;

2° D'une copie des statuts de la maison-mère,

avec mention de la date de leur vérification et enregistrement au conseil d'Etat, et accompagnée de l'engagement, par écrit, des religieuses qui doivent faire partie du nouvel établissement, d'observer exactement ces statuts ;

3° De l'état de l'actif et du passif de la maison-mère ;

4° Du consentement de l'Evêque diocésain ;

5° Du consentement de l'Evêque du diocèse dans lequel le nouvel établissement doit être fondé ;

6° Du procès-verbal de l'enquête de *commodo* et *incommodo* faite dans la commune où la nouvelle communauté demande à s'établir ;

7° De l'avis du conseil municipal de cette commune ;

8° De l'avis du préfet du département auquel ladite commune appartient ;

9° Enfin, de l'avis du préfet du département dans lequel la maison-mère est placée.

Les établissements particuliers dépendants d'une congrégation, qui sont seulement fondés dans une commune, à titre temporaire, et qui n'ont point de dotation propre et permanente, ne sont pas susceptibles d'être légalement autorisés.

Enfin, un décret impérial suffit également pour autoriser la translation du siège d'une communauté ou congrégation dans un nouveau local de la même

commune ou dans une autre commune que celle
désignée dans l'acte du Gouvernement qui l'a reconnue.

Il y aurait à produire dans ce cas :

1° La demande motivée d'autorisation de la
translation ;

2° Le consentement de l'Evêque ou des Evêques
diocésains, si la communauté ou congrégation demandait à s'établir dans un nouveau diocèse ;

3° Le procès-verbal de l'enquête de *commodo* et
incommodo faite dans la commune de la nouvelle
résidence ;

4° L'avis du conseil municipal de cette commune ;

5° L'avis du préfet ou des préfets, s'il y avait
lieu, en forme d'arrêté.

Des associations religieuses à autoriser par une loi.

Il n'y a plus maintenant qu'un seul cas où l'intervention d'une loi soit nécessaire pour autoriser
une association religieuse de femmes, c'est celui
d'une communauté ou congrégation, formée postérieurement à l'année 1825, qui présente des statuts complètement nouveaux. Le Gouvernement n'a
pas encore été mis à même d'examiner sa constitution, son but, son importance ; des formes plus so-
lennelles doivent donc être exigées avant de statuer
au sujet de son autorisation. Les principes que la

loi du 24 mai 1825 a sanctionnés sur ce point ont été maintenus par le décret du 31 janvier 1852.

Ce cas se présente très-rarement; cependant, malgré le grand nombre de communautés ou congrégations religieuses existantes pour desservir les hospices, les maisons de refuge, les établissements pénitentiaires, pour soigner les malades à domicile, pour diriger les écoles de filles, les salles d'asile, etc., de nouveaux besoins sociaux peuvent naître et de nouvelles associations religieuses s'établir pour leur donner satisfaction. Dans cette circonstance, nous ne doutons pas que le Gouvernement ne s'empressât d'accueillir, et que les corps délibérants ne fussent disposés à voter la demande en reconnaissance légale qu'elles auraient formée.

Les formalités à remplir par les associations dont la reconnaissance légale nécessite une loi, diffèrent peu de celles que nous avons énumérées ci-dessus, pages 53 et suivantes. Elles consistent dans la production en double expédition :

1° D'une demande en reconnaissance ;

2° D'une copie des statuts approuvés par l'Évêque diocésain, elle est signée par tous les membres de l'association ;

3° De l'état de l'actif et du passif de l'association ;

4° Du consentement de l'Évêque ;

5° Du procès-verbal de l'enquête de *commodo* et *incommodo* faite dans la commune où l'association demande à s'établir ;

6° De l'avis du conseil municipal de cette commune ;

7° De l'avis du sous-préfet, s'il y a lieu.

Le préfet transmet toutes ces pièces, avec son avis en forme d'arrêté, au ministre compétent.

III. — DE LA RÉVOCATION ET DE L'EXTINCTION DES ASSOCIATIONS RELIGIEUSES.

Une communauté ou congrégation religieuse légalement reconnue peut se dissoudre ; elle peut s'éteindre ; une maison dépendante peut être abandonnée par la maison-mère qui l'avait fondée ; l'Évèque diocésain qui a accordé l'institution canonique peut la retirer et mettre l'association en interdit. Dans ces cas, il est évident que l'autorisation donnée par le Gouvernement deviendrait sans objet, et que l'établissement se trouverait, par le fait, supprimé civilement.

Aux termes de l'art. 6 de la loi du 24 mai 1825, l'autorisation accordée par le Gouvernement à une congrégation ou à une communauté indépendante, ne saurait être révoquée que par une loi ; mais un décret suffirait pour supprimer un établissement dépendant d'une congrégation. Toutefois, la suppression ne pourrait être prononcée, dans aucun cas, qu'après l'accomplissement de certaines formalités. L'avis de l'Evêque et celui du conseil municipal devraient être demandés, et une enquête de *commodo* et *incommodo* devrait précéder la décision. Il pourrait arriver, dit à ce sujet le conseil d'Etat, qu'une commune eût fait des sacrifices pour l'établissement d'une association religieuse dans son sein; que des donateurs ou ayant-cause eussent droit de réclamer le bénéfice du droit ouvert à leur profit par l'article 7 de la loi de 1825 ; que des créanciers vissent leurs intérêts compromis par la dispersion des membres d'une association, et à raison de l'attribution que le même article 7 fait des biens des associations religieuses éteintes. Il est nécessaire que ces différents intérêts soient mis en demeure de se faire connaître avant que la dissolution d'une association puisse être prononcée. La loi ne distingue pas entre le cas où la suppression a lieu d'office par suite de sujets de plainte qu'elle a donnés à l'autorité supérieure, et celui où elle est demandée par les membres eux-mêmes de cette association. (Avis du conseil d'Etat, 3 octobre 1837.)

L'article 7 de la loi du 24 mai 1825 prévoit le cas d'extinction d'une association religieuse; il en détermine les conséquences en ce qui touche ses biens; mais il n'indique pas quelles sont les circonstances qui peuvent la faire considérer comme éteinte; il ne règle pas non plus la manière de constater officiellement cette extinction. Un avis du conseil d'Etat porte seulement qu'il n'est pas possible de déclarer une association religieuse éteinte tant qu'il existe des religieuses.

« Qu'arriverait-il, dit M. Gaudry, si toutes les religieuses abandonnaient en même temps la maison ? Il est certain qu'elle serait anéantie de fait; elle ne le serait pas de droit. Ainsi, il n'est pas douteux que l'Evêque n'eût la faculté de recevoir de nouveaux membres de l'établissement, soumis aux mêmes règles et jouissant des mêmes avantages.

» Lorsqu'une association religieuse est dissoute légalement, que deviennent les biens ? Il faut ici distinguer: s'il s'agit d'un établissement particulier dépendant d'une congrégation, les biens de la maison dissoute continuent d'appartenir à la maison-mère. Tant que la *congrégation* existe, ces biens ne peuvent être considérés comme vacants et revendiqués par le donateur ou par ses héritiers, sous prétexte que la maison donatrice serait éteinte. En effet, le donateur a su que, dans une *congrégation,* une maison particulière formait une partie du corps social, et que la maison-mère était le principe et la vie de toutes ces maisons. La maison particulière cessant d'exister, l'association religieuse se maintient toujours. Cependant si, dans l'acte de donation, la condition de libéralité exclusive en faveur de la maison spéciale était formellement insérée, on devrait suivre la volonté du donateur.

» S'il s'agit d'une *communauté* religieuse ou maison indépendante qui ait cessé d'exister, les règles ordinaires de la loi civile ne lui reconnaissent pas d'héritiers. Aux termes de l'article 7 de la loi du 24 mai 1825, les membres qui la composent n'ont, par eux-mêmes, aucun droit légal et absolu à ses biens, parce qu'une association religieuse, formée dans un but pieux et pour un intérêt public, est sans analogie avec une société civile formée dans un but de luxe et pour des intérêts privés. Ils n'ont qu'une simple jouissance.

» Mais, suivant le même article 7, les membres de l'association dissoute ont droit à une pension alimentaire qui doit être prélevée : 1° sur le produit des biens acquis à titre onéreux ; 2° subsidiairement, sur le produit des biens acquis à titre gratuit, lesquels, dans ce cas, ne font retour aux familles des donateurs ou testateurs, qu'après l'extinction desdites pensions. L'Etat règle la quotité de cette pension purement alimentaire, et par conséquent très-modique, mais enfin c'est un droit et non une allocation de faveur de la part de l'Etat.

» A l'égard des biens donnés ou légués, s'il existe des donateurs ou des héritiers du donateur ou du testateur, au degré successible, ils rentrent dans les biens donnés ou légués par droit de retour. Cette disposition est de toute justice et devrait même être suppléée par l'application des principes ordinaires de la loi, car le non accomplissement des conditions de la donation ou du testament en entraîne la révocation. (Code Napoléon, art. 953 et 1046.)

» Enfin, après ces prélèvements, les biens sont dévolus de plein droit, moitié aux établissements ecclésiastiques, et moitié aux hospices du département où l'association religieuse était située. La transmission des biens est opérée avec les charges et obligations imposées aux précédents possesseurs [1]. »

Il résulte de l'exposé qui précède que le Gouvernement n'a aucun intérêt fiscal à supprimer une association religieuse, et cependant nous ne pouvons douter que la crainte de l'application possible de l'article 7 de la loi du 24 mai 1825 n'empêche

[1] M. Gaudry. — *Traité de l'administration des cultes,* tome II, Communautés religieuses.

un grand nombre de ces associations de se faire reconnaître légalement. Nous leur ferons remarquer,
avec M. Gaudry, que si l'abus de la part de l'État
est possible, il n'est pas probable, et il est bien
évident que le jour où l'État serait menacé d'une
perturbation assez complète pour amener la révocation de la loi afin d'arriver à l'usurpation des
biens, les associations religieuses restées en dehors
de l'action du Gouvernement seraient certainement
plus tôt et plus facilement anéanties et dépouillées
que celles qui auraient été placées dans les mains
de l'État.

Toutes les questions qui s'élèvent sur la propriété des biens, à l'occasion de l'application de
l'article 7 de la loi du 24 mai 1825, sont de la compétence des tribunaux ordinaires. (Avis du conseil
d'État, 17 février 1832.)

CHAPITRE II.

De l'Administration des Biens.

Les associations religieuses légalement reconnues
forment, comme les fabriques paroissiales, des
corps dits de *main-morte* qui ne peuvent acquérir

3

ou aliéner sans l'accomplissement des formalités imposées par la loi. Toutefois, en ce qui concerne la gestion de leurs biens, ces associations ne sont pas complètement assimilées aux fabriques, aux hospices et aux autres établissements publics. D'après un avis de doctrine du conseil d'Etat, en date du 13 janvier 1835, que nous avons déjà cité, elles demeurent libres de faire tous les actes pour lesquels une disposition légale ou réglementaire n'a point expressément exigé l'autorisation du Gouvernement.

La loi du 24 mai 1825, art. 4 et 5, et l'ordonnance du 14 janvier 1831, art. 1 et 2, ont désigné les actes qu'elles doivent faire autoriser : ce sont les acquisitions à titre gratuit et à titre onéreux, les aliénations, les échanges, les rétrocessions de biens, les placements des fonds libres, les emprunts, les transactions; elles ne peuvent, non plus, plaider sans une autorisation préalable du conseil de préfecture, attendu que la faculté illimitée de plaider serait, comme celle de transiger, un moyen indirect d'aliénation. (Avis du conseil d'Etat, 14 mai 1839 et 21 mai 1841.)

Nous allons exposer succinctement les règles applicables aux actes d'administration qui doivent être autorisés.

I. — DES ACQUISITIONS.

Les acquisitions sont faites à titre gratuit ou à titre onéreux.

Des acquisitions à titre gratuit.

Ces acquisitions consistent soit en legs ou donations, soit en dons manuels.

On ne peut disposer de ses biens, à titre gratuit, que par donation entre-vifs ou par testament, dans les formes établies par le titre II du code Napoléon et par les lois spéciales aux personnes civiles.

1º *Des donations.* — La donation est un acte par lequel le donateur se dépouille actuellement et irrévocablement de la chose donnée en faveur du donateur qui l'accepte.

Aux termes de l'article 910 du code Napoléon, combiné avec l'art. 1er de l'ordonnance du 2 avril 1817, l'article 4 de la loi du 24 mai 1825 et avec l'article 4 de l'ordonnance du 14 janvier 1831, les associations religieuses légalement reconnues ne peuvent accepter des libéralités sans y avoir été préalablement autorisées par le Gouvernement, et il ne peut leur en être fait, dans aucun cas, à titre universel ou avec réserve d'usufruit [1].

---

[1] Cette restriction s'applique à toute espèce de libéralités, même à celles faites à une communauté ou congrégation par

L'article 5 de la loi du 24 mai 1825 défend aux membres des associations religieuses autorisées de disposer par acte entre-vifs, soit en faveur de la communauté ou congrégation, soit au profit de l'une des sœurs, au-delà du quart de leurs biens, à moins que le don n'excède pas 10,000 fr. ;

un de ses membres. Quand un membre d'une association religieuse légalement autorisée fait au profit de cette association un don ou legs universel, il agit donc contrairement aux prescriptions de la loi du 24 mai 1825. Mais cette libéralité est-elle nulle pour le tout, ou bien doit-on seulement réduire la disposition à la quotité dont un membre d'une communauté ou congrégation peut disposer, c'est-à-dire le quart de ses biens ou 10,000 fr. ? Des arrêts de la cour de Lyon, du 22 mars 1845, et de la cour de Caen, du 31 mars 1846, ont adopté le système de nullité absolue ; un arrêt de la cour de Montpellier, du 5 mars 1855, consacrant ce système, a déclaré que les dispositions universelles ou à titre universel en faveur de communautés religieuses n'étaient pas seulement réductibles, mais encore frappées par la loi, dans un intérêt d'ordre public, d'une nullité radicale.

Nous remarquerons que la cour de cassation a adopté la doctrine contraire dans le cas de legs universel fait non pas à la *communauté*, mais au profit de ses membres pris *individuellement;* le 2 décembre 1845, il a été jugé qu'une telle libéralité est valable au fond, sauf réduction au quart des biens du disposant.

mais cette prohibition cesse d'avoir son effet si la donataire est héritière en ligne directe de la donatrice. Dans ce cas, en effet, les biens suivent le mode de transmission légale et ne passent pas à des étrangers au profit de la famille. Cette exception serait maintenue lors même que la donatrice aurait des héritiers à réserve, mais en laissant intacte la réserve légale [1].

La faculté de donner jusqu'à concurrence de 10,000 fr. ne peut être exercée que six mois après les autorisations accordées pour fonder la communauté ou la congrégation; le législateur a craint que la donation n'eût pour cause le désir de faire créer l'établissement.

De l'autorisation d'accepter et de l'acceptation. — Les articles 910 et 937 du code Napoléon voulaient que l'autorisation d'accepter émanât, dans tous les cas, du Gouvernement; mais on s'aperçut bientôt qu'il serait gênant pour les établissements publics de recourir à l'autorité centrale pour des libéralités d'une minime importance, et l'ordonnance du 2 avril 1817, art. 1er, délégua au préfet le

---

[1] On a prévu, par cette exception, le cas où une veuve et sa fille seraient membres de la même association religieuse, et on leur a laissé à l'une et à l'autre la liberté qui résulte du droit commun.

pouvoir d'autoriser l'acceptation des dons en argent ou objets mobiliers n'excédant pas 300 fr. L'article précité ne distingue pas entre les dispositions purement gratuites et celles faites à charge de services religieux ou sous d'autres conditions légales.

Toutes les dispositions au-delà de 300 fr. et celles ayant pour objet des immeubles, de quelque valeur qu'ils soient, sont autorisées par le Gouvernement.

L'autorisation n'est pas seulement indispensable lorsque la donation a été faite directement à une association religieuse, elle l'est toutes les fois qu'une association doit profiter de la donation. Dans ce cas, chaque établissement donataire doit accepter en ce qui le concerne.

Si, au lieu d'une donation faite à plusieurs établissements désignés pour la recevoir directement, un seul était désigné à cet effet, mais avec charge d'en faire profiter un ou plusieurs autres, il y aurait, dans ce cas, donation directe pour le premier et donation indirecte pour les autres. Toutefois les formalités à remplir seraient les mêmes ; chacun des établissements intéressés accepterait et y serait autorisé par un seul arrêté ou par un seul décret.

Le décret qui autorise ou refuse la donation est

définitif; il peut réduire la libéralité ou lui imposer telles conditions qui sont jugées convenables.

Lorsque l'autorisation a été obtenue, la supérieure de la communauté ou congrégation, ou, à son défaut, la première assistante, doit s'empresser d'accepter la donation. L'acceptation doit être faite devant notaire, sur la production d'une ampliation dûment timbrée de l'arrêté ou du décret d'autorisation, et si le donateur ne comparaît pas à l'acte d'acceptation, il doit lui être notifié par exploit d'huissier. (Code Napoléon, art. 932.)

Si la donation n'avait pas été autorisée du vivant du donateur, ou si, après avoir été autorisée, elle n'avait pas encore été acceptée, le décès du donateur annullerait la donation, quelles que fussent les autorisations et acceptations postérieures au décès; car une donation n'est parfaite que lorsqu'elle est irrévocable, et elle n'est irrévocable que lorsqu'elle a été acceptée. Nous pensons donc, contrairement à l'opinion de quelques auteurs, que les héritiers ne pourraient pas valider la donation en acceptant une signification de l'acceptation après le décès. Sans doute, s'ils consentent à la délivrance de l'objet donné, il n'y a pas de motif pour que l'association s'interdise de recevoir ce qui lui est remis volontairement, mais ce serait alors une délivrance toute gratuite des héritiers, et, s'il s'agissait d'un im-

meuble, la propriété ne serait valablement et définitivement acquise à l'association qu'après une
nouvelle donation faite par ces mêmes héritiers.
(Avis du conseil d'État, 24 mars 1835.)

Il est donc indispensable, dans l intérêt de ces
précieux établissements, de procéder avec toute la
diligence possible et en temps opportun à l'accomplissement des formalités imposées par la loi.

Ainsi que nous l'avons dit, l'article 4 de l'ordonnance du 14 janvier 1831 défend aux associations
religieuses d'accepter aucune donation avec réserve
d'usufruit en faveur du donateur. Cette disposition
a pour but évident de mettre des entraves à la faculté de disposer au préjudice des familles. Si la
libéralité, avec rétention d'usufruit ou avec stipulation à son profit d'une rente ou d'une autre pres-
tation viagère représentant le revenu, était autorisée, il pourrait arriver que, par la facilité de
disposer sans se dessaisir soi-même, une personne
pieuse considérât plutôt l'intérêt de l'association
que celui de sa propre famille.

Des donations nulles. — Aux termes de l'article
960 du code Napoléon, toute donation entre-vifs
faite par des personnes qui n'avaient point d'enfants ou de descendants actuellement vivants dans
le temps de la donation, de quelque valeur que

cette donation puisse être et à quelque titre qu'elle ait été faite, demeure révoquée de plein droit par la survenance d'un enfant légitime du donateur, même d'un enfant posthume, ou par la légitimation d'un enfant naturel par mariage subséquent, s'il est né depuis la donation.

Les articles suivants du même code n'autorisent aucune exception à cette règle, et proscrivent tout à la fois et les stipulations contraires et les inductions que le donateur pourrait tirer soit de la possession continuée depuis la survenance d'un enfant, soit de la prescription, soit de la naissance de l'enfant survenu, soit même d'un acte confirmatif.

Des donations indirectes. — Une association religieuse ne peut recevoir une libéralité à la charge de la transmettre à un autre établissement public, soit existant, soit non encore fondé, mais qui viendrait à l'être. Cette espèce de donation présenterait le caractère de substitution prohibée par l'article 896 du code Napoléon, ainsi conçu : « *Toute disposition par laquelle le donataire sera chargé de conserver et de rendre à un tiers sera nulle, même à l'égard du donataire.* »

On ne saurait considérer comme ayant le caractère d'une substitution la donation qui devrait être transmise de l'établissement donataire à un autre établissement, au cas seulement où les conditions imposées au premier ne seraient pas exécutées.

On peut, conformément à l'article 899 du code Napoléon, donner à deux établissements publics le même bien-fonds, en attribuant à l'un la jouissance, et à l'autre la nue-propriété; mais cette forme de donation présente de nombreuses difficultés, et les associations religieuses feront bien de ne pas l'accepter.

Des conditions réputées non écrites. — Les conditions contraires aux lois ou à l'ordre public qui seraient mises dans les donations peuvent les faire rejeter; mais il est des cas, cependant, où ces mêmes conditions n'empêchent pas l'autorisation. On se borne à les considérer comme non écrites. (Code Napoléon, art. 900; avis du comité de l'intérieur, 7 juillet 1830; 6 mai 1831.) L'arrêté préfectoral ou le décret portant autorisation d'accepter renferment quelquefois une réserve formelle au sujet de ces conditions.

Toutes les autres conditions imposées par les donateurs doivent être religieusement respectées.

Des dons manuels. — Les dons manuels ne sont pas, en général, soumis aux formalités des donations. Ces sortes des libéralités sont consommées

par le dessaisissement du donateur et par l'appré-
hension que fait le donataire de la chose donnée.
En fait de meubles, la possession vaut titre, et aucune loi ne défend aux personnes civiles pas plus
qu'aux particuliers de recevoir des meubles ou de
l'argent de la main à la main. On ne pourrait opposer que l'ordonnance du 2 avril 1817, qui prescrit aux établissements religieux l'autorisation du
Gouvernement pour les dons en argent au-dessus
de 300 fr., et celle des préfets pour ceux qui sont
au-dessous de cette somme. Cependant des donations de ce genre sont très-fréquentes, et il est rare
qu'elles motivent des réclamations. Il suit de là
que la disposition précitée de l'ordonnance de 1817
ne saurait être obligatoire qu'à l'égard des legs
seulement. Cette jurisprudence paraît maintenant
bien établie. Cependant, si des dons manuels ca-
chaient des donations d'une importance réelle, ils
seraient susceptibles d'être annulés. L'appréciation
à faire dépend uniquement des circonstances.

De la transcription hypothécaire. — Si l'objet
donné est un immeuble, on fait transcrire au bureau des hypothèques la donation, l'acceptation et
la ratification de l'acceptation. (Code Napoléon,
art. 939.) La supérieure, ou, à son défaut, la première assistante, remplit cette formalité au nom de
l'association.

Le défaut de transcription n'annullerait pas la donation, mais il pourrait être opposé par toutes personnes ayant intérêt, excepté, toutefois, celles qui sont chargées de faire la transcription ou leurs ayant-cause et le donateur.

De l'enregistrement des donations. — La loi du 18 avril 1831 a ordonné que les donations faites à des établissements religieux fussent soumises aux droits proportionnels d'enregistrement et de transcription établis par les lois existantes. Ces droits sont considérables; la loi du 21 avril 1832 les fixe à 9. p. 0/0 pour les donations d'immeubles, et à 6 p. 0/0 pour les donations de meubles. A ces droits il faut ajouter le 10e et les droits de transcription de 1 et 1/2 p. 0/0 à l'égard des immeubles, dans le cas où la transcription doit avoir lieu.

Des formalités pour obtenir l'autorisation d'accepter. — L'instruction ministérielle du 31 janvier 1831 indique les formalités à remplir pour obtenir l'autorisation d'accepter des donations. Elles consistent dans la production :

1° De l'acte de donation ;

2° D'un procès-verbal d'évaluation de l'objet donné ;

3° D'un certificat de vie du donateur;

4° De l'acceptation provisoire, faite conformément à l'article 3 de l'ordonnance du 2 avril 1817 ;

5° De l'état de l'actif et du passif, ainsi que des charges et revenus de l'association.

Ces pièces sont adressées au sous-préfet, qui les transmet au préfet en les accompagnant :

6° De son avis en forme d'arrêté :

7° D'un tableau comprenant des renseignements détaillés ayant pour objet de faire connaître si la libéralité n'a été produite par aucune suggestion ; si elle n'excède point la quotité disponible, et, autant que possible, la position des héritiers naturels du donateur.

Le préfet communique ces pièces à l'Évêque, qui y joint son avis.

Le préfet autorise alors, s'il y a lieu, l'acceptation, ou transmet le dossier au ministre compétent, après y avoir annexé son avis en forme d'arrêté, ainsi qu'un bordereau des pièces qu'il comprend.

2° *Des legs.* — Le legs est une donation faite par testament pour le temps où le testateur n'existe plus. Puisque le testament peut être révoqué jusqu'au dernier moment de la vie du testateur, il n'y a pas lieu, tant que la succession n'est pas ouverte, c'est-à-dire avant le décès, à en faire autoriser l'acceptation. (Code Napoléon, art. 895, et circulaire min., 30 germinal an xii.)

Les legs sont dans des conditions semblables à celles des donations, et doivent être autorisés dans la même forme; les règles générales que nous avons exposées dans le § précédent s'appliquent donc aux actes de dernière volonté, sauf les exceptions que nous ferons connaître ci-après.

De l'autorisation d'accepter et de la demande en délivrance. — Les associations religieuses n'ont pas plus la capacité d'accepter un legs que celle d'accepter une donation entre-vifs tant que l'auto·risation du Gouvernement n'a pas été obtenue. Elles ne peuvent donc ni demander la délivrance, ni l'accepter si elle a été volontairement consentie par les héritiers, sans y avoir été préalablement autorisées.

Nulle demande en acceptation de legs ne peut être formée par une association religieuse sans que les héritiers connus [1] du testateur n'aient été appelés, par acte extra-judiciaire, à prendre connaissance du testament, donner leur consentement à son exécution ou produire leurs moyens d'opposition. S'il n'y a pas d'héritiers connus, extrait du testament doit être affiché de huitaine en huitaine, et à trois reprises consécutives, au chef-lieu de la

---

[1] Les héritiers connus sont ceux qui sont indiqués dans l'inventaire ou par la notoriété publique.

mairie du domicile du testateur, et inséré dans le journal des annonces judiciaires de l'arrondissement, avec invitation aux héritiers d'adresser au préfet, dans le même délai, les réclamations qu'ils auraient à présenter. Cette formalité est de rigueur. (Ord. 14 janvier 1831, art. 3.)

Lorsque l'acceptation d'un legs fait à une congrégation ou communauté religieuse a été autorisée par le Gouvernement, la supérieure en demande la délivrance aux héritiers investis de la succession, c'est-à-dire à ceux en vertu desquels une quotité des biens est réservée par la loi ; s'il n'en existe pas, elle s'adresse aux légataires universels, et, à défaut de ceux-ci, aux héritiers non réservatoires. (Code Napoléon, art. 1011 et 1014.)

Des réclamations et des réductions. — Le Gouvernement, comme tuteur des intérêts généraux des familles et des établissements publics, tient de la loi le pouvoir de faire des réductions sur les legs ou de les rejeter. Il est important de connaître d'après quels motifs il se décide, afin que, le cas échéant, les associations religieuses puissent éclairer l'administration en leur faveur, si les motifs allégués contre elles n'existaient pas ou étaient exagérés.

D'une part, le conseil d'Etat considère la destination du legs, son utilité, soit pour le pays, soit pour l'association elle-même, et il examine, par conséquent, la situation financière de l'association, ainsi que les conditions plus ou moins onéreuses du legs.

D'autre part, on tient compte, s'il y a des réclamants, de leur degré de parenté, de leur peu de fortune, des motifs qui ont déterminé le testateur à disposer de son héritage, de l'origine des biens légués, de la nature des influences auxquelles le testateur a pu céder, enfin, et en première ligne, du respect que méritent les actes de dernière volonté.

Lorsque le Gouvernement se décide à réduire un legs, il ne peut imposer à l'établissement légataire des conditions qui ne résultent pas du testament et des dispositions qu'il renferme.

Du consentement à la délivrance d'un legs à la condition d'une réduction. — Le consentement des héritiers à la délivrance d'un legs, moyennant une certaine réduction, n'est pas toujours un motif suffisant pour l'autorité supérieure d'admettre cette réduction, ce consentement pouvant n'avoir été donné que par la crainte qu'auraient les héritiers de se voir privés de la totalité du legs. Sans s'arrêter à cette sorte de transaction, le Gouvernement apprécie, dans toute leur étendue, les motifs qui pourraient le déterminer à autoriser l'acceptation de la libéralité tout entière ou à prononcer un rejet absolu.

Si l'autorisation d'accepter une fois obtenue par la communauté ou congrégation, les héritiers chargés par la loi de faire la délivrance du legs s'y refusent, la supérieure doit s'adresser aux tribunaux ordinaires, seuls compétents pour statuer sur toutes les actions relatives à la validité et à l'exécution des libéralités.

La demande formée en justice afin d'obtenir la délivrance d'un legs a pour effet de faire courir les intérêts et les fruits de la chose léguée, du jour même de cette demande.

Du pourvoi des héritiers devant les tribunaux. — Aux termes de l'article 7 de l'ordonnance du 2 avril 1817, l'autorisation ne fait pas obstacle à ce que les héritiers se pourvoient devant les tribunaux contre les dispositions dont l'acceptation a été autorisée et demandent soit la nullité, soit la réduction de la libéralité. Il ne s'agit plus d'une réduction ou du refus d'autorisation que l'autorité supérieure peut prononcer dans l'intérêt de la famille ou par des considérations d'ordre public, mais de la réduction prescrite par les articles 913 et 915 du code Napoléon par suite d'une nullité motivée sur le vol, l'erreur ou la captation, ou sur l'inobservation des formalités légales. Si la disposition venait à être annulée par les tribunaux, l'autorisation déjà accordée par le Gouvernement n'aurait plus aucune force; si elle était réduite seulement, son effet serait restreint à la mesure fixée par le jugement, nonobstant cette même autorisation.

Des transactions sur des legs. — Le Gouvernement peut accorder aux associations religieuses l'autorisation de transiger sur un legs ; mais pour qu'il y ait lieu à transaction, il faut d'abord, et ceci est de l'essence même de la transaction, qu'il y ait contestation, c'est-à-dire litige ou crainte grave d'un procès, et que cette crainte tombe sur la validité du legs. Si les craintes étaient légères, elles ne suffiraient certainement pas pour autoriser la transaction. De simples réclamations ne la justifieraient point; elles pourraient tout au plus, si elles paraissaient fondées, motiver une réduction du legs.

De la validité des legs faits aux établissements particuliers dépendants d'une congrégation. — Les religieuses d'une congrégation envoyées dans une localité, par ordre de leur supérieure générale, pour y donner leurs soins aux pauvres et aux malades et y tenir école, ne forment pas, par le fait seul de leur résidence prolongée dans cette localité, un établissement particulier, et le legs à elles adressé doit être considéré comme fait à la congrégation dont elles dépendent. En conséquence, un pareil legs ne saurait être annulé comme fait à un établissement religieux non autorisé, et la délivrance n'en pourrait être refusée à la supérieure générale qui l'aurait accepté après y avoir été autorisée par le Gouvernement. Un arrêt, extrêmement remarquable et de la plus grande importance pour la congrégation religieuse, rendu le 17 juillet 1856 par les chambres réunies de la cour de cassation, a confirmé cette doctrine. Nous nous faisons un devoir de citer cet arrêt en entier, en le faisant précéder d'un exposé des faits de la cause et du texte de la décision déférée à la censure de la cour :

Par son testament, reçu Me Noël, notaire à Paris, le 24 janvier 1843, M. Lefebvre de Trois-Marquets, conseiller à la cour impériale de Douai, avait fait, entre autres legs, la disposition suivante au profit des Sœurs de la Charité établies à Arras :

« Je donne et lègue à la maison des Dames de la Charité d'Arras la nue-propriété des biens, immeubles et rentes, sans exception, que je possède à Lilliers et aux environs, pour réunir, par les Dames de la Charité d'Arras, la jouissance à la nue-propriété desdits immeubles et rentes, à partir de l'extinction de l'usufruit que j'en ai légué ci-dessus à ma femme. »

Le testateur mourut le 27 janvier 1843. Le 6 mars 1847, sur la demande du conseil général de la congrégation, intervint une ordonnance royale qui autorisa la supérieure générale à accepter la libéralité au nom de la communauté du même ordre établie à Arras; l'acceptation fut faite dans ces termes par acte authentique du 19 janvier 1848. La même ordonnance autorisait la congrégation à fonder à Arras un établissement de son ordre.

Des deux héritiers du testateur, l'un consentit à la delivrance du legs; l'autre s'y refusa. Une action a été intentée contre lui, à la fois par la supérieure générale et par la supérieure de la maison d'Arras.

Un jugement du tribunal de première instance de Douai a rejeté cette demande, par le motif que la maison religieuse d'Arras, objet de la libéralité, n'étant pas autorisée au moment de l'ouverture de la succession, était par cela même incapable de recevoir, et qu'ainsi le legs était caduc. Ce jugement a été confirmé et ses motifs adoptés par un arrêt de la Cour impériale de Douai, en date du 30 juin 1851, qui se fonde aussi sur ce que le décret du 8 novembre 1809 ne rétablit pas d'une manière générale et absolue les maisons des Sœurs hospitalières de Saint-Vincent-de-Paul; qu'au contraire, leur établissement est soumis au règlement général du 18 février précédent, qui prescrit, par son article 2, une autorisation spéciale pour chaque maison établie en dehors de la maison-mère.

Cet arrêt a été cassé, le 6 mars 1854, par la chambre civile de la Cour de cassation, qui a considéré que les religieuses de la maison d'Arras n'étaient que des sœurs détachées de la maison-mère établie à Paris; que leur résidence, même prolongée dans un lieu, ne les séparait pas de l'établissement principal; que, dans cette situation, le legs qui leur était fait en leur qualité de Sœurs de Charité n'était en réalité qu'un legs fait à la communauté générale, avec affectation spéciale aux besoins des sœurs chargées de la représenter et d'accomplir son œuvre charitable dans la maison d'Arras; qu'il suffisait donc, pour la validité du legs, que la congrégation fût autorisée, comme elle l'est réellement, et que le legs fût accepté par la supérieure générale dans les termes conformes à l'intention du testateur, ce qui a également eu lieu; d'où il suit que toutes les conditions voulues par la loi ont été accomplies, et qu'en méconnaissant ces principes, la cour de Douai a faussement appliqué la loi du 24 mai 1825 et violé, en ne l'appliquant pas, l'article 327 du code Napoléon.

L'affaire a été renvoyée devant la Cour d'Amiens. Cette Cour, par l'arrêt du 14 juillet 1854, a adopté la doctrine de la Cour de Douai sur la nécessité d'une autorisation spéciale pour toute maison religieuse émanée de la congrégation générale des Sœurs de Charité de Saint-Vincent-de-Paul ; et, se fondant, en outre, sur le motif que si, aux termes de l'article 12 du décret du 18 février 1809 et de l'article 16 de l'instruction du 17 juillet 1825, la supérieure a qualité pour accepter les dons et legs, cette faculté ne s'applique qu'aux dons régulièrement faits aux établissements autorisés, l'arrêt d'Amiens confirme le jugement du tribunal de Douai. Voici dans quels termes cet arrêt est conçu :

« Considérant que, par son testament en date du 24 janvier 1843, Lefebvre de Trois-Marquets a légué à la maison des Dames de la Charité d'Arras la nue-propriété des biens immobiliers et rentes qu'il possédait à Lilliers ; que ce legs ne pourrait être recueilli par la maison d'Arras qu'autant qu'elle aurait eu une existence civile au moment du décès du testateur ;

» Considérant que le décret du 8 décembre 1809, qui a mis en vigueur les lettres patentes de novembre 1657, concernant les Sœurs hospitalières de Saint-Vincent-de-Paul, n'est applicable qu'à la fondation et reconnaissance, comme communauté religieuse légalement instituée, de la maison-mère, dont le chef-lieu était à Paris; que s'il confère, comme les lettres patentes, à la maison-mère, la faculté d'envoyer dans les lieux où elles sont appelées des Sœurs de la Charité, ces Sœurs ne forment point, par le seul fait de leur résidence, même prolongée, dans un lieu, une maison spéciale ayant une existence civile différente de celle de Paris; qu'une telle interprétation serait contraire à l'article 2 du décret du 18 février 1809, qui, rappelant les principes posés dans les anciens édits, porte que les statuts de chaque congrégation ou maison séparée seront approuvés par l'Empereur et insérés au *Bulletin des Lois*, pour être reconnus et avoir force d'institution publique; que cette règle a été rappelée dans l'article 3 de la loi du 24 mai 1825; qu'il n'appartient, en effet, qu'à l'autorité gouvernementale d'apprécier la convenance des établissements religieux, et de leur donner, par la sanction légale, l'existence civile;

» Considérant qu'il ne résulte nullement des documents émanés du ministère des cultes qu'aucun établissement de la congrégation de Saint-Vincent-de Paul autre que celui de Paris ait été autorisé en 1809; que si les appelantes établissent qu'il existait, dès 1809, à Arras, des Sœurs de Saint-Vincent-de-Paul, elles n'y exerçaient point leur ministère sous forme d'institution publique; qu'elles ont continué d'y secourir les pauvres en vertu de la faculté accordée à la maison-mère d'envoyer des Sœurs où elles étaient appelées ; que le Gouvernement a si bien reconnu que ces établissements n'avaient aucun caractère public, qu'après une longue et soigneuse instruction, il a, par une ordonnance du 6 mars 1847, autorisé la congrégation de Saint-Vincent-de-Paul à former à Arras un établissement de son ordre ; que cette ordonnance n'a point d'effet rétroactif, et qu'en autorisant la supérieure générale à accepter, au nom de la communauté établie à Arras, le legs fait à cet établissement, elle laisse subsister le droit des tiers de contester la capacité de recevoir à l'époque du décès du testateur ;

» Considérant que vainement l'appelante (madame de Moncellet, supérieure générale), désertant les termes de l'autorisation d'accepter qui lui a été donnée par l'ordonnance du 6 mars 1847, et de son acte authentique d'acceptation du 19 janvier 1848, réclame au nom de la communauté le legs dont il s'agit pour être affecté à l'œuvre de charité que les Sœurs en exercice à Arras ont mission d'accomplir; que si, aux termes de l'article 12 du décret du 18 février 1809, et de l'article 16 de l'instruction du 17 juillet 1825, la supérieure générale a qualité pour accepter les dons et legs , ce sont les dons et legs faits aux établissements existant légalement d'après les dispositions précédemment édictées ; qu'aux termes de l'article 12 de la même instruction, les religieuses conservent la jouissance de leurs biens personnels et des autres droits qui sont ceux du reste des Français, mais qu'elles n'ont point, à titre de religieuses, une existence civile particulière ; que si elles participent, comme membres de l'association, aux avantages dont elle jouit, l'existence civile que la fiction de la loi confère à la communauté n'appartient qu'au corps lui-même et non aux individus ; qu'il suit de là que le legs fait à un établissement de Sœurs qui n'avaient pas qualité pour le recueillir, ne peut pas plus être recueilli au nom de la congrégation qu'à celui de l'établissement institué ;

» Par ces motifs :

» La Cour, statuant en vertu du renvoi à elle fait par la cour de cassation, sans qu'il soit besoin de statuer sur les fins de non-recevoir opposées aux conclusions de l'appelante, met l'appellation au néant, ordonne que le jugement sortira effet.

Mme de Moncellet, supérieure générale de la Congrégation, et Mme Rolland, supérieure de la Maison de Charité d'Arras, ont attaqué cet arrêt

par le motif qui a fait prononcer la cassation de l'arrêt précédent. La chambre civile de la Cour de cassation s'est déclarée incompétente, en vertu de l'article 1er de la loi du 1er avril 1837, et la cause a été portée devant les chambres réunies, qui ont rendu, à la date du 17 juillet, l'arrêt suivant conforme aux conclusions de M. le procureur général de Royer :

« La Cour,

» Ouï M. Plougoulm, conseiller, en son rapport, les observations de Mes Bosviel et de Saint-Malo pour les demanderesses en cassation, celles de M. Hardouin pour le défendeur, lesdits avocats à la Cour ; les conclusions de M. le procureur général de Royer ;

» Vu l'article 4 de la loi du 24 mai 1825 ; l'article 937 du code Napoléon ;

» Attendu que, d'après les lettres patentes de 1657 qui ont institué la congrégation de Saint-Vincent-de-Paul, lettres confirmées par le décret de 1809, les Sœurs dépendant de cette communauté vont s'établir là où les appellent les besoins de la charité publique ; qu'en accomplissant ainsi la pensée de leur fondateur, elles ne se séparent pas de la maison-mère, quel que soit le lieu de leur résidence, quelle qu'en soit la durée ; qu'au contraire, ces Sœurs, détachées de l'établissement principal, continuent de former un seul corps avec lui, soumises aux mêmes statuts, participant à la même vie civile ;

» Attendu qu'il est reconnu par l'arrêt attaqué que les religieuses établies à Arras s'y trouvaient dans ces conditions ; qu'elles ont continué d'y secourir les pauvres, en vertu de la faculté accordée à la maison-mère, et non sous forme d'institution publique ;

» Attendu que, dans cette situation, le legs fait par Lefebvre de Trois-Marquets à la Maison des Dames de Charité d'Arras, n'était en réalité qu'un legs fait à la congrégation elle-même, mais sous la condition de faire profiter de la libéralité la Maison désignée ;

» Attendu que cette intention du testateur est remplie, dans l'espèce, par la déclaration énoncée en l'acte régulier d'acceptation, ledit acte du 19 janvier 1848, fait, aux termes de la loi de 1825, par la supérieure générale de la congrégation ; que toutes les conditions voulues par la loi pour la validité des legs se trouvent ainsi remplies ; d'où il suit qu'en déclarant nul le legs de Trois-Marquets, l'arrêt attaqué a faussement appliqué l'article 4 de la loi du 24 mai 1825, et violé l'article 937 du code Napoléon ;

» Casse, etc. »

Du renoncement au legs. — L'autorisation du Gouvernement n'est pas seulement nécessaire pour accepter des libéralités; elle l'est encore pour y renoncer. En effet, le refus d'accepter un legs serait une aliénation de droits, et, à ce titre, il devrait, comme toute aliénation, être autorisé par un décret impérial.

Droits d'enregistrement. — Le droit d'enregistrement du testament est à la charge des légataires, à moins de dispositions contraires dans cet acte. A cet effet, chaque legs peut être enregistré séparément, sans que cet enregistrement puisse profiter à aucun autre qu'au légataire ou à ses ayant-cause.

Ainsi, une communauté ou congrégation religieuse, qui a été autorisée à accepter un legs, peut, quelque modique que soit ce legs, faire enregistrer le testament sans payer d'autres droits proportionnels que ceux auxquels son legs donne ouverture.

Le testament est passible à l'enregistrement d'un droit fixe de 5 fr., et, en outre, d'un droit proportionnel qui est le même que pour les donations entre-vifs. Le délai pour l'enregistrement des testaments ne court, à l'égard des établissements religieux légataires, que du jour où ils ont été autorisés à accepter. Ce délai est de trois mois.

Formalités à remplir pour obtenir l'autorisation

d'accepter un legs. — On doit produire à l'appui de la demande en autorisation d'accepter un legs fait à une association religieuse légalement reconnue :

1° Un extrait authentique du testament d'où résulte le legs ;

2° L'acte de décès du testateur ;

3° Le procès-verbal d'évaluation de l'objet légué;

4° L'acceptation provisoire faite conformément à l'article 3 de l'ordonnance royale du 2 avril 1817;

5° L'état de l'actif et du passif, ainsi que des charges et revenus de la communauté ou congrégation légataire; cet état est vérifié et certifié par l'Evêque et par le préfet;

6° L'avis motivé du sous-préfet;

7° Une copie de l'acte extra-judiciaire constatant que les héritiers connus ont été appelés à prendre connaissance du testament;

8° Leur consentement à la délivrance du legs, ou, à défaut, leur mémoire, en faisant connaître le nombre des réclamants, le montant de l'hoirie et la portion afférente à chacun d'eux ;

9° S'il n'y a pas d'héritiers connus, le procès-verbal d'affiche du testament à la mairie du domicile du testateur, et le numéro du journal dans lequel l'avis de l'affiche a été inséré ;

Ces pièces sont transmises au préfet, qui les com-

munique à l'Évêque pour avoir son avis. Dès que le
dossier lui est revenu, il autorise l'acceptation
du legs, s'il ne dépasse 300 fr. et s'il n'a été
l'objet d'aucune réclamation. Dans le cas contraire, il adresse, en y joignant son avis en forme
d'arrêté, toutes les pièces au ministre compétent.

Des acquisitions à titre onéreux.

Ces acquisitions ont pour objet des immeubles et
des rentes, ou bien elles consistent en achats mobiliers.

L'administration est peu favorable aux acquisitions immobilières faites par les établissements publics; la gestion de ces biens lui paraît presque
toujours onéreuse, soit à raison des usurpations
continuelles dont ils sont l'objet, des procès dis-
pendieux qu'ils occasionnent, des contributions
dont ils sont grevés, des hypothèques et privilèges
à conserver, des prescriptions à prévenir, de l'in
solvabilité fréquente des fermiers et locataires, soit
encore à raison de ce que les biens de main-morte
n'étant presque jamais l'objet d'une surveillance
assez active dans leur exploitation, dépérissent
insensiblement et finissent par ne produire qu'un
faible revenu.

1° *Acquisitions d'immeubles.* — Lorsque, malgré les inconvénients que nous venons d'énumérer,

une association religieuse se décide à acquérir un immeuble, la délibération du conseil d'administration prise à ce sujet doit faire ressortir avec soin l'intérêt que peut avoir l'établissement à cette acquisition, et justifier, par la production de l'état de son actif et de son passif, des ressources dont elle dispose pour en acquitter le montant; il est essentiel également que le prix de l'immeuble dont l'acquisition est projetée soit en rapport avec sa valeur constatée par une expertise faite contradictoirement par deux experts, dont un est nommé par la communauté ou congrégation, et l'autre par le vendeur.

Il y a lieu de produire :

1° La délibération du conseil d'administration; elle doit faire mention du décret autorisant l'association;

2° Le procès-verbal d'estimation de l'immeuble à acquérir; ce procès-verbal est transcrit sur papier timbré;

3° Un plan figuré et détaillé des lieux;

4° Une promesse de vente acceptée par la supérieure de l'association; elle est écrite sur papier timbré;

5° L'état de l'actif et du passif de l'associaiton ;

6° Un certificat du conservateur des hypothèques, constatant la situation hypothécaire de l'immeuble à acquérir.

Ces pièces sont adressées au sous-préfet, qui fait procéder, par un commissaire à son choix, à une enquête de *commodo* et *incommodo* sur le projet. Il joint ensuite au dossier :

7° Le procès-verbal de l'enquête ;

8° L'avis du commissaire-enquêteur;

9° Son avis en forme d'arrêté.

Le préfet communique toutes ces pièces à l'Évêque pour avoir son avis sur l'utilité de l'acquisition projetée. Enfin, le dossier, ainsi complété, est transmis par le préfet, et avec son avis en forme d'arrêté, au ministre compétent.

Pour les acquisitions à l'amiable, l'autorisation n'intervient, avons-nous dit, que sur la production d'une soumission du propriétaire qui s'engage à vendre moyennant un prix convenu avec la communauté ou congrégation. Aux termes de l'article 1589 du code Napoléon, « la promesse de vente vaut vente lorsqu'il y a consentement réciproque des deux parties sur la chose et sur le prix. » La soumission ne saurait donc être retirée qu'autant que le Gouvernement refuserait l'autorisation nécessaire à l'établissement religieux pour acquérir. Elle doit préciser en termes formels :

1° L'engagement de vendre; 2° la nature, la situation et l'étendue de l'immeuble; 3° le prix, l'époque du paiement et les conditions accessoires de la vente ; 4° la proposition d'acquérir, après autorisation, faite par la supérieure au nom de l'association.

La promesse de vente nous paraît devoir être faite en double, et il doit y être expressément dit qu'elle ne recevra son effet qu'après l'approbation de l'autorité supérieure. Dès que cette autorisation a été accordée, la soumission du vendeur est immédiatement convertie en contrat définitif de vente.

La copie du décret, délivrée sur papier timbré, doit toujours être annexée au contrat.

Les frais, sauf convention contraire, sont à la charge de l'établissement acquéreur. (Code Napoléon, art. 1543.)

Il peut arriver que l'immeuble à acquérir soit vendu par adjudication en justice. Comme il deviendrait souvent impossible, dans ce cas, d'obtenir, avant l'adjudication, un décret autorisant l'acquisition, le ministre des cultes peut, sur la proposition du préfet, autoriser la supérieure de l'association à enchérir jusqu'à un chiffre préalablement déterminé ; mais cette autorisation ne serait donnée qu'autant que l'acquisition projetée présenterait un grand intérêt pour la communauté ou congrégation [1]. Il y aurait à produire :

---

[1] Cette règle, établie, avant le décret du 25 mars 1852, pour les acquisitions projetées par les établissements de bienfaisance, nous paraît devoir s'appliquer, par analogie, aux établissements religieux.

1º Une délibération du conseil d'administration faisant ressortir la nécessité ou les avantages de l'acquisition projetée, la valeur de l'immeuble, sa nature, son étendue, sa mise à prix et le chiffre jusqu'à concurrence duquel la communauté ou congrégation désire enchérir ;

2º Le procès-verbal d'estimation ;

3º L'état de l'actif et du passif de l'association ;

4º Les avis de l'Evêque, des sous-préfets et du préfet.

Si l'adjudication était tranchée en faveur de l'association, dans les limites de l'autorisation ministérielle, le ministre des cultes provoquerait, sur le vu d'une copie du procès-verbal d'adjudication, le décret autorisant définitivement l'acquisition.

Les droits d'enregistrement à percevoir sur les ventes au profit d'une association sont de 6 fr. 05 c. p. 0/0, y compris le droit de transcription et le dixième. (L. 18 avril 1831, art. 17.)

La communauté ou congrégation ne doit acquitter le prix de vente qu'autant qu'il lui est justifié de la purge des hypothèques légales. A cet effet, la supérieure doit faire au greffe du tribunal civil de l'arrondissement le dépôt, pendant deux mois, du contrat d'acquisition, et notifier copie de la signification de ce dépôt au procureur impérial et aux parties désignées dans l'article 2194 du code Napoléon. Cette signification est publiée dans le journal qui reçoit les annonces judiciaires.

Si aucune inscription n'a été prise, dans le délai prescrit, sur l'immeuble vendu, le prix de la vente est acquitté sur la production d'un certificat négatif délivré par le conservateur des hypothèques.

La quittance de paiement est délivrée devant notaire, l'authenticité étant aussi nécessaire, dans l'intérêt de la communauté ou congrégation, pour constater sa libération du prix de la vente que pour constater son acquisition de l'immeuble. La moindre irrégularité dans le paiement pourrait, en effet, laisser vivre des privilèges, des hypothèques, des actions résolutoires qui obligeraient peut-être plus tard l'association à délaisser l'immeuble ou à en acquitter une deuxième fois le prix.

2° *Acquisitions de rentes sur l'Etat.* — Les associations religieuses, comme tous les établissements publics en général, peuvent avoir à réaliser des capitaux provenant soit des dots des religieuses, soit des legs ou donations qui leur sont faits, soit des aliénations dûment autorisées ou de soultes d'échange, soit des rentes rachetées, ou enfin du remboursement de fonds placés sur particuliers.

Aux termes de la loi du 2 janvier 1817, combinée avec l'article 6 de l'ordonnance du 14 janvier 1831, aucune inscription de rentes sur l'Etat au profit d'une association religieuse ne saurait être effectuée qu'autant qu'elle aurait été autorisée par un décret dont la communauté ou congrégation intéressée produirait, par l'intermédiaire du receveur général des finances ou d'un agent de change, expédition en due forme sur papier timbré, au directeur du grand-livre de la dette publique [1].

Il n'est pas besoin de faire ressortir la garantie réelle que présentent les rentes sur l'Etat, ainsi que la fixité, la certitude et la facilité de leur recouvrement. C'est le placement préféré par le conseil d'Etat et par l'administration, et il est de beaucoup le plus avantageux pour les associations religieuses.

Une communauté ou congrégation qui désire obtenir l'autorisation d'acheter des rentes sur l'Etat doit produire :

1º Une délibération du conseil d'administration ;

2º L'état de son actif et de son passif comprenant tous les détails énumérés ci-dessus ;

Il y est joint les avis du sous-préfet, de l'Evêque et du préfet.

---

[1] MM. les receveurs généraux des finances se chargent, moyennant de très faibles remises, de l'achat et de la vente de tous titres de rente. Ils sont les seuls intermédiaires que doivent employer les établissements publics pour opérer avec sûreté ces sortes de négociations.

3° *Acquisitions de rentes sur particuliers*. — Les placements sur particuliers sont peu encouragés par l'administration à raison de la difficulté des recouvrements et souvent de leur impossibilité par suite de l'insolvabilité des débiteurs, même quand ils sont assurés par des hypothèques qui peuvent être contestées, périmées, insuffisantes, sans compter les retards résultant des procédures, des expropriations immobilières, etc.

Les formalités à remplir pour gérer ces sortes de placements sont, d'ailleurs, les mêmes que pour l'achat des rentes sur l'Etat. Le décret qui les autorise doit être entièrement inséré dans l'acte notarié à intervenir ;

4° *Acquisitions d'objets mobiliers*. — Les acquisitions purement mobilières ne sont soumises à la condition d'aucune autorisation. Elles sont considérées comme des actes de simple administration.

III. — DES ALIÉNATIONS.

Par *aliénation* ou *vente* on entend généralement tout acte, sous quelque dénomination qu'il se présente, par lequel une personne transmet à une autre la propriété d'une chose moyennant un certain prix.

Comme les acquisitions, les aliénations com-

4

prennent : 1° les immeubles; 2° les rentes ou
créances; 3° les objets mobiliers. Les règles relatives aux acquisitions sont presque toutes applicables aux aliénations. Il nous a paru inutile de les
rappeler.

1. — *Aliénation d'immeubles*. — Nous dirons
seulement, en ce qui concerne les aliénations d'immeubles, que les associations religieuses ne doivent
y avoir recours que dans le cas de nécessité absolue
ou d'un placement plus avantageux. Il est toujours
imprudent de spolier l'avenir pour subvenir à un
besoin du moment.

En principe général, la vente doit être faite par
adjudication publique et aux enchères. Il peut y
avoir exception à cette règle : 1° lorsque l'immeuble à aliéner a peu de valeur; 2° lorsque les offres
faites sont évidemment avantageuses à la communauté ou congrégation; 3° enfin, lorsque la vente
a lieu au profit d'un autre établissement public.
Dans ce dernier cas, l'examen des autorités appelées à statuer, et l'intérêt respectif des deux établissements suppléent efficacement les enchères et
la publicité. Disons, toutefois, qu'aucune de ces
exceptions n'est admise par la circulaire ministérielle du 29 janvier 1831, qui dit, en termes formels,
que les aliénations d'immeubles ne *peuvent avoir
lieu qu'aux enchères publiques*. Cette doctrine a

été vivement combattue par plusieurs auteurs, et elle n'est plus suivie, croyons-nous, par l'administration. (Avis. du conseil d'Etat, 27 février 1833 ; 18 décembre 1835.) Il est, en effet, des circonstances où la vente aux enchères deviendrait matériellement impossible ou serait extrêmement préjudiciable aux intérêts du vendeur.

Lorsque la vente se fait aux enchères, elle doit avoir lieu aux clauses et conditions insérées dans un cahier des charges, dressé à l'avance par les soins de la communauté ou congrégation et approuvé par le préfet. La vente est indiquée par des affiches apposées, conformément aux prescriptions de l'art. 459 du code Napoléon, et, autant que possible, par des annonces dans les journaux. Le chiffre de l'estimation faite par l'expertise forme la mise à prix. L'acte qui intervient doit toujours être passé par devant notaire, en présence du conseil d'administration ou de son agent, et le décret d'autorisation doit y être inséré en entier sous peine d'amende.

Toute association religieuse qui sollicite l'autorisation d'aliéner un immeuble doit produire :

1° Une délibération du conseil d'administration; elle doit être suffisamment motivée et faire connaître la nature de l'immeuble à vendre, son origine, sa situation, etc.;

2° Un procès-verbal d'estimation dudit immeuble. Ce procès-verbal, qui doit toujours être rédigé sur papier timbré, est dressé par un seul expert si la vente a lieu aux enchères; dans le cas contraire, il serait nécessaire de recourir à une expertise contradictoire;

3° Un plan figuré et détaillé des lieux;

4° L'état de l'actif et du passif de l'association;

5° La soumission de l'acquéreur; si la vente devait se faire à l'amiable.

Ces pièces sont transmises au sous-préfet, qui prescrit une enquête de *commodo* et *incommodo* sur le projet, et adresse le dossier au préfet, en y joignant le procès-verbal d'information et son avis en forme d'arrêté.

Le préfet complète l'instruction de l'affaire, en demandant l'avis de l'Evêque. Il provoque ensuite une décision auprès du Gouvernement.

La prohibition de vendre sans autorisation, imposée aux établissements religieux, cesse lorsqu'il s'agit de subir une expropriation pour cause d'utilité publique. D'après l'article 13 de la loi du 3 mai 1841, de telles aliénations s'opèrent sur une simple délibératin du conseil d'administration, accompagnée de l'avis de l'Evêque, et approuvée par le préfet en conseil de préfecture.

2. — *Aliénation de rentes et créances.* — *Les rentes sur l'Etat* sont, comme les immeubles, destinées à être possédées à perpétuité par les établissements publics auxquels elles appartiennent, et, pour les aliéner, l'autorisation du Gouvernement doit être préalablement représentée. L'ordonnance du 14 janvier 1831 porte, art. 1er : « *Nul transfert ne sera effectué qu'autant qu'il aura été autorisé par une ordonnance présentée par l'intermédiaire d'un agent de change au directeur du Grand-Livre de la dette publique.* »

Il suffit, pour obtenir cette autorisation, de produire :

1° Une délibération du conseil d'administration, exposant les besoins de l'association et indiquant le titre et le montant de la rente à aliéner ;

2° Un état de l'actif et du passif.

Si le capital de la rente devait être affecté à une acquisition d'immeubles, il y aurait lieu de produire également toutes les pièces justificatives exigées pour l'instruction de ce projet.

Enfin, l'administration complète le dossier en y joignant les avis du sous-préfet, de l'Evêque et du préfet.

Dès que le décret d'autorisation lui a été notifié, la supérieure en présente une expédition, sur papier timbré, au receveur général des finances, qui se charge, moyennant une très-faible remise, de la vente du titre de rente appartenant à la communauté ou congrégation [1].

Les formalités que nous venons d'indiquer s'appliquent également à l'aliénation de toute espèce de créances mobilières. L'acte de cession, passé devant notaire, doit comprendre en entier le décret d'autorisation.

3. — *Aliénation d'objets mobiliers.* — Rien n'oblige les associations religieuses légalement reconnues à solliciter l'autorisation du Gouvernement pour opérer la vente d'objets mobiliers de peu de valeur. Une délibération du conseil d'administration suffit à cette fin.

III. — DES ÉCHANGES.

L'échange est le contrat par lequel les parties s'obligent respectivement à se donner une chose pour une autre. (Code Napoléon, art. 1707.) Il participe de l'acquisition et de la vente, car chacun des échangistes est tout à la fois vendeur et acheteur.

---

[1] Cette marche est, nous l'avons dit, la plus sûre et de beaucoup la plus commode; les associations religieuses peuvent, si elles le préfèrent, transmettre directement leurs ordres à un agent de change.

Les formalités applicables aux acquisitions et aux aliénations doivent être remplies quand il s'agit d'un échange. Elles consistent dans la production :

1° D'une délibération du conseil d'administration faisant ressortir les avantages que présente pour l'association religieuse l'échange projeté, et indiquant, s'il y a lieu, la soulte à donner ou à recevoir [1] ;

2° D'un procès-verbal d'estimation des objets à échanger, dressé contradictoirement par deux experts ;

3° D'un plan figuré et détaillé des lieux ;

4° De la soumission de l'échangiste ; il y a lieu pour ce dernier de produire ses titres de propriété, et de justifier que l'immeuble dont il propose l'échange est libre d'hypothèques ;

5° De l'état de l'actif et du passif de l'association ; il ne serait pas nécessaire de produire cet état s'il n'y avait pas de soulte à payer.

Ces pièces sont adressées au sous-préfet, qui fait procéder par un commissaire à son choix à une information de *commodo* et *incommodo* sur l'échange projeté. Le procès-verbal de cette enquête, ainsi que l'avis du commissaire-enquêteur et celui du sous-pré-

---

[1] On appelle *soulte* le prix ajouté par l'une des parties pour rendre égale la valeur des objets.

fet, sont joints au dossier qui est transmis au préfet. Celui-ci le fait compléter en demandant l'avis de l'Evêque. Il adresse ensuite toutes les pièces au ministre des cultes, en les accompagnant de son avis en forme d'arrêté.

Si l'échange devait se faire entre une association religieuse et une communauté ou un établissement communal de bienfaisance, ou enfin une fabrique, l'avis du conseil municipal serait demandé.

Si l'échange était projeté entre une association religieuse et l'Etat, une loi devrait l'autoriser, à moins qu'il n'y eût utilité publique.

A moins de stipulations contraires, chacun des contractants doit payer les frais de son acquisition, conformément aux dispositions de l'article 1596 du code Napoléon. Le contrat d'échange doit toujours être passé devant notaire, et le décret d'autorisation doit y être entièrement inséré.

Le droit perçu à l'enregistrement sur les échanges des biens immeubles est de 2 fr. 75 0/0, y compris celui de transcription et le dixième. S'il n'y a aucun retour, cette perception est établie sur l'une des parts échangées; s'il y a retour, elle l'est sur la moindre, et l'on perçoit sur la plus-value le droit proportionnel de vente de 6 fr. 05 c., y compris le droit de transcription et le dixième.

S'il y avait une soulte à payer, il y aurait lieu de

rémplir, avant d'effectuer le paiement, les formalités que nous avons exposées ci-dessus, en parlant
du paiement du prix d'acquisition d'immeubles.

IV. — DE LA RÉTROCESSION DES BIENS.

L'article 4 de la loi du 24 mai 1825 ne permettant, ainsi que nous l'avons déjà dit, les actes de
la vie civile qu'aux seules associations religieuses
légalement reconnues, celles qui n'ont pas encore
été autorisées ne possèdent généralement que par
des personnes interposées, et sont ainsi sans cesse
exposées à voir tous leurs intérêts et même leur
existence religieuse gravement compromis. Leurs
biens, meubles et immeubles, sont ordinairement
acquis par la supérieure ou par d'autres religieuses,
chacune en son nom personnel, mais en réalité
pour le compte et avec les deniers de la communauté ou congrégation. Si ces religieuses viennent
à décéder sans avoir fait un testament régulier,
leurs droits, purement nominaux, se trouvent naturellement dévolus à leurs héritiers, au préjudice
de l'association religieuse, véritable propriétaire.
L'article 5 de la loi de 1825 a donné aux congrégations et communautés nouvellement autorisées les
moyens de se mettre en règle sous ce rapport, dans
le délai de six mois, à partir de la date de leur reconnaissance légale.

Les associations religieuses doivent bien se pénétrer de cette disposition qui leur est si favorable, et avoir soin d'en profiter en temps opportun [1]. La voie la plus sûre, la plus loyale et la moins dispendieuse à prendre, c'est celle de la *rétrocession*. Elle est faite par les religieuses, propriétaires apparentes, qui déclarent avoir acquis les immeubles en leur propre nom, mais pour le compte et avec les deniers de l'association dont elles font partie, et s'offrent à lui restituer les biens qui lui appartiennent réellement. L'acte constatant cette déclaration doit être passé devant notaire; il produit les mêmes effets qu'un acte de donation et il a, de plus, l'avantage de n'être assujéti qu'au droit fixe d'enregistrement de 2 fr., quelles que soient la nature, l'origine et la destination des biens, pourvu qu'il

[1] Nous avons eu le regret de constater qu'un grand nombre d'associations religieuses légalement reconnues, ne voyant dans l'intervention du Gouvernement, en ce qui concerne l'administration de leurs biens, qu'une entrave gênante, une formalité inutile, continuent de faire des acquisitions et d'opérer des placements de fonds sans aucune autorisation. Les actes qui interviennent constituent non-seulement une irrégularité regrettable aux yeux de la loi, mais ils peuvent avoir encore des conséquences désastreuses, dont la moindre est d'exposer ces communautés ou congrégations à payer plusieurs fois le même droit d'enregistrement.

soit bien établi que les acquisitions ont été effectuées par des membres de la communauté ou congrégation antérieurement à sa reconnaissance légale, et que les déclarations de réversion ou de rétrocession soient faites dans le délai de six mois ; si l'inexactitude de ces déclarations était prouvée, ou si l'association avait une existence légale au moment de l'acquisition, et avait pu dès-lors acquérir en son nom, en demandant l'autorisation du Gouvernement, elle ne pourrait plus profiter des dispositions bienveillantes de la loi, et le droit proportionnel d'enregistrement serait exigé. (Avis du conseil d'Etat, 20 août et 28 décembre 1841.)

La rétrocession doit être approuvée par décret impérial sur la production des pièces ci-après, savoir :

1° De l'acte notarié par lequel les religieuses, propriétaires apparentes des immeubles, déclarent expressément qu'elles les ont acquis pour le compte et avec les deniers de la communauté ou congrégation ;

2° D'un certificat de la supérieure attestant le même fait, et faisant connaître d'une manière précise l'origine, l'entrée et la sortie des fonds employés à l'acquisition des immeubles à rétrocéder. A l'appui de ce certificat, il est présenté, s'il est possible, des extraits des sommiers ou registres de comptabilité, des quittances, etc.;

3º D'une délibération du conseil d'administration exposant la situation, sous le rapport temporel, de l'association, et so'licitant la régularisation des actes constituant ses propriétés;

4º D'un procès-verbal d'estimation desdites propriétés dressé par un seul expert, sur papier timbré;

5º De l'état de l'actif et du passif de l'association;

6º D'une copie du décret ou dé la loi ayant autorisé l'association.

Ces pièces sont transmises au sous-préfet, qui les adresse au préfet avec son avis. Ce dernier, après avoir consulté l'Evêque, conformément aux instructions, adresse, avec son avis en forme d'arrêté, le dossier au ministre compétent, qui provoque le décret.

La voie de la rétrocession est tellement avantageuse aux associations religieuses, elle leur évite, pour l'avenir, tant d'embarras et même tant de dangers, que nous ne saurions trop les engager à la prendre toutes les fois qu'elles se trouvent dans les conditions déterminées par l'article 5 de la loi du 24 mai 1825.

V. — DES EMPRUNTS.

Un emprunt par une association religieuse est un acte d'une telle gravité que le Gouvernement ne l'autoriserait certainement point si la nécessité n'en était préalablement bien démontrée.

Bien que l'article 2 de l'ordonnance du 14 janvier 1831 n'ait pas expressément compris les actes de cette nature parmi ceux qu'il est défendu aux notaires de recevoir sans qu'il soit justifié d'un décret, un emprunt étant une aliénation indirecte, cette justification nous semble tout-à-fait indispensable. En effet, un emprunt non autorisé n'engagerait que la religieuse qui l'aurait contracté, et c'est contre elle seule que le prêteur pourrait avoir recours.

Les règles qui régissent les emprunts faits par les communes et par les autres établissements publics, en général, nous paraissent applicables aux emprunts contractés par les associations religieuses. Il peut y être procédé par adjudication ou par traité de gré à gré, soit avec la Caisse des dépôts et consignations, soit avec les particuliers. Ce dernier mode pourrait même être pour ces associations, dans certains cas, exceptionnellement avantageux, et nous ne doutons pas qu'il ne fût autorisé par le Gouvernement.

Les pièces à produire sont :

1° Une délibération du conseil d'administration établissant la nécessité de l'emprunt, assignant les fonds nécessaires au paiement des intérêts et au remboursement du capital, enfin, indiquant le taux de l'intérêt, le mode d'emprunt, comme aussi le mode et les délais de remboursement, et les garanties qui doivent être données au prêteur ;

2° Un état de l'actif et du passif de l'association; il doit indiquer les ressources au moyen desquelles l'emprunt doit être remboursé ;

3° L'avis du sous-préfet ;

4° L'avis de l'Evêque ;

5° L'avis du préfet.

VI. — DES ACTIONS JUDICIAIRES ET DES TRANSACTIONS.

Des actions judiciaires.

La question de savoir si les associations religieuses légalement reconnues ont besoin, pour plaider, de l'autorisation du conseil de préfecture, a été plusieurs fois soumise au Gouvernement. Elle a toujours été décidée dans le sens de l'affirmative, conformément à deux avis du comité de législation du conseil d'Etat, émis, l'un le 23 juillet 1839 et l'autre le 21 mai 1841. Dans le premier de ces avis, le comité a pensé, en se fondant sur les dispositions de l'article 14, section III, du décret du 18 février 1809, et sur celles de l'article 4 du décret du 26 décembre 1810, que les maisons hospitalières et de refuge ne peuvent plaider sans une autorisation obtenue dans la forme prescrite pour les hospices et les établissements de bienfaisance. Dans le second avis du 21 mai 1841, il a posé en principe que les associations religieuses en général ne peuvent ester en justice sans la même autorisation.

Ce dernier avis est conçu dans les termes suivants :

« Considérant que le décret du 18 février 1809,
» relatif aux Congrégations ou maisons hospita-
» lières de femmes, porte (art. 14) que les revenus
» et biens des congrégations religieuses, de quel-
» que nature qu'ils soient, ne pourront être admi-
» nistrés que conformément aux lois et règlements
» sur les établissements de bienfaisance ;

» Que le décret du 26 décembre 1810, contenant
» brevet d'institution publique des maisons dites
» du *refuge*, impose à ces congrégations l'obliga-
» tion de se conformer, pour leurs revenus et
» biens, aux dispositions du décret du 18 février
» 1809 ;

» Que les lois des 2 janvier 1817 et 24 mai 1825,
» applicables aux congrégations et maisons reli-

» gieuses de femmes autorisées même antérieure-
» ment à la promulgation de la première de ces
» deux lois, loin d'être contraires à ces dispositions,
» ont déclaré inaliénables, à moins d'une autorisa-
» tion spéciale du Gonvernement, les biens meu-
» bles ou les rentes appartenant aux congrégations
» religieuses ;

» Qu'aux termes de l'ordonnance du 14 janvier
» 1831, aucune transaction ne peut être passée au
» nom de ces établissements sans une autorisation
» du Gouvernement ;

» Est d'avis que les congrégations religieuses en
» général ne peuvent, ainsi qu'il est réglé à l'égard
» des maisons hospitalières et de refuge par les
» décrets du 18 février 1809 et 26 décembre 1810,
» plaider sans une autorisation obtenue dans la
» forme prescrite pour les hospices et établisse-
» ments de bienfaisance, et qu'il serait utile que
» cette règle fût établie explicitement par une or-
» donnance, ainsi que cela a eu lieu à l'égard des
» consistoires en 1834. »

Il résulte de cet avis et des termes de l'article 4
de la loi du 24 mai 1825 et de l'article 1er de l'ordonnance du 14 janvier 1831, que les associations
religieuses de femmes sont assimilées aux mineurs
dans l'exercice de leurs droits. Comme les fabriques, les hospices, les communes et les autres éta-

blissements publics, elles ne peuvent ni acquérir,
ni aliéner, ni même effectuer un transport ou une
inscription de rentes sur l'Etat sans avoir obtenu
une autorisation préalable. Aucune transaction ne
peut être passée en leur nom sans avoir été approuvée par un décret impérial. La faculté illimitée
de plaider pouvant devenir, comme celle de transiger, un moyen indirect d'aliénation, on ne saurait
admettre que les associations religieuses, placées
pour leurs principaux actes sous la tutelle du
Gouvernement, soient affranchies de cette tutelle
lorsqu'il s'agit d'intenter ou de soutenir devant les
tribunaux un procès qui souvent peut avoir pour
elles les plus graves conséquences.

L'instruction ministérielle du 17 juillet 1825,
interprétative de la loi du 24 mai précédent, porte,
art. 18 : « Les dispositions des lois et règlements
» qui prescrivent les formalités à remplir par les
» établissements d'utilité publique, pour les acqui-
» sitions, aliénations, et, en général, pour l'admi-
» nistration des biens, sont applicables aux actes
» de cette nature concernant les congrégations et
» communautés qui seraient représentées, suivant
» les cas, par la supérieure générale ou par la su-
» périeure locale.»

D'après cette instruction, que la circulaire du 8
mars 1852 a confirmée et maintenue, les associations

religieuses se trouvent dans une position identique à celle de tous les établissements publics ; elles doivent donc être également assujéties aux formalités que ces établissements sont tenus d'observer avant d'ester en justice et avant de transiger. Nous allons les résumer brièvement, en prenant pour guides les remarquables travaux de M. Gaudry et de Mgr Affre sur les actes judiciaires et transactions des fabriques paroissiales.

Des actes judiciaires [1].

Sous ce titre, nous nous occuperons : 1° des formalités à remplir pour obtenir l'autorisation de plaider ; 2° des formes de procéder devant les tribunaux civils ; 3° enfin, de l'exécution des jugements.

1. — *Des formalités à remplir pour obtenir l'autorisation de plaider.* — Nous l'avons dit, nulle

---

[1] On entend par *acte judiciaire* l'acte qui émane directement du juge ou qui tend à obtenir du juge une solution.

Cette dénomination est donc commune à la décision d'un tribunal et aux actes de procédure faits pour l'obtenir.

Par opposition, on appelle *actes extrajudiciaires* ceux qui ne réunissent pas les conditions que nous venons d'indiquer ; tels sont les actes notariés, les actes sous seing privé, et même les actes d'avoué ou d'huissier qui ne se rapportent pas à une instance introduite ou à introduire.

contestation judiciaire dans laquelle une association religieuse est intéressée ne doit être suivie sans avoir été précédée d'une autorisation. Pour l'obtenir, il suffit de produire une délibération du conseil d'administration, à laquelle on joint les pièces à l'appui du procès à intenter ou de la défense à présenter. Cette délibération est notifiée à la partie adverse, avec déclaration que les pièces sont déposées au secrétariat général de la préfecture et invitation d'en prendre connaissance, si elle le juge convenable, mais sans déplacement.

Si l'autorisation est sollicitée par un individu demandeur contre une association religieuse, il doit remplir les formalités tracées par l'article 51 de la loi du 18 juillet 1837, et adresser au préfet un mémoire sur papier timbré exposant les motifs de sa réclamation ; il lui en est donné récépissé. Le préfet communique le mémoire à la supérieure de la communauté ou congrégation attaquée, qui, après l'avoir soumis à son conseil, le renvoie au préfet avec la réponse intervenue.

Le conseil de préfecture statue dans le délai de deux mois, à partir de la date du récépissé donné au demandeur. S'il accorde l'autorisation, il ne motive pas sa décision ; il doit la motiver s'il la refuse.

L'autorisation doit être accordée toutes les fois

que la cause de la communauté ou congrégation demanderesse ou défenderesse présente une apparence de raison et de légalité. Le conseil de préfecture ne doit pas se constituer juge sévère, appréciant le mérite de l'action au point de vue rigoureux du droit. Son autorisation a pour but d'empêcher des procès déraisonnables et nullement d'entraver le cours d'une justice régulière. D'ailleurs, les membres d'un conseil de préfecture n'étant pas des magistrats de l'ordre judiciaire, ils doivent se renfermer dans les limites de leur justice administrative, c'est-à-dire diriger ou maintenir les établissements publics dans la voie d'une bonne administration par la défense convenable de leurs intérêts.

Lorsqu'une autorisation, dit M. Gaudry, est donnée pour suivre un procès, elle doit servir à toutes les phases de la procédure. Ainsi, il n'est pas nécessaire d'obtenir de nouvelles autorisations après des jugements préparatoires ou interlocutoires exigeant une reprise de l'instance ou des conclusions nouvelles. Il n'en est pas non plus besoin sur l'exécution du jugement ou sur les incidents de cette exécution. Mais ce principe ne doit pas s'étendre au-delà de justes limites, car si, à l'occasion d'un procès, il survenait des demandes entièrement en dehors de celles prévues lorsque le procès s'est engagé, ce serait une contestation pour laquelle on ne pourrait pas se prévaloir des autorisations accordées.

Une nouvelle autorisation nous paraît nécessaire quand on se pourvoit devant une juridiction supérieure.

Si, comme défenderesse, l'association religieuse ne réclamait pas l'autorisation dont elle a besoin, son adversaire devrait, avant toute demande judiciaire, se pourvoir pour la faire autoriser, sinon les juges refuseraient de statuer, et, s'ils avaient statué, l'association religieuse pourrait se pourvoir par requête civile, comme n'ayant pas été défendue suivant l'article 481 du code de procédure civile.

Dans le cas où le conseil de préfecture autorise l'association religieuse à se défendre, la demande peut être immédiatement formée contre elle et le procès s'engage. S'il refuse, au contraire, cette autorisation, et si, dans l'impuissance de se défendre, la communauté ou congrégation ne satisfait pas aux réclamations élevées contre elle, le réclamant forme sa demande devant les tribunaux. Elle est alors jugée par défaut.

Le recours contre la décision du conseil de préfecture est ouvert devant le conseil d'Etat; il est introduit et jugé dans la forme administrative; il doit, à peine de déchéance, avoir lieu dans le délai de trois mois, à dater de la notification de l'arrêté du conseil de préfecture : c'est à celui qui a reçu cette notification à le former. Le conseil d'Etat prononce dans les deux mois de l'enregistrement du pourvoi au secrétariat général.

2. — *Des formes de procéder devant les tribunaux civils.* — Nous distinguerons, avec Mgr Affre, dans ces formes : 1° l'introduction de l'affaire ; 2° l'interrogatoire ; 3° la péremption ; 4° le désistement ; 5° l'acquiescement.

1° *Introduction de l'affaire.* — L'affaire est portée, sans essai préalable de conciliation, devant le juge défendeur si elle est personnelle, ou devant celui de l'objet litigieux si elle est réelle, ou enfin devant celui soit du domicile, soit de l'objet litigieux si elle est mixte.

Elle est introduite par un exploit d'huissier et elle s'instruit et se juge comme toute autre affaire privée. Les associations religieuses sont tenues, comme les particuliers, de constituer un avoué ; elles sont soumises à tous les moyens d'instruction et à toutes les causes de déchéance qui atteignent les individus.

2° *Interrogatoire.* — L'interrogatoire à subir, quand il est ordonné, donne lieu aux observations suivantes : la supérieure, chargée de représenter la communauté ou congrégation, ne doit pas être interrogée d'office, parce qu'elle ne peut, dans ses réponses, dépasser les limites de son mandat. Or, elle le ferait si elle subissait ce mode d'interrogatoire ; elle doit se borner à lire la délibération du conseil d'administration dans laquelle doivent être renfermées toutes les réponses que l'association juge convenable de faire.

3° *Péremption*. — La péremption consiste dans l'anéantissement d'une procédure par la discontinuation des poursuites pendant trois ans à dater de l'exploit introductif; mais elle n'éteint pas l'action ; c'est seulement une sorte de prescription créée dans le but d'empêcher la prolongation indéfinie des procès. Elle se fonde sur la présomption que le demandeur reconnaît par son silence que sa prétention est peu fondée.

Le demandeur principal est condamné à payer tous les frais de l'instance périmée.

4° *Désistement*. — Les associations religieuses autorisées ne peuvent, dans aucun cas, se désister au fond. La raison en est sensible : le désistement est un abandon de l'objet contesté ; c'est par conséquent plus qu'une transaction. Or, celle-ci ne peut avoir lieu sans une autorisation du Gouvernement. Elles peuvent toutefois se désister dans la forme, c'est-à-dire renoncer à l'instance commencée, lorsqu'il n'y a pas à craindre un dépérissement de preuves et que le désistement procure l'avantage d'éviter les frais et les autres inconvénients d'une procédure vicieuse ; mais elles ne le peuvent point dans le cas contraire ; s'il s'agissait, par exemple, en se désistant, de renoncer à une enquête, à un rapport d'experts, à un interrogatoire qui leur seraient favorables, à plus forte raison si l'effet du désistement était d'entraîner indirectement la perte de l'action.

5° *Acquiescement*. — C'est l'adhésion qu'une partie donne à une demande, à un jugement ou à une clause quelconque.

Tout ce que nous venons de dire du désistement s'applique à l'acquiescement. L'acquiescement est exprès ou tacite : *exprès*, il résulte des termes formels exprimés dans la convention ; *tacite*, il peut résulter de certains termes d'un acte semblant renfermer implicitement un consentement.

Les effets de l'acquiescement sont d'établir un véritable contrat entre deux parties. Lorsqu'il a pour effet l'abandon d'un droit, il constitue une aliénation, chose que les associations religieuses ne peuvent faire sans autorisation. Il en serait de même s'il avait pour objet la concession d'un im

meuble à une communauté ou congrégation religieuse. Le décret qui l'autoriserait devrait être inséré en entier dans l'acte notarié à intervenir.

3. — *De l'exécution des jugements.* — Lorsque
les tribunaux ont définitivement prononcé sur des
contestations intéressant une association religieuse,
il faut exécuter leurs décisions, soit que l'exécution
doive être réclamée par l'association, soit qu'elle-
même ait été condamnée à remplir une obligation
envers un tiers.

Les associations religieuses ne doivent jamais
être poursuivies par voie d'exécution judiciaire.
On en comprend le motif : leurs biens sont inaliénables, si ce n'est en se conformant aux autorisations données par la loi. Or, une poursuite d'exécution judiciaire serait un mode indirect d'aliénation.
Si l'association a des ressources pour se libérer, le
créancier qui a obtenu un jugement contre elle devra se pourvoir devant l'autorité administrative qui,
sur l'avis de l'Evêque, assignera des fonds pour le
paiement. Dans l'hypothèse contraire, il y aurait
lieu de solliciter un décret pour autoriser l'aliénation des immeubles susceptibles d'être vendus. On
ne pourrait, dans aucun cas, aliéner la maison
conventuelle. Ce serait porter atteinte à l'existence
de l'association religieuse elle-même.

4*

Si le jugement est rendu en faveur d'une communauté ou congrégation, il est exécutoire sur tous les biens du débiteur, et par toutes les voies de saisie dont les règles sont établies par le code de procédure civile (art. 146, 147 et 549).

Des transactions.

Par *transaction*, il faut entendre un acte par lequel deux parties *terminent* une contestation *née* ou *préviennent* une contestation *à naître* en se cédant mutuellement des droits litigieux.

Aux termes de l'article 2045 du code Napoléon, les communes et les établissements publics ne peuvent transiger qu'avec l'autorisation du Gouvernement. L'ordonnance du 14 janvier 1831 applique expressément cette disposition aux associations religieuses et défend, ainsi que nous l'avons déjà dit, à tout notaire de passer aucun acte de transaction s'il n'est préalablement justifié d'une autorisation. Un décret doit toujours autoriser toutes les transactions sur les immeubles, quelle que soit leur importance. Au chef de l'Etat seul il appartient également d'autoriser les transactions mobilières au-dessus de 300 fr. Le préfet autorise les autres par un arrêté pris en conseil de préfecture.

Les principaux motifs pour conseiller la transaction sont l'incertitude du droit réclamé, la crainte que le débiteur ne puisse payer la dette entière, et, en général, tout ce qui procure à la communauté ou congrégation un arrangement avantageux, soit parce qu'il assure une partie de la chose ou du droit qu'elle était exposée à perdre, soit parce qu'il lui évite des frais certains et qu'elle n'abandonne qu'un droit contestable.

Les pièces à produire sont :

1° La délibération du conseil d'administration par laquelle il demande à transiger et expose les motifs de sa demande;

2° Le projet de transaction ; il doit exprimer, avec détail, clarté et exactitude, les conditions auxquelles les parties veulent consentir ;

3° L'avis du comité consultatif. (Cet avis nous paraît indispensable, bien que les instructions ministérielles aient négligé d'en prescrire la production);

4° L'état de l'actif et du passif de l'association ;

5° L'avis du sous-préfet ;

6° L'avis de l'Évêque ;

7° L'avis du conseil de préfecture ;

8° L'avis du préfet.

Le dossier, ainsi formé, est transmis au ministre des cultes qui provoque le décret autorisant la transaction.

L'acte à intervenir est passé devant notaire, et le décret qui l'autorise y est inséré en entier.

Lorsque la transaction ne contient aucune stipulation de sommes et valeurs, ni dispositions soumises à un plus fort droit, elle est passible à l'enregistrement d'un droit fixe de 3 fr. (Loi du 28 avril 1816, art. 44.)

VII. — DES ACTES CONSERVATOIRES.

On appelle *actes conservatoires* ceux qui ont pour but d'empêcher un droit de péricliter.

Les supérieures des associations religieuses sont tenues de faire tous les actes conservatoires pour le maintien des droits de ces établissements et toutes les diligences nécessaires pour le recouvrement de leurs revenus. Elles doivent notamment empêcher les *prescriptions* et requérir toutes *inscriptions hypothécaires* qu'il est besoin, donner main-levée, quand il y a lieu, de ces inscriptions, etc.

De la prescription.

La prescription est un moyen d'acquérir ou de se libérer par le simple effet du temps sous les conditions déterminées par la loi. Elle est fondée sur la nécessité de ne pas laisser la propriété trop longtemps incertaine : la loi suppose que celui qui ne poursuit plus , pendant un certain temps , son débiteur, a renoncé à ce qui lui est dû, ou que celui qui laisse un autre jouir paisiblement de sont bien consent à ce que ce dernier en devienne propriétaire.

Aux termes de l'article 2277 du code Napoléon, l'Etat, les communes et les *établissements publics* sont soumis aux mêmes prescriptions que les par. ticuliers et peuvent également les invoquer.

La prescription peut être interrompue naturellement ou civilement. Il y a interruption naturelle lorsque le possesseur est ¿privé , pendant plus d'un an, de la jouissance de la chose par l'ancien propriétaire ou par un tiers. L'interruption civile résulte d'une citation en justice, non viciée d'un défaut de forme, non abandonnée ou non rejetée, d'un commandement ou d'une saisie, ou de la reconnaissance de la dette par celui au profit duquel le droit était prescrit.

La prescription se compte par jours , et elle est acquise lorsque le dernier jour du terme est accompli.

Prescription de 30 ans. — La prescription est de trente ans à l'égard de tous droits immobiliers ou mobiliers. Les associations religieuses, propriétaires d'immeubles, doivent donc établir avec le plus grand soin leur jouissance par des actes de possession. Les sommes et les inventaires ne prouveraient pas suffisamment cette jouissance. Si elles jouissent par des tiers, les actes de location leur suffisent; si elles jouissent par elles-mêmes, elles doivent veiller à ce que leur possession ne soit pas interrompue par des usurpations.

Lorsqu'il s'agit de *rentes*, on interrompt la prescription en exigeant un *titre nouvel* du débiteur, après **28** ans de la date du dernier titre. La considération que la rente a toujours été régulièrement payée ne doit pas être un motif de s'abstenir de la demande d'un *titre nouvel*.

La prescription de 30 ans n'exige ni titre ni bonne foi; il suffit d'une possession légale.

Prescription de 10 *et de* 20 *ans.* — La prescription de 10 et 20 ans s'accomplit pour ou contre les associations religieuses lorsqu'elles possèdent ou que l'on possède contre elles des immeubles, de bonne foi et en vertu d'un *juste titre* [1].

On appelle *juste titre* celui qui suffit pour transférer la propriété, et qui l'eût transférée réellement s'il fût émané du vrai propriétaire.

La prescription de dix ans couvre les vices de

[1] La prescription est de 10 ans, si le véritable propriétaire habite le ressort de la cour impériale où l'immeuble est situé, et de 20 ans, s'il est domicilié hors du ressort.

nullité des obligations ; elle décharge les architectes et entrepreneurs de la garantie des gros ouvrages qu'ils ont faits ou dirigés.

Prescription de 5 ans. — L'une des pres criptions sur .lesquelles les associations religieuses doivent se tenir le plus en garde, est celle des pres tations annuelles qui leur sont dues, comme inté rêts des sommes prêtées, arrérages de rentes, loyers de maisons, fermages, pensions pour aliments. Cette prescription, qui a lieu par cinq ans, n'ad met contre celui qui l'invoque ni examen de titre, ni discussion de la bonne foi. Elle est fo..dée sur la volonté du législateur de ne pas laisser accumu ler une masse trop considérable de charges annuel les contre le débiteur. Aucune considération ne saurait résister à cette prescription. On peut ce pendant opposer le serment au débiteur qui invo que la prescription.

Si donc une association religieuse, qui a des prestations de la nature de celles que nous venons d'énumérer, veut accorder des délais à son débiteur, elle ne peut le faire avec sûreté qu'en réglant, par écrit, le compte de ce dernier, et en se faisant sous crire des obligations pour les sommes dues. Ces ti tres ont alors une durée de trente ans.

Prescription de 3 ans. — L'article 2279 du

code Napoléon porte qu'après trois ans écoulés, un objet perdu ou volé ne peut plus être revendiqué contre un possesseur de bonne foi. C'est là une prescription spéciale admise pour les objets mobiliers, lors même qu'ils seraient sortis des mains du précédent propriétaire contre sa volonté.

Prescriptions de 2 ans, d'un an et de six mois. — Il nous paraît inutile de mentionner ici les prescriptions de deux ans, d'un an et de six mois. Les associations religieuses n'y sont pas soumises, et ce serait leur faire injure que de supposer qu'elles pourraient les invoquer.

Ces prescriptions reposent sur la simple présomption que les créances réclamées ont été payées; mais cette présomption ne doit pas l'emporter sur la vérité.

De l'hypothèque, des inscriptions hypothécaires et de leur radiation.

1. — *De l'hypothèque.* — Aux termes de l'article 2114 du code Napoléon, l'hypothèque est un droit réel sur les immeubles affectés à l'acquittement d'une obligation. En cas de vente de ces immeubles, le droit se convertit en une action sur le prix, et il a pour effet de faire servir le prix à l'acquittement de la créance dont il est la garantie.

Nous croyons, contrairement à l'opinion de quel-

ques auteurs, que les associations religieuses légalement reconnues peuvent être autorisées à hypothéquer leurs biens pour la garantie d'un emprunt
régulièrement contracté ; mais cette autorisation ne
serait certainement pas accordée par le Gouvernement pour hypothéquer les bâtiments servant de
maison conventuelle, non plus que leur dépendance, attendu qu'une pareille affectation serait un
leurre pour le créancier qui, à défaut de paiement,
ne pourrait, dans aucun cas, être autorisé à en
poursuivre la vente.

Il résulte de ce qui précède que les associations
religieuses ont besoin, pour hypothéquer leurs
biens, d'y être préalablement et spécialement autorisées par le Gouvernement, qui ne saurait accorder l'autorisation qu'en vue d'une nécessité absolue et d'avantages évidents.

L'hypothèque qui profite aux associations religieuses peut être *légale, judiciaire* ou *conventionnelle.*

1° *L'hypothèque légale* est celle qui résulte de
la loi. (Code Napoléon, art. 2117.) Par la seule
force de la loi et indépendamment de tout jugement, les établissements publics ont une hypothèque sur les biens de leurs administrateurs compta-
bles. Les supérieures des communautés ou congrégations religieuses étant les administrateurs comp-

ables de ces associations, elles nous paraissent devoir être soumises aux mêmes obligations que les receveurs des hospices.

L'hypothèque légale est limitée aux immeubles. Elle doit être inscrite au bureau des hypothèques, et n'a rang que du jour de l'inscription ;

2° L'*hypothèque judiciaire* résulte, au profit des établissements religieux, non-seulement des jugements ou actes judiciaires [1], mais encore des décisions administratives et des actes administratifs dans le cas où cet effet y est attaché par les lois.

L'hypothèque judiciaire frappe tous les biens actuels du débiteur et ceux qu'il pourra acquérir, mais elle n'a d'effet que par l'inscription ;

3° L'*hypothèque conventionnelle* est celle qui dérive d'actes authentiques et notariés dans lesquels elle a été stipulée par des personnes ayant capacité d'aliéner.

A la différence de l'hypothèque légale et de l'hypothèque judiciaire, l'hypothèque conventionnelle ne frappe pas tous les biens du débiteur : son effet est restreint à ceux spécifiés dans l'obligation;

---

[1] Ces *actes judiciaires* sont, aux termes de l'art. 2123 du code Napoléon, des reconnaissances ou vérifications, faites en jugement, de signatures apposées à un acte sous seing privé.

mais, comme celle-ci, elle n'a de rang que du jour où l'inscription révèle aux tiers son existence.

L'hypothèque conventionnelle doit être toujours stipulée dans les baux des biens des associations religieuses et, à cet effet, ils doivent être passés en la forme notariée, et contenir la déclaration spéciale de la nature et de la situation de chacun des immeubles hypothéqués appartenant actuellement au débiteur.

2. — *Des inscriptions hypothécaires.* — On appelle ainsi la déclaration faite par le créancier au bureau de conservation des hypothèques de l'arrondissement où sont situés les biens soumis à l'hypothèque.

L'hypothèque, soit conventionnelle, soit judiciaire, soit même légale, n'ayant de rang que du jour de l'inscription, il est extrêmement important qu'elle soit inscrite aussitôt après l'acte, le jugement ou le fait qui la produit, d'autant mieux que, dans quelques cas, la loi prononce la nullité des inscriptions tardives.

Pour opérer l'inscription d'une hypothèque judiciaire ou conventionnelle, la supérieure de l'association religieuse représente, soit par elle-même, soit par un tiers, au conservateur des hypothèques, le jugement ou l'acte qui donne naissance à l'hypothèque. Elle **y** joint deux bordereaux écrits sur pa pier timbré, dont l'un peut être porté sur l'expédition du titre, et qui contiennent :

1° Le nom de la communauté ou congrégation, sa situation et l'élection d'un domicile pour la supérieure dans un lieu quelconque de l'arrondissement du bureau ;

2° Les nom, prénoms et domicile du débiteur, sa profession, s'il en a une connue, ou une désignation individuelle et spéciale, telle que le conservateur puisse distinguer, dans tous les cas, l'individu grevé d'hypothèques ; lorsque le débiteur est décédé, la loi n'oblige pas le créancier à indiquer les noms de ses héritiers ; il suffit de faire connaître le défunt ;

3° La date et la nature du titre ;

4° Le montant du capital des créances énoncées dans le titre ou évaluées par la supérieure, pour les ventes ou prestations, ou pour les droits éventuels et conditions susceptibles d'être évaluées en argent. Lorsqu'il s'agit d'une vente en grains, on prend pour base les mercuriales de l'époque où l'inscription est requise ;

5° Le montant des accessoires de ces capitaux, tels que les intérêts ou arrérages échus, et les frais faits ou faire pour parvenir au recouvrement. On doit apporter beaucoup de soin dans ces diverses évaluations, car si elles sont *moindres* que la valeur réelle, la communauté ou congrégation religieuse est lésée d'une manière irréparable ; elle se trouve liée sans retour envers les tiers par son évaluation, et ne peut rien répéter au-delà ;

6° L'époque de l'exigibilité ;

7° Enfin, l'indication de l'espèce et de la situation des biens.

Les inscriptions conservent l'hypothèque pendant dix années, à compter du jour de leur date. Leur effet cesse si elles n'ont pas été renouvelées avant l'expiration de ce délai.

Aux termes de l'article 2155 du code Napoléon, les frais des inscriptions sont à la charge du débiteur s'il n'y a stipulation contraire ; l'avance en est faite par l'inscrivant, si ce n'est quant aux hypothèques légales, pour l'inscription desquelles le conservateur a son recours contre le débiteur.

3. — *De la radiation, réduction et translation des hypothèques et inscriptions hypothécaires et des actions qui s'y rattachent.* — La radiation, la réduction et la translation des hypothèques et inscriptions hypothécaires ayant pour effet de modifier ou même de détruire les garanties des créanciers, il est de principe qu'elles ne peuvent être consenties par eux qu'autant qu'ils sont capables d'aliéner. Or les associations religieuses n'ayant pas cette capacité, on a dû y suppléer par d'autres

5

moyens, et les dispositions du décret du 11 thermidor an XII, concernant les établissements de bienfaisance, nous paraissent devoir leur être appliquées. Ce décret porte que « les receveurs des » établissements de charité ne pourront, dans le » cas où elle ne serait point ordonnée par les tri- » bunaux, donner main-levée des oppositions for- » mées pour la conservation des droits des pauvres » et des hospices, ni consentir aucune radiation, » changement ou limitation d'inscriptions hypo- » thécaires, qu'en vertu d'une décision spéciale du » conseil de préfecture, prise sur une proposition » formelle de l'administration, et l'avis du comité » consultatif établi près de chaque arrondisse- » ment. »

Il résulte de ces dispositions que les communautés et congrégations religieuses ne peuvent donner main-levée d'une inscription hypothécaire, ni en consentir la réduction ou la translation sans une autorisation spéciale du conseil de préfecture, qui n'est accordée que lorsque le débiteur a opéré sa libération.

Lorsque la main-levée, la réduction ou la translation a été autorisée par le conseil de préfecture avec les formalités requises, la supérieure souscrit devant notaire l'acte nécessaire pour l'opérer. Une ampliation, dûment timbrée, de l'autorisation est annexée à cet acte [1].

VIII. — DES CONTRIBUTIONS.

Les contributions sont de deux sortes :

1° Les *contributions directes*, qui atteignent directement les personnes ou les biens, et se perçoivent en vertu de rôles nominatifs ;

2° *Les contributions indirectes*, qui sont exigées abstractivement des personnes, et pèsent généralement sur des objets de consommation.

Nous ne nous occuperons ici que des contributions directes.

Elles sont au nombre de quatre principales, savoir :

1° La contribution *foncière,* qui frappe la propriété immobilière ;

2° La contribution *personnelle* et *mobilière,* qui frappe la fortune mobilière, en la présumant d'après le loyer d'habitation ;

3° La contribution des *portes* et *fenêtres,* qui frappe le luxe probable des habitations ;

4° Enfin, la contribution des *patentes,* qui

---

[1] Pour l'accomplissement de toutes les formalités énumérées dans la présente section, les associations religieuses feront bien d'avoir recours au ministère d'un avoué.

frappe le revenu produit par l'exercice de l'industrie.

La loi annuelle des finances fixe le contingent de chaque département en principal et centimes additionnels généraux pour les trois contributions foncière, personnelle et mobilière, et des portes et fenêtres.

La répartition en est faite par la même loi entre les départements, par les conseils généraux entre les arrondissements, par les conseils d'arrondissement entre les communes, et par une commission de répartiteurs entre les contribuables.

1. — *Contribution foncière.* — La contribution foncière est établie, par égalité proportionnelle, sur toutes les propriétés foncières, bâties ou non bâties, à raison de leur revenu net imposable. Le revenu net des terres est ce qui reste au propriétaire, déduction faite, sur le produit brut, des frais de culture, semences, récoltes, entretien et transport des denrées au marché. Le revenu net imposable pour les propriétés bâties est tout ce qui reste au propriétaire, déduction faite, sur la valeur locative, de la somme nécessaire pour l'indemniser du dépérissement et des frais d'entretien et de réparation. Le revenu imposable est le revenu net calculé sur un nombre d'années déterminé.

2. — *Contribution personnelle et mobilière.* — Les deux taxes qui sont réunies sous le nom de contribution *personnelle* et *mobilière* ont des bases entièrement différentes.

La taxe *personnelle* se compose toujours de la valeur de trois journées de travail. Elle est due par chaque habitant français et par chaque étranger de tout sexe jouissant de ses droits et non réputé indigent. Les membres des associations religieuses y sont assujétis.

La taxe *mobilière* a pour base la valeur locative des habitations, mais seulement pour les parties de bâtiment servant à l'habitation personnelle; elle est due pour toute habitation meublée, mais elle ne peut porter sur les dortoirs, salles d'étude, classes et réfectoires. La supérieure seule d'une communauté religieuse est soumise à cette taxe pour la maison conventuelle.

La contribution personnelle et mobilière étant établie pour l'année entière, lorsqu'un contribuable vient à décéder dans le courant de l'année, ses héritiers sont tenus d'acquitter le montant de sa cote.

3. — *Contribution des portes et fenêtres.* — La contribution des *portes et fenêtres* est une taxe d'habitation ajoutée, comme complément, à la

contribution mobilière. Elle est établie sur les ouvertures donnant jour sur les rues, cours ou jardins des bâtiments et usines.

Les bâtiments appartenant aux communautés et congrégations religieuses, bien que servant à des usages considérés comme service public, ne sont pas, en général, exemptés de la contribution des portes et fenêtres. On exempte seulement de l'impôt, conformément aux dispositions de l'article 105 de la loi du 3 frimaire an VII, les maisons d'éducation *purement gratuite*, dirigées, conformément aux lois, par des associations religieuses à qui elles appartiennent. Si quelques élèves payaient pension, l'exemption ne serait pas accordée. (Arrêts du conseil d'Etat, 3 février et 21 décembre 1843; 25 juin 1845.) La partie du bâtiment affectée à la tenue d'une école communale, à un hospice ou à un dispensaire doit être également exemptée de cette contribution.

4. — *Contribution des patentes.* — La contribution des *patentes* se compose d'un droit fixe et d'un droit proportionnel. Ces droits sont déterminés par la loi du 25 avril 1844. Les communautés religieuses en sont passibles, lorsqu'elles tiennent un école libre avec internat, ou lorsqu'elles exercent une industrie comprise dans l'une des

catégories énumérées dans les tableaux annexés à la loi précitée.

De la taxe des biens de main-morte. — Outre l'impôt foncier auquel les associations religieuses sont assujéties comme les particuliers, elles ont encore à acquitter, aux termes de la loi du 20 février 1849, une taxe annuelle généralement désignée sous le nom de *taxe des biens de main-morte* et représentative des droits de transmission entre-vifs et par décès. Elle est calculée à raison de 62 et 1/2 par franc du principal de la contribution foncière.

La loi précitée a eu pour but d'assujétir les biens des établissements publics, sinon aux mêmes droits que les propriétés particulières, du moins à un impôt équivalent aux droits que les particuliers ont à supporter. Ainsi, les biens des particuliers successivement transmis par actes entre-vifs et par décès, donnent lieu, à chaque transmission, à un nouveau droit proportionnel d'enregistrement qui atteint tous ces biens par période moyenne de 20 à 25 ans, tandis que les propriétés de main-morte, placées hors du commerce et improductives pour l'impôt des mutations, sont ainsi affranchies, à raison de la qualité des possesseurs, qui aliènent rarement et ne meurent jamais, d'une charge à laquelle les propriétés particulières sont inévitablement soumises.

Il résulte du texte de la loi que l'impôt des biens de main-morte exige la réunion des quatre conditions suivantes : 1° qu'il porte sur des biens immeubles; 2° que ces biens soient passibles de la contribution foncière [1]; 3° qu'ils appartiennent aux établissements ou personnes civiles désignées par la loi, et que leur propriétaire soit compris dans l'énumération de l'article 1er.

Cette taxe est très-lourde et doit avoir pour conséquence d'amener les congrégations et communautés religieuses à aliéner celles de leurs propriétés immobilières qu'il ne leur serait pas indispensable de conserver, et à les remplacer par des rentes sur l'Etat ou par d'autres valeurs d'un produit plus considérable et d'une gestion plus facile.

L'application de la loi du 20 février 1849 a déjà soulevé de nombreuses difficultés, et le conseil d'Etat a eu plusieurs fois à se prononcer à leur sujet. Il a décidé notamment : 1° que la vente en cours d'exercice d'un immeuble assujéti à la taxe

[1] Ainsi, la partie d'un couvent affectée à la tenue d'une école publique, à un hospice communal, etc., n'étant pas passible de l'impôt foncier, ne l'est pas non plus de la taxe de main-morte.

de main-morte ne donne pas droit à décharge, attendu que cette taxe est établie au commencement de l'année pour l'année entière comme pour la contribution foncière; 2° que la taxe est due moitié par le nu-propriétaire, et moitié par l'usufruitier d'un immeuble assujéti à cet impôt, conformément aux règles suivies en pareil cas pour la contribution foncière; 3° que la taxe n'est pas due par une communauté qui aurait son siège dans des immeubles dont la propriété appartiendrait à un ou plusieurs de ses membres en leur propre et privé nom.

Des réclamations. — Aux termes de l'article 28 de la loi du 21 avril 1832, les réclamations en décharge ou réduction et en mutation de cotes sont admises au secrétariat de la préfecture et des sous-préfectures, pendant trois mois, à partir du jour de la publication du rôle, dans chaque commune. Il doit être formé une pétition particulière pour chaque nature de contribution, et chaque réclamation doit être accompagnée de l'avertissement ou de l'extrait du rôle, ainsi que de la quittance des termes échus. On ne peut, sous prétexte de réclamations, différer le paiement des termes à échoir pendant les trois mois qui suivent la réclamation et dans lesquels elle doit être jugée définitivement.

Les réclamations qui s'appliquent à une cote de 30 fr. et au-dessus doivent être rédigées sur papier timbré. Celles qui concernent une cote moindre de 30 fr. ne sont pas assujéties au timbre.

Une association religieuse qui a éprouvé des pertes de revenus par suite de chômages d'usines ou de vacance de maisons, d'une durée de trois mois au moins, peut former des demandes en remise ou modération de contributions; mais ces demandes doivent, sous peine de déchéance, être présentées dans les quinze jours qui suivent l'expiration du trimestre, du semestre ou de l'année d'inhabitation. Elles doivent être également sur papier timbré si la cote s'élève à 30 fr. et au-dessus, et être toujours appuyées de l'extrait du rôle.

Les pétitions en remise ou modération pour cause de grêle, épizootie, incendie, inondations ou autres évènements imprévus, sont présentées, dans le plus bref délai possible, et, au plus tard, dans les quinze jours qui suivent l'évènement.

Dès que l'instruction des réclamations est terminée par les soins du directeur des contributions directes, le préfet prononce s'il s'agit de demandes en remise ou modération; le conseil de préfecture statue sur les demandes en décharge, réduction et mutation de cotes, ainsi que sur les cotes indûment imposées.

Le contribuable qui veut se pourvoir au conseil d'Etat doit exercer son recours dans les trois mois

de la notification de la décision. La requête est formée sur papier timbré et doit être accompagnée
d'une expédition de la décision attaquée. Les recours peuvent être transmis sans frais au président
du conseil d'Etat par l'intermédiaire du préfet, qui
y joint ses observations.

Les décisions du préfet sur les demandes en remise ou modération ne sont pas susceptibles d'être
déférées au conseil d'Etat par la voie contentieuse.
Le recours est porté devant le ministre dans le département duquel se trouve la matière contentieuse.

CHAPITRE III.

Des associations hospitalières de femmes.

I. — GÉNÉRALITÉS, SERVICE DES HÔPITAUX ET HOSPICES, SOIN DES MALADES DANS LES CAMPAGNES.

Ainsi que nous l'avons dit dans l'introduction
de ce travail, la révolution, qui avait supprimé
toutes les associations religieuses sans exception,
n'était pas encore finie que les congrégations, à

peine dispersées, des sœurs hospitalières [1] reprenaient partout l'exercice de leur sainte mission.

Par un arrêté consulaire du 24 vendémiaire an XI, les filles de Saint-Vincent-de-Paul étaient autorisées à se réunir en congrégation, et plusieurs autres associations religieuses hospitalières, tant anciennes que nouvelles, ne tardaient pas à obtenir le même privilège. Le Gouvernement impérial, qui savait apprécier les services rendus par ces associations, leur accorda sa protection et ses encouragements. Elles avaient pris en 1808 un tel développement qu'on conçut le projet de leur donner un règlement commun. Elles furent convoquées dans ce but, à Paris, en chapitre général. Le décret du 18 février 1809 devint comme le code Napoléon de ces congrégations; et, à partir de cette époque, leurs établissements se multiplièrent rapidement.

Nous ne saurions exposer, même succinctement ici, les services que l'humanité souffrante doit à ces admirables associations. Qui n'a été témoin du dévouement, de l'abnégation des Sœurs de la Charité? Dans nos hospices, dans les mansardes, dans les

---

[1] On entend par *associations religieuses hospitalières* celles dont l'institution a pour but principal de desservir les hospices et hôpitaux, ou de porter aux pauvres, à domicile, des soins, des secours et des remèdes.

maisons de détention, aux bagnes, sur les champs de bataille, ne les trouve-t-on pas partout où il y a un malheureux à soulager, à consoler, à gagner à Dieu, et quels miracles ne leur voit-on pas opérer?

Il ne nous appartient pas de faire l'éloge de ces saintes femmes, aujourd'hui si répandues et partout si justement vénérées; un volume ne suffirait pas, d'ailleurs, à une pareille tâche. La nôtre est plus modeste et doit se borner a présenter quelques détails sur la constitution des associations de Sœurs hospitalières, au point de vue temporel, et sur leurs rapports avec les administrations charitables.

La plupart des associations de Sœurs hospitalières légalement reconnues se proposent un triple but: le service des hospices et hôpitaux, le soin des malades à domicile, soit à la ville, soit dans les campagnes, et, enfin, l'instruction gratuite des jeunes filles pauvres. Elles sont enseignantes sous ce dernier rapport, et elles doivent se conformer aux lois sur l'enseignement, dont nous tracerons les principales dispositions dans le chapitre suivant.

La mission des Sœurs de la Charité dans les campagnes a été décrite avec un rare bonheur par M. Ch. Lucas, inspecteur général des prisons,

dans un rapport plein d'intérêt dont nous sommes
heureux de reproduire ici un extrait [1].

» Sous le rapport de l'assistance matérielle pour
les secours à donner aux malades, la Sœur de Charité répond à tous les besoins ; dans les campagnes,
les maladies viennent trop habituellement de l'in-
curie du paysan, de l'absence des premiers soins.
Le paysan est, à cet égard, insouciant et impré-
voyant ; il est d'ailleurs économe jusqu'à l'avarice.
Il n'appelle habituellement le médecin qu'à la dernière extrémité, et quand il est trop tard ; ou si,
par exception, il l'appelle en temps utile, sa visite
ne porte pas ses fruits ; les prescriptions ne sont
pas suivies ou sont mal exécutées.

La Sœur de Charité conseille, propage d'abord
les précautions hygiéniques, puis son œil intelligent devine le mal ; elle le guérit, si ses soins
peuvent le guérir ; si le mal exige la présence du
médecin, il est appelé, et ses remèdes sont administrés par la Sœur avec un intelligent dévouement.
Sous ce rapport, loin de provoquer la susceptibilité
du médecin qui aime l'honnête et utile exercice de
son honorable profession, la Sœur ne doit inspirer
que sa reconnaissance. Grâce à elle, il arrive au
moins au lit du malade avec la conviction que son

[1] Annales de la Charité, année 1852, p. 146.

art sera utile au soulagement du malheureux qui l'attend,

« Et maintenant cette Sœur, qui va soigner le malade à domicile, remplace pour les campagnes l'hôpital des villes, et le remplace avec avantage. Tout son dévouement s'accomplit dans l'intérieur de la famille, et en même temps se communique à tous. Elle apprend aux pères et mères à soigner leurs enfants, aux enfants à soigner leurs pères et mères. Le mauvais côté des hôpitaux, c'est qu'ils interrompent, sous ce rapport, les devoirs et relâchent les affections de famille. La Sœur de Charité, au contraire, ajoute à son assistance morale et religieuse qui fait apprendre, aimer et pratiquer à tous les membres de la famille les devoirs les plus sacrés de la conscience, et les meilleures inspirations du cœur. Puis, cette Sœur, pendant qu'elle est assise au foyer domestique, pendant qu'elle vit de la vie de cette famille, donne et multiplie autour d'elle les bonnes paroles, les bonnes pensées, les bons sentiments, les bonnes pratiques. C'est ainsi que, par ses visites renouvelées, elle réussit à créer au sein de cette famille, une atmosphère de régénération morale et religieuse, en répandant autour d'elle comme un parfum de la pureté de son cœur et de sa foi. C'est ainsi encore qu'elle soigne et guérit les âmes en même temps que les corps.

» Cette éducation ambulante qu'on a voulu organiser dans les campagnes, la Sœur de Charité ne l'apporte-t-elle pas de maison en maison ? Et de plus, elle la répand, elle la donne à l'école de la paroisse. C'est là que l'enseignement peut alors revêtir le caractère et atteindre le but de l'éducation.

» La Sœur connaît ses élèves, elle connaît les parents, la situation, la vie, pour ainsi dire, de toutes les familles. Elle peut ainsi appliquer à chaque enfant les conseils et les directions qui vont le mieux à son caractère et à sa position. Elle s'attache à leur enseigner les soins du ménage et l'amour de Dieu et du travail, et tout cela s'enseigne avec la plus puissante de toutes les autorités, celle de l'exemple. La voyez-vous maintenant, cette influence éducatrice de la Sœur, qui se répand à l'école de la paroisse, dans chaque foyer domestique, qui reflète de chaque foyer domestique dans l'école de la paroisse, qui s'adresse à la fois à l'enfant par la mère, à la mère par l'enfant, et qui embrase, éclaire et féconde toute la commune de ses rayons bienfaisants? »

Ajoutons à ces lignes les suivantes, relatives à l'institution, encore naissante et déjà si connue, *des petites Sœurs des pauvres*.

« Tout le monde connaît et aime les *petites Sœurs des pauvres*. On sait qu'elles recueillent dans leurs maisons des vieillards infirmes et abandonnés. Elles les soignent, les instruisent, les consolent et les aiment d'une charité vraiment filiale. Il est vrai qu'elles n'ont rien, mais elles vont quêter des restes de pain, de viande, de légumes, même du marc de café. Tout cela est proprement réchauffé, et c'est la nourriture de tout le monde : des vieillards d'abord, des Petites Sœurs ensuite, s'il en reste.

Les religieuses attachées au service des hospices et bureaux de bieufaisance sont placées, quant aux rapports spirituels, sous la juridiction de l'Evêque du diocèse. Elles dépendent, au temporel, des commissions administratives de ces établissements, et sont tenues de se conformer aux règlements qui y sont en vigueur.

II. — DE L'ÉTABLISSEMENT DE NOVICIATS DANS LES HOSPICES ET HOPITAUX, DES RELIGIEUSES REPOSANTES, DES PENSIONS DE RETRAITE, DU RENVOI DES RELIGIEUSES.

1. — *De l'établissement de noviciats.* — Aux termes des articles 6, 7 et 8 du décret du 18 février 1809, les associations religieuses instituées dans les hospices et hôpitaux sont autorisées à y entretenir des noviciats, en se conformant aux règles établies à ce sujet par leurs statuts, et après avoir

obtenu préalablement l'assentiment des commissions charitables. La délibération prise à cet égard est approuvée par le préfet, sur la proposition de l'Evèque; elle détermine les conditions d'admission des novices, fixe leur nombre et affecte un local spécial au noviciat.

Il ne s'agit ici que des *communautés* indépendantes fondées dans les hospices ou hôpitaux par un décret particulier. Lorsqu'une commission administrative traite avec une *congrégation*, elle est évidemment libre de stipuler l'absence totale des novices. La plupart des établissements hospitaliers étant maintenant desservis, en vertu de traités spéciaux, par des congrégations, les Sœurs qui y sont attachées font presque toujours leur noviciat dans la maison-mère, et ne cessent d'être placées sous la dépendance de leur supérieure générale, qui les change à sa volonté, mais ne peut augmenter ou diminuer leur nombre sans une autorisation spéciale de la commission administrative, approuvée par le préfet.

2.—*Des religieuses reposantes et des pensions de retraite.* — Les religieuses que leur âge ou leurs infirmités rendent incapables de continuer leur service dans les hospices ou hôpitaux y sont maintenues, suivant les dispositions de l'article 16 du décret du 18 février 1809, à titre de *reposantes*, aux frais de ces établissements. La délibération prise à cet effet par la commission administrative est approuvée par le préfet, après avis de l'Evêque.

Si les religieuses qui sont devenues incapables de continuer leur service préfèrent quitter l'établissement auquel elles avaient été attachées, elles peuvent, conformément à l'article 19 de l'ordonnance du 31 octobre 1821, obtenir des pensions de retraite si elles ont, d'ailleurs, le temps de service exigé, et si les revenus de l'hospice ou hôpital le permettent. Aux termes de l'ordonnance du 6 septembre 1820, les bases à suivre pour la liquidation de ces pensions sont celles qui ont été consacrées par le décret du 7 février 1809, pour les employés des hospices de Paris. Voici le texte de cette ordonnance et des articles du décret qui nous paraissent applicables aux Sœurs hospitalières :

Ordonnance du 6 septembre 1820, relative aux pensions des employés des hospices.

« Lorsque les administrations des hospices et établissements de charité croiront devoir demander qu'il soit accordé des pensions aux employés de ces établissements, la liquidation en sera faite d'après les bases fixées par les articles 12 et suivants du décret du 7 février 1809, relatif aux pensions de retraite des administrateurs et des employés des hospices, et secours de notre bonne ville de Paris.»

Extrait du décret rendu le 7 février 1809, sur le rapport du ministre de l'intérieur, et le conseil d'Etat entendu, portant fixation à 2 centimes par franc de la retenue à faire sur les traitements des employés des hospices de Paris pour former un fonds de pension de retraite.

Art. 12. — Les droits à une pension de retraite ne pourront être réclamés qu'après trente ans de service effectif, pour lequel on comptera tout le temps d'activité dans d'autres administrations publiques qui ressortissaient du Gouvernement, quoique étrangères à celle dans laquelle les postulants se trouvent placés, et sous la condition qu'ils auront au moins dix ans de service dans l'administration des hospices. — La pension pourra cependant être accordée avant trente ans de service à ceux que les accidents, l'âge ou des infirmités rendraient incapables de continuer les fonctions de leurs places, ou qui, par le fait de la suppression de leur emploi, se trouveraient réformés après dix ans de service et au-dessus, dont cinq ans dans l'administration des hospices, et les autres dans les administrations publiques qui ressortissaient du Gouvernement.

Art. 13. — Pour déterminer le montant de la pension, il sera fait une année moyenne du traitement fixe dont les réclamants auront joui pendant les trois dernières années de leur service. — Les indemnités pour logement, nourriture et autres objets de ce genre (les gratifications exceptées) seront considérées comme ayant fait partie du traitement fixe, et évaluées, en conséquence, pour former le montant de la pension et des retenues.

Art. 14. — La pension accordée après trente ans de service sera de la moitié de la somme réglée par l'article précédent. Elle s'accroîtra du vingtième de cette moitié pour chaque année de service au-dessus de trente ans. — Le *maximum* de la retraite ne pourra excéder les deux tiers du traitement annuel du réclamant, calculé, comme il est dit dans l'article qui précède, sur le terme moyen des trois dernières années de son service.

Art. 15. — La pension accordée avant trente ans de service, dans le cas prévu par le deuxième paragraphe de l'article 12, sera d'un sixième du traitement pour dix ans de service et au-dessous. — Elle s'accroîtra d'un soixantième de ce traitement pour chaque année de service au-dessus de dix ans, sans pouvoir excéder la moitié du traitement.

Art. 21. — En cas de concurrence entre plusieurs réclamants, la pension, l'âge et les infirmités d'abord, et ensuite l'ancienneté de service, donneront droit à la préférence. »

3. — *Du renvoi des Sœurs hospitalières.* — Les biens des associations religieuses, spécialement instituées par un décret dans les hospices ou hôpitaux, restent complètement distincts des biens formant la dotation de ces établissements charitables. Il en résulte que les Sœurs hospitalières ne s'identifient pas avec ces établissements, qu'elles n'en sont que les agents et ne peuvent, à aucun titre, se prétendre co-propriétaires de leurs biens.

Toutefois, il ne faudrait pas induire de ce qui précède, non plus que de l'avis du conseil d'Etat, en date du 23 avril 1845 [1], qu'une commission administrative pût, de son chef, congédier les Sœurs hospitalières qu'un décret aurait placées dans un hospice ou dans un hôpital. Pour certaines associations religieuses, en effet, le décret qui les institue dans un hospice est le seul titre de leur

[1] Aux termes de cet avis, les commissions administratives des établissements charitables auraient le droit de retirer aux congrégations hospitalières qui soignent les malades, le service qui leur est confié, soit pour le confier à d'autres congrégations, soit pour le remettre à des personnes laïques, de même que ces congrégations sont libres de refuser leur concours.

existence légale. Obliger les Sœurs à quitter l'établissement, ce serait revenir contre l'acte même de leur fondation et en changer les conditions essentielles. Or, la seule volonté d'une commission administrative ne saurait avoir cette puissance. Il ne faut pas sans doute que les abus qui viendraient à s'introduire dans une communauté hospitalière soient sans remède, ni même que, dans le cas où la gravité du mal l'exigerait, on ne puisse y appliquer le dernier remède, celui de la dissolution; mais ce n'est pas aux commissions administratives que l'usage doit en être laissé. Si elles avaient des motifs graves pour demander le changement des Sœurs, elles devraient adresser au préfet une demande expresse accompagnée de toutes les explications nécessaires. Cette demande serait communiquée à l'Evêque, qui donnerait son avis après avoir entendu les observations des Sœurs. Les ministres de l'intérieur et des cultes se concerteraient ensuite pour provoquer le décret impérial prononçant le renvoi s'il y avait lieu.

III. — DES TRAITÉS A PASSER AVEC LES ÉTABLISSEMENTS CHARITABLES.

Les Sœurs hospitalières légalement reconnues ne doivent être appelées à desservir les hospices et autres établissements charitables qu'en vertu de traités conclus entre les administrateurs de ces établissements et la supérieure de la congrégation dont ces religieuses dépendent, et ces traités ne peuvent recevoir leur exécution qu'autant qu'ils ont été revêtus de l'approbation du préfet, conformément aux dispositions de l'article 8 de la loi du 7 août 1851.

Le ministre de l'intérieur voulant donner à ces traités une rédaction uniforme, en fit établir, en 1839, deux modèles, de concert avec Mme la supérieure générale des Sœurs de Saint-Vincent-de-Paul, et les transmit aux préfets avec sa circulaire du 26 septembre de la même année, en les invitant à en proposer l'adoption aux commissions administratives et aux Sœurs hospitalières des établissements charitables de leurs départements respectifs.

Les dispositions que renferment ces projets de traités, tout en assurant aux commissions charitables l'autorité qui leur appartient sous le rapport temporel, et en assujétissant les Sœurs hospitalières à l'observation des lois, décrets et règlements en vigueur sur l'administration des hospices et bureaux de bienfaisance, ont cependant réservé à ces saintes femmes la juste part d'attributions et d'égards qu'exigent leur caractère religieux et leur mission de bienfaisance. Les droits et les devoirs des parties contractantes nous paraissent, en outre,

y avoir été heureusement conciliés, par une dé-
férence réciproque et par une égale sollicitude
pour le bien du service des pauvres.

Dans sa circulaire précitée du 26 septembre 1839,
le ministre de l'intérieur déclarait, d'ailleurs, en
termes formels, que l'adoption de toutes les dispositions contenues dans les modèles préparés par
ses soins et approuvés par Mme la supérieure générale des Sœurs de Saint-Vincent-de-Paul, n'était
pas absolument prescrite, et que l'administration
ne refuserait pas d'autoriser les modifications de
détail qui seraient motivées par les circonstances
locales ou par les usages des congrégations, en
tant que ces modifications ne porteraient point
atteinte aux dispositions essentielles qui doivent
s'appliquer à toutes les associations hospitalières
légalement reconnues.

L'un des deux modèles dont il s'agit était destiné
aux bureaux de bienfaisance, et l'autre aux hospices. En voici le texte :

1° *Projet de traité entre la commission administrative de l'hospice d* . . . . *et la Congrégation hospitalière des Sœurs d* . . . .

Entre. . . . . il a été convenu ce qui suit :

ARTICLE PREMIER. — Les Sœurs hospitalières
de la congrégation de . . . . seront

★

chargées, au nombre de............, du service intérieur de l'hospice de................ Celle qui sera supérieure rendra, tous les mois, compte des sommes qui pourront lui être confiées pour menues dépenses; mais non de la somme qu'elle recevra pour son entretien et celui de ses compagnes.

ART. 2. — Le nombre de ces Sœurs ne pourra pas être augmenté sans une autorisation spéciale du ministre de l'intérieur. Toutefois, dans des cas d'urgence, tel, par exemple, que celui de la maladie d'une des Sœurs, qui la mettrait hors d'état de continuer son service, la supérieure générale pourra, sur la demande de la commission administrative, envoyer provisoirement une autre Sœur pour la remplacer; sauf à la commission administrative à en informer immédiatement le préfet, qui devra en référer au ministre.

ART. 3. — Les Sœurs hospitalières seront placées, quant aux rapports temporels, sous l'autorité de la commission administrative, et tenues de se conformer aux lois, décrets, ordonnances et règlements qui régissent l'administration hospitalière.

ART. 4. — La Sœur supérieure aura la surveillance sur tout ce qui se fera dans l'hospice, pour le bon ordre. Elle sera chargée des clefs de la maison, et veillera à ce que les portes soient fermées à la nuit tombante, et ne soient ouvertes que quand il fera jour, sauf les besoins du service.

ART. 5. — Il sera fourni aux Sœurs un logement séparé et à proximité du service. Elles seront meublées convenablement, nourries, blanchies, chauffées et éclairées aux frais de l'hospice, qui leur fournira aussi le gros linge, comme draps, taies d'oreillers, nappes, serviettes, essuie-mains, torchons et tabliers de travail.

Il sera dressé, à l'entrée des Sœurs, un inventaire du mobilier qui leur sera donné, et il sera procédé, chaque année, au récolement de cet inventaire.

ART. 6. — L'administration de l'hospice paiera, chaque année, pour l'entretien et le vestiaire de chaque Sœur, une somme de .... payable par trimestre.

ART. 7. — Celle qui sera supérieure et la commission administrative de l'hospice auront respectivement la faculté de provoquer le changement des Sœurs [1]. Dans le premier cas, les frais du change-

---

[1] On ne saurait imposer cette condition à des communautés établies dans des hospices ou dans des hôpitaux où elles forment des maisons isolées et sans affiliation avec aucune autre. Pour ces communautés, en effet, le renvoi d'une religieuse ne serait pas un simple *changement*, ce serait une ex-

ment seront à la charge de la congrégation, et, dans le second, à celle de l'établissement charitable.

Art. 8. — L'hospice sera tenu de payer les frais du premier voyage et du port des hardes des Sœurs. Il en sera de même lors du remplacement d'une Sœur par décès, ou lors de l'admission autorisée de nouvelles Sœurs, en sus du nombre fixé par le présent traité. Dans ce dernier cas, les Sœurs admises le seront aux mêmes conditions que les premières.

Art. 9. — Les domestiques et infirmiers seront payés par l'administration, qui les nommera et les renverra, soit spontanément, soit sur la demande de la supérieure.

Cet objet ne faisant pas partie des attributions de l'économe, la supérieure des Sœurs se conformera sur ce point aux intentions de l'administration, à qui il appartient de statuer quels seront ses rapports avec les domestiques, pour la régularité du service et le bon ordre de la maison.

Art. 10. — Lorsque l'âge ou les infirmités mettront une Sœur hors d'état de continuer son service, elle pourra être conservée dans l'hospice et y être

pulsion qui ôterait à la religieuse congédiée tout asile où elle pût se livrer à la pratique de sa règle et à l'accomplissement de ses vœux, et, ainsi que nous l'avons déjà dit, le renvoi de la communauté entière serait sa dissolution complète.

nourrie, éclairée, chauffée, blanchie et fournie de gros linge, pourvu qu'elle compte au moins dix années de service dans cet établissement ou dans d'autres établissements charitables; mais elle ne pourra pas recevoir le traitement de celles qui seront en activité. Les Sœurs infirmes seront remplacées par d'autres hospitalières, aux mêmes conditions que les premières. Les Sœurs seront considérées, tant en santé qu'en maladie, comme filles de la maison et non comme mercenaires [1].

ART. 11. — Les Sœurs ne recevront aucune pensionnaire et ne soigneront point les femmes ou filles de mauvaise vie, ni les personnes atteintes du mal qui en procède. Elles ne soigneront pas non plus les personnes riches, ni les femmes dans leurs accouchements. Elles ne veilleront aucun malade en ville, de quelque sexe, état ou condition qu'il soit.

ARE. 12. — L'aumônier ou chapelain de la mai-

---

[1] Cet article a soulevé de nombreuses objections, et il s'écarte évidemment des dispositions du décret du 18 février 1809, dont l'article 7 porte : celles (les Dames hospitalières) qui se trouveront hors de service par leur âge ou par leurs infirmités, seront *entretenues* aux dépens de l'hospice dans lequel elles seront tombées malades ou dans lequel elles auront vieilli.

son vivra séparé des Sœurs, ne prendra pas ses repas avec elles, et n'aura aucune inspection sur leur
conduite.

ART. 13. — Quand une Sœur décèdera, elle sera
enterrée aux frais de l'administration, et l'on fera
célébrer, pour le repos de son âme, une grande
messe et deux messes basses.

ART. 14. — Avant le départ des Sœurs pour
................., il sera fourni à leur supérieure générale l'argent nécessaire pour les accom-
modements personnels desdites Sœurs, à raison
de.... francs pour chacune, une fois payés ; mais
cette indemnité ne sera point accordée lorsqu'il
s'agira du changement des Sœurs.

ART. 15. — Dans le cas de la retraite volontaire
de la communauté, ou de son remplacement par
une autre congrégation, la supérieure générale ou
la commission administrative de l'hospice devra
prévenir l'autre partie, et s'entendre sur l'époque
de la sortie des Sœurs de l'établissement. Cette
sortie aura lieu quatre mois au plus après la notification faite par celle des parties qui voudra résilier
le traité.

Fait à................, en quintuple original:
l'un pour la supérieure générale ; le second pour la
Sœur qui sera supérieure de l'hospice ; le troisième
pour la commission administrative de l'hospice ; le

— 175 —

quatrième pour le préfet, et le cinquième pour le ministre de l'intérieur.

2° *Projet de traité entre les administrateurs du bureau de bienfaisance d................. et la Congrégation hospitalière des Sœurs d........*

Entre................ il a été convenu ce qui suit :

ARTICLE PREMIER. — Les Sœurs hospitalières de la congrégation de.................. seront chargées, au nombre de............ , du service du bureau de bienfaisance de ....

Celle qui sera supérieure rendra compte de l'emploi des sommes qu'elle recevra pour les besoins des pauvres; elle ne sera pas tenue de rendre compte de la somme qui lui sera payée pour son entretien et celui de ses compagnes.

ART. 2. — Le nombre des Sœurs ne pourra pas être augmenté sans une autorisation spéciale du ministre de l'intérieur. Toutefois, dans des cas d'urgence, tel, par exemple, que celui de la maladie d'une des Sœurs, qui la mettrait hors d'état de continuer son service, la supérieure générale pourra, sur la demande de l'administration du bureau de bienfaisance, envoyer provisoirement une autre Sœur pour la remplacer; sauf à cette administration à en informer immédiatement le préfet, qui devra en référer au ministre.

ART. 3. — Les Sœurs hospitalières seront placées, quant aux rapports temporels, sous l'autorité de l'administration charitable, et tenues de se conformer aux lois, décrets, ordonnances et règlements généraux qui régissent l'administration des bureaux de bienfaisance.

ART. 4. — Il leur sera fourni une maison convenablement garnie de lits et de meubles, et des ustensiles nécessaires, tant pour elles que pour les besoins des pauvres. Elles seront logées, blanchies, chauffées et éclairées aux frais de l'administration, qui leur fournira aussi le gros linge, comme draps, taies d'oreillers, nappes, serviettes, essuie-mains, torchons, tabliers de travail. Elles ne paieront de contributions d'aucune espèce, et ne seront point chargées des réparations de la maison occupée par elles.

Il sera dressé, à l'entrée des Sœurs, un état de lieux et un inventaire du mobilier qui leur sera fourni; et il sera procédé, chaque année, au récolement de cet état de lieux et de cet inventaire.

ART. 5. — L'administration paiera une somme de...................., par an, à chaque sœur, pour sa nourriture, son entretien et son vestiaire.

Cette somme sera acquittée par trimestre.

Art. 6. — Les Sœurs vivront seules dans leur logement et ne recevront aucune pensionnaire. On ne leur associera aucune femme ou fille externe pour le service des pauvres. Elles pourront cependant, avec le consentement de l'administration, prendre, pour les gros ouvrages, une fille de service à leur choix, qui sera à la charge de cette administration.

Art. 7. — Les Sœurs ne rendront point leurs services aux personnes riches, ni aux femmes ou filles de mauvaise vie, ou qui seraient atteintes du mal qui en procède. Elles ne seront point tenues de visiter les malades, la nuit, ni de les veiller.

Art. 8. —Quand les Sœurs seront malades, elles seront soignées et fournies de médicaments aux dépens de l'administration ; et, lorsqu'elles deviendront infirmes et hors d'état de travailler, elles continueront à être logées, nourries et soignées, pourvu qu'elles comptent au moins dix ans de service dans l'établissement, ou dans d'autres établissements charitables. Pour remplacer les Sœurs devenues infirmes, il en sera reçu d'autres aux mêmes conditions que les premières ; mais les infirmes ne recevront point le traitement de celles qui seront en activité.

Art. 9. — Celle qui sera supérieure et l'administration du bureau de bienfaisance auront respectivement la faculté de provoquer le changement des Sœurs. Dans le premier cas, les frais du changement seront à la charge de la congrégation, et, dans le second, à celle de l'établissement charitable.

Art. 10. — L'administration sera tenue de payer les frais du premier voyage et du port des hardes des Sœurs. Il en sera de même lors du remplacement d'une Sœur par décès, ou lors de l'admission autorisée de nouvelles Sœurs, en sus du nombre fixé par le présent traité. Dans ce dernier cas, les Sœurs admises le seront aux mêmes conditions que les premières.

Art. 11. — L'une des Sœurs hospitalières sera chargée spécialement du soin de faire gratuitement l'école aux petites filles indigentes de............ , lorsque l'obligation en sera imposée au bureau de bienfaisance par des fondations. Elle les instruira des principaux mystères de notre sainte religion ; leur apprendra à lire et à écrire ; mais elle ne recevra à son école aucun garçon, quel que soit son âge, et sous quelque prétexte que ce soit. Lorsqu'il arrivera quelques maladies épidémiques parmi les pauvres ou les Sœurs, elle suspendra son école, s'il est nécessaire, pour aider au soulagement des malades, et reprendra ses fonctions le plus tôt possible.

Art. 12. — Comme paroissiennes, les hospitalières sont tenues d'assister à la messe et aux
vêpres de leur paroisse; mais elles doivent s'en
tenir à remplir ce devoir. Elles ne peuvent suivre
les exercices de piété qui, n'étant pas selon leur
règlement, dérangeraient les heures de leurs exercices, ou les détourneraient du service des pauvres.
Il leur est également défendu de s'associer à aucune
confrérie, quelque faciles qu'en soient les obligations.

Art. 13. — Quand une sœur décèdera, elle sera
enterrée aux frais de l'administration, et on fera
célébrer, pour le repos de son âme, une grande
messe et deux messes basses.

Art. 14. — Avant le départ des Sœurs hospitalières pour commencer l'établissement de.......,
il sera fourni à leur supérieure générale l'argent
nécessaire pour l'accommodement personnel desdites Sœurs, à raison de... francs pour chacune, une
fois payés, pour les habits et le linge à leur usage.
Cette indemnité ne sera jamais accordée lorsqu'il
s'agira du changement des Sœurs.

Art. 15. — Dans le cas de la retraite volontaire
de la communauté, ou de son remplacement par
une autre congrégation, la supérieure générale ou
l'administration du bureau de bienfaisance devra
prévenir l'autre partie, et s'entendre avec elle sur

l'époque de la sortie des Sœurs de l'établissement.
Cette sortie aura lieu quatre mois au plus après la
notification faite par celle des parties qui voudra
résilier le traité.

Fait à................., en quintuple original : l'un pour la supérieure générale; le second
pour la Sœur qui sera supérieure du bureau de bienfaisance; le troisième pour l'administration de cet
établissement; le quatrième pour le préfet, et le
cinquième pour le ministre de l'intérieur.

IV. — DU SERVICE INTÉRIEUR.

1. — Les sœurs hospitalières sont chargées du
service intérieur des hospices et hôpitaux [1], sous

---

[1] Les *hôpitaux* sont des établissements dans lesquels sont
reçus et traités les malades indigents.

Dans les *hospices* sont admis et entretenus les vieillards, les
infirmes incurables et les enfants assistés.

Lorsque le même établissement contient à la fois des malades
et des vieillards valides ou incurables, il est en même temps
hôpital et hospice.

Les hôpitaux reçoivent : 1° les malades civils, hommes,
femmes et enfants, atteints de maladies aiguës ou blessés acci-
dentellement; 2° les malades militaires ou marins; 3° les
galeux; 4° les teigneux; 5° les vénériens; 6° les femmes en-
ceintes.

l'autorité des commissions administratives. Leurs soins sont extrêmement précieux et importants. Elles sont chargées de distribuer, après les avoir reçus de l'économe, les vêtements, les aliments et tous les autres objets nécessaires au service, et elles donnent l'instruction primaire aux enfants recueillis dans l'établissement. La surveillance des ateliers de travail leur est également dévolue. C'est une tâche honorable qui leur est imposée, que de donner le goût du travail à de jeunes enfants dont ce sera l'unique ressource dans l'avenir, ou de s'occuper des vieillards pour qui l'oisiveté serait un malheur de plus.

Les Sœurs ne peuvent gérer aucun des biens, ni percevoir aucune des parties des revenus de l'administration hospitalière, même lorsque ce sont des revenus en nature.

Pendant longtemps, les Sœurs hospitalières avaient eu, dans les établissements de bienfaisance, le maniement et la garde des deniers et objets de consommation ; aussi, lors de la publication de l'instruction du 20 novembre 1836, ces religieuses

Les hospices reçoivent : 1° les vieillards indigents et valides des deux sexes ; 2° les incurables indigents des deux sexes ; 3° les orphelins pauvres ; 4° les enfants assistés ; 5° des vieillards valides et incurables, à titre de pensionnaires.

6

crurent-elles voir dans l'organisation de la compta-
bilité-matières et la création d'agents-comptables
spéciaux, une disposition blessante pour elles.
Elles sont bien vite revenues de cette erreur, et
elles ont reconnu que les devoirs qui leur sont im-
posés par leurs autres fonctions ne leur permettent
pas de remplir, avec l'exactitude désirable, les formalités multipliées de l'économat, ni de tenir les
écritures et tous les registres qu'exige cette comptabilité. D'ailleurs, il est bien entendu que la disposition qui déclare que les fonctions de l'économat,
dans les hospices et hôpitaux, ne sont pas compa-
tibles avec le caractère des Sœurs hospitalières,
n'emporte aucune idée de méfiance à leur égard;
elle ne tend pas non plus, ainsi que le faisait observer M. le Ministre de l'intérieur, dans sa circulaire du 6 août 1839, à leur enlever toute partici-
pation aux distributions quotidiennes. Dans les
petits établissements, où l'agent spécialement
chargé de tenir la comptabilité en matières, moyennant une modique indemnité, ne peut consacrer
autant de temps ni être assujéti à une responsabi-
lité aussi complète que les économes des hospices
plus importants, les Sœurs sont toujours appelées
à concourir, dans une mesure plus large, à tout ce
qui concerne les détails du service des consomma-
tions. Pour la manutention des denrées et autres

objets destinés au service journalier, pour les ap=
provisionnements de menus objets à acquérir sur
les marchés, les Sœurs sont les auxiliaires naturelles de ces agents ; elles peuvent même être
laissées, si la commission administrative le juge
convenable, en possession des magasins et demeu-
rer chargées de la conservation et de la distribution
des denrées, mais le comptable doit passer les écritures et constater le mouvement de consommation.
Il s'établit ainsi, pour ce service, un contrôle régulier et efficace, auquel concourent respectivement
les Sœurs et l'agent-comptable, et où l'administration trouve, en résultat, toutes les garanties qu'elle
a jugé utile d'obtenir.

2. — Les Sœurs hospitalières distribuent les médicaments aux malades lorsqu'il n'y a pas de pharmacien attaché aux établissements qu'elles desser-
vent ; mais, dans ce cas, les remèdes *officinaux*
doivent être fournis par un pharmacien du dehors,
car les Sœurs ne sont autorisées à préparer que les
médicaments dits *magistraux*, et dont la préparation est fort simple. La loi du 21 germinal an XI
est formelle à cet égard. Plusieurs instructions ont
eu pour but de régler ce service. Celle du 9 plu-
viôse an X (29 janvier 1802), notamment, rédigée
par l'école de médecine de Paris, sur l'invitation
du ministre de l'intérieur, renferme des prescrip-

tions qu'il nous paraît utile de rappeler, parce qu'elles n'ont pas cessé d'être applicables :

« Parmi les établissements utiles qui ont été supprimés à une certaine époque de la révolution, est-il dit dans cette remarquable instruction, on a toujours regretté ceux des Sœurs de la Charité : aussi le public a-t-il applaudi au parti que le ministre a pris de réintégrer ces Sœurs dans les différents hospices où autrefois elles prodiguaient, avec tant de zèle et de courage, leurs soins aux pauvres malades qui leur étaient confiés.

» Rappelées aujourd'hui à leurs anciennes fonctions, les Sœurs de la Charité voudraient s'arroger le droit de préparer les médicaments. Leurs prétentions, à cet égard, sont déjà même poussées si loin, que des officiers de santé, justement alarmés, ont cru devoir adresser des réclamations au ministre de l'intérieur, et lui représenter les inconvénients auxquels on donnerait lieu si l'on mettait au nombre des attributions du service que ces Sœurs ont à faire, l'exercice de la pharmacie, qui suppose toujours des études préliminaires. Avant de prononcer, le ministre s'est adressé à l'école, pour qu'elle lui donnât son avis, et, par une lettre en date du 9 prairial dernier, il l'invite à rédiger une instruction dans laquelle l'étendue des fonctions

des Sœurs hospitalières relativement à la préparation des médicaments, soit fixée de manière à concilier l'économie avec l'intérêt des pauvres.

» La commission nommée pour s'occuper de
cette affaire ne s'est pas dissimulé que les réclamations des officiers de santé étaient fondées ; mais
en même temps elle a pensé qu'on ne devait pas y
faire droit d'une manière trop générale, et qu'enfin
il était possible d'adopter une mesure qui, sans
nuire aux intérêts des pauvres, pût aussi, suivant
l'intention du ministre, se concilier avec l'économie.

» En effet, quoiqu'il soit bien certain que la
préparation de beaucoup de médicaments exige des
connaissances qui ne se rencontrent que dans ceux
qui ont appris la pharmacie, cependant il est reconnu aussi qu'il y en a quelques-uns dont la préparation est si simple et si facile, qu'elle peut être
confiée à des personnes qui n'auraient pas étudié
cette partie de l'art de guérir.

» Ainsi, par exemple, une médecine, une tisane,
une infusion, une injection, une fomentation, un
cataplasme, peuvent être aisément et convenablement préparés même par celui qui n'a pas les
premières notions de pharmacie, pourvu toutefois
que les formules qu'il doit suivre soient clairement
exprimées.

» Mais il n'en est pas de même des remèdes qui exigent des manipulations compliquées : tels sont, entre autres, les sirops composés, les électuaires, les extraits, les sels, les liqueurs distillées, et généralement toutes les préparations officinales.

» Ces médicaments ont paru à la commission ne pas devoir être abandonnés, quant à leur préparation, aux Sœurs de la Charité.

» Comment, en effet, pourraient-elles s'en charger, lorsqu'on peut raisonnablement supposer que non-seulement elles ne connaissent pas toujours la bonne ou la mauvaise qualité des substances qui entrent dans la composition de ces médicaments, mais que même elles ignorent encore les précautions qu'il faut prendre pour que telle combinaison qu'il s'agit d'effectuer donne le résultat qu'on désire obtenir ; et qu'enfin elles manquent de cet usage et de cette habitude qui appartiennent essentiellement au pharmacien exercé, et qui lui servent toujours à juger si son médicament réunit toute la perfection qu'il est rigoureusement obligé de lui donner.

» C'est d'après ces considérations que le règlement suivant a été adopté :

» 1º Dans les hospices particuliers dont la direction serait confiée aux Sœurs de la Charité, ces Sœurs seront chargées d'administrer les médicaments prescrits par les médecins, en se conformant exactement aux précautions qui leur seront indiquées par ces derniers.

» 2° Elles seront autorisées à préparer elles-mêmes les tisanes, les potions huileuses, les potions simples, les lochs simples, les cataplasmes, les fomentations, les médecines, et autres médicaments magistraux semblables dont la préparation est si simple qu'elle n'exige pas de connaissances pharmaceutiques bien étendues.

» 3° Il leur sera interdit de s'occuper des médicaments officinaux, tels que les sirops composés, les pilules, les électuaires, les sels, les emplâtres, les extraits, les liqueurs alcooliques, et généralement tous ceux dont la bonne préparation est subordonnée à l'emploi de manipulations compliquées.

» 4° Les médicaments officinaux dont le besoin aura été constaté par les médecins attachés aux hospices, seront procurés aux Sœurs de la Charité par l'administration, laquelle fera faire cette fourniture par un pharmacien légalement reçu.

» 5° Il en sera de même pour les drogues simples, que l'administration leur fera fournir par un droguiste connu, dont la capacité soit constatée.

» 6° Les médecins attachés aux hospices veilleront à ce que le local destiné à l'établissement de la

pharmacie confiée aux Sœurs soit situé de manière
que les médicaments qu'elles seront obligées de
garder ne soient pas altérés par l'humidité, la lu-
mière, la chaleur et le froid.

» 7º Indépendamment de la surveillance habituelle
des médecins des hospices, il sera fait, de temps à
autre, des visites dans les pharmacies des Sœurs de
Charité, pour s'assurer si les drogues, tant simples
que composées, qu'elles auront à leur disposition,
sont de bonne qualité.

» Ces visites seront confiées à des médecins désignés à cet effet, et le procès-verbal de chaque visite
sera envoyé à l'administration, qui en devra connaître.

» 8º Les médicaments que les Sœurs de Charité
conserveront dans leur pharmacie ne devant être
destinés que pour les malades des hospices, il leur
sera expressément défendu d'en vendre au public,
à moins d'une autorisation de l'administration.

» 9º Elles seront tenues d'inscrire sur un registre
les fournitures qui leur seront faites, tant des drogues simples que des drogues composées. Sur un
autre registre, elles feront mention de l'emploi de
ces mêmes drogues, emploi qui ne pourra être fait
que d'après les prescriptions des médecins attachés
aux hospices.

» 10º Toutes les dispositions comprises dans les

précédents articles ne pourront avoir lieu que dans les hospices où il n'y aurait point de pharmaciens salariés. Dans le cas contraire, les Sœurs de Charité ne pourront, en aucune manière, s'occuper de la préparation des médicaments : les pharmaciens seuls en seront chargés, sauf à eux à se conformer aux règlements particuliers qui seront jugés nécessaires pour assurer le service des hospices auxquels ces pharmaciens seront attachés.

»11° Enfin, ces mêmes dispositions seront appliquées aux établissements de secours à domicile. »

Les difficultés résolues par ce règlement se sont reproduites en 1828, et ont fait l'objet d'une instruction ministérielle du 16 avril de la même année, dont voici les principales dispositions :

« Beaucoup d'hospices et d'établissements de bienfaisance sont desservis par des Sœurs de Charité qui non-seulement préparent des médicaments pour les malades confiés à leurs soins, mais encore en distribuent et en vendent au dehors. Quelque louables que soient les intentions de ces pieuses Sœurs, une telle pratique entraîne des abus que l'administration ne doit pas tolérer. On ne peut certainement pas interdire aux Sœurs de Charité la faculté de préparer des médicaments pour l'usage des établissements auxquels elles sont attachées, si l'autorité dont elles dépendent le leur

permet ; mais elles ne pourraient distribuer et vendre des remèdes composés, de véritables préparations pharmaceutiques, sans contrevenir aux dispositions des lois concernant l'exercice de la pharmacie, sans s'exposer à commettre des erreurs dont
elles ne sauraient prévoir toutes les conséquences.
On a pensé, d'après l'avis de la Faculté de médecine, qu'on pouvait autoriser les Sœurs de Charité
à préparer elles-mêmes et à vendre à bas prix des
sirops, des tisanes, et quelques autres remèdes
qu'on désigne dans la pharmacie sous le nom de
magistraux; mais là doit se borner la tolérance
qu'elles sont en droit de réclamer dans l'intérêt des
pauvres. »

Enfin, dans sa circulaire du 31 janvier 1840, le
ministre de l'intérieur rappelle expressément que
les pharmacies établies dans les hospices et hôpitaux ne doivent pas vendre des médicaments au
dehors. Formées pour les besoins des indigents,
elles ne doivent pas devenir un sujet de spéculation
et créer une concurrence pour l'industrie particulière.

Malgré ces prescriptions, nous devons dire que
des autorisations spéciales ont été accordées, pour
la vente des médicaments au dehors, à certaines
pharmacies établies dans les hospices ou hôpitaux.

3. — Les infirmiers et servants attachés aux éta-

blissements hospitaliers sont naturellement placés sous la direction de la Sœur supérieure, puisqu'elle est chargée du service intérieur, et qu'elle ne pourrait pas s'acquitter de cette tâche d'une manière satisfaisante, si ces agents inférieurs ne se trouvaient pas sous sa dépendance ; toutefois, elle ne peut les prendre ou les renvoyer qu'avec l'approbation de la commission administrative.

4. — Les Sœurs donnent l'instruction primaire aux enfants recueillis dans les hospices et hôpitaux ; mais là doivent se borner leurs devoirs à cet égard, et l'administration ne saurait tolérer que des pensionnats non gratuits fussent créés dans ces établissements, au grand détriment des indigents qui y sont admis, et qui sont souvent refoulés dans des locaux étroits afin que les pensionnats soient commodément établis. L'instruction primaire rentre dans les attributions des communes, et les établissements de bienfaisance ne doivent s'en mêler que lorsque des fondations l'ont positivement prescrit ; et il est évident que, même dans ce cas, il s'agit toujours d'instruction gratuite, et non de faire aux instituteurs ou aux institutrices une concurrence qu'ils ne pourraient pas soutenir, puisque les chances leur seraient toutes défavorables.

CHAPITRE IV.

Des Associations religieuses de femmes enseignantes.

I.—GÉNÉRALITÉS. — DES LETTRES D'OBÉDIENCE ET
DES BREVETS DE CAPACITÉ.

Les associations enseignantes ne répandent pas
de bienfaits moins précieux que ceux rendus par les
Sœurs hospitalières. La mauvaise éducation des
femmes fait plus de mal que celle des hommes, a
dit avec raison l'éloquent et vertueux auteur du
Traité sur l'éducation des filles. Quelle reconnaissance, quels encouragements ne doit-on donc pas
à ces bonnes religieuses qui se dévouent à tous les
sacrifices pour répandre dans les familles la foi, la
piété, l'amour du bien, et qui, en assurant ainsi
le bonheur domestique, contribuent efficacement
aussi à maintenir le bon ordre et le repos de la
société !

« On n'insistera jamais assez, dit M. Eugène
Rendu, sur l'importance de l'éducation des femmes,
au double point de vue de la famille et de l'intérêt
social. Si l'instruction primaire peut se flatter
d'être un puissant instrument de bien, assurément

c'est lorsqu'elle s'applique à cette portion de la société qui ne fait pas les lois, mais, ce qui est plus, qui crée les mœurs.

» On la dit, et il faut le répéter, chaque jeune fille qu'on instruit devient, aussitôt qu'elle est mère, le *moniteur* de sa famille. L'instruction d'un père ne profite souvént qu'à lui seul ; celle d'une mère se retrouve toujours dans la personne de ses enfants. Instruire les filles, c'est donc ouvrir une école au sein de chaque famille. » Telle est la mission des congrégations et communautés de femmes enseignantes.

L'enseignement primaire, dans les écoles de filles, comprend, outre les matières énoncées dans l'article 23 de la loi du 15 mars 1850, les travaux à l'aiguille.

La multiplication des écoles de filles est un des intérêts les plus pressants de l'éducation populaire. Toute commune de 800 âmes et au-dessus est tenue, si ses *propres ressources* lui en fournissent les moyens, d'avoir une école de filles, à moins qu'en raison des circonstances et provisoirement, elle n'en soit dispensée par le conseil départemental de l'instruction publique.

Ce conseil peut, en outre, conformément à l'article 51 de la loi du 15 mars 1850, obliger les communes d'une population inférieure à entretenir,

si leurs ressources ordinaires le leur permettent,
une école de filles, et, en cas de réunion de plusieurs communes pour l'enseignement primaire, il
peut, selon les circonstances, décider que l'école de
garçons et l'école de filles seront établies dans deux
communes différentes. Il prend l'avis du conseil
municipal.

La pensée de cet article est celle-ci : les petites
communes, les communes au-dessous de 800 âmes
étant présumées pauvres, l'entretien d'une école de
filles ne pourra leur être imposé qu'au cas où les
recettes *ordinaires* feraient face, par elles seules,
à cette dépense; mais, en ce qui concerne les communes dont la population dépasse 800 âmes, il doit
être tenu compte, dans l'estimation de leurs *propres* ressources, au point de vue de l'établissement
d'une école de filles, non-seulement des recettes
ordinaires, mais aussi des recettes *extraordinaires*.

Ainsi, l'entretien d'une école de filles prend
place parmi les dépenses obligatoires, et dès-lors,
en cas de mauvais vouloir ou d'indifférence de la
part d'une de ces communes, l'allocation nécessaire pour la dépense en question est, au besoin,
inscrite d'office à son budget. (Circulaire du 31
octobre 1854.)

Aux termes de l'article 6 du décret du 31

décembre 1853, les écoles publiques ou libres de filles [1], avec ou sans pensionnat, sont divisées en deux ordres, savoir : *écoles de premier ordre et écoles de second ordre* [2].

Des lettres d'obédience [3].

L'article 49 de la loi du 15 mars 1850 a disposé que les *lettres d'obédience* tiendraient lieu de brevet de capacité aux institutrices appartenant à des associations religieuses vouées à l'enseignement et reconnues par l'Etat.

Les lettres d'obédience ne peuvent être délivrées

[1] La loi du 15 mars 1850 distingue deux espèces d'écoles primaires : celles qui sont fondées ou entretenues par les communes, les départements ou l'Etat, et qui prennent le nom d'*écoles publiques*, et celles qui sont fondées ou entretenues par des particuliers ou par des associations, et qu'on désigne sous le nom d'*écoles libres*.

[2] Les écoles de filles de premier ordre représentent les *institutions et pensions de demoiselles* qui, avant 1850, constituaient ce qu'on appelait alors l'enseignement secondaire des filles. Les écoles de deuxième ordre correspondent, au contraire, aux écoles primaires de garçons.

[3] On appelle *lettre d'obédience* l'autorisation ou l'ordre donné par écrit à une religieuse, par sa supérieure, pour enseigner dans un lieu déterminé ou pour exercer un emploi quelconque dépendant de la communauté ou congrégation.

que par la supérieure d'une communauté indépendante ou d'une congrégation légalement reconnue.

Toute lettre d'obédience délivrée à une religieuse par la supérieure d'une communauté indépendante n'a de valeur que pour tenir école au sein même de cette communauté. Si la religieuse pourvue d'une lettre d'obédience était envoyée au dehors, elle devrait absolument se munir du brevet de capacité de premier ou de second ordre, suivant le cas.

En ce qui concerne les congrégations, les religieuses qui en dépendent peuvent ouvrir des écoles partout où elles sont autorisées à s'établir, à la condition qu'elles soient pourvues de lettres d'obédience délivrées par la supérieure générale et qu'elles se soumettent, d'ailleurs, comme les religieuses des communautés indépendantes, aux prescriptions des articles 25, 26 et 27 de la loi du 15 mars 1850, et à celles du décret du 30 décembre suivant, relatives à l'ouverture des écoles et des internats.

Toute lettre d'obédience, présentée au lieu et place du brevet de capacité, doit contenir, outre les mentions ordinaires, les indications suivantes :

1° Le nom de la communauté ou congrégation;

2° La date de l'ordonnance ou du décret qui 'autorise à se vouer à l'enseignement ;

3° La circonscription territoriale dans laquelle elle est autorisée à exercer [1].

Du brevet de capacité.

A défaut de lettres d'obédience, les membres des associations religieuses qui veulent diriger une école publique ou libre doivent se pourvoir du brevet de capacité exigé des institutrices laïques par l'art. 8 du décret du 31 décembre 1853. Aux deux ordres d'écoles de filles correspond un brevet de capacité qui, tout en conférant des droits différents, selon l'ordre d'enseignement pour lequel il est délivré, n'en garde pas moins, sous la double forme qu'il revêt, l'unité de son caractère. Ce brevet est délivré dans les conditions prescrites par le règlement du 15 février 1853.

Chaque année, le conseil départemental de l'instruction publique nomme une commission d'examen chargée de juger l'aptitude des aspirants

---

[1] Il va sans dire que la supérieure d'une congrégation ne pourrait, en dehors du personnel de l'association, délivrer des lettres d'obédience à qui bon lui semblerait, comme par exemple, à des Sœurs qui auraient été affiliées, sans autorisation du Gouvernement, à la congrégation, et qui ne feraient pas les mêmes vœux, ne se prépareraient pas par le même noviciat et ne porteraient pas le même habit.

et des aspirantes au brevet de capacité, quel que soit le lieu de leur domicile. Cette commission se compose de sept membres au moins, et choisit son président. Un inspecteur de l'instruction primaire, un ministre du culte professé par le candidat et deux membres de l'enseignement public ou libre en font nécessairement partie.

Cette commission tient au moins deux sessions par an. Elle ne peut délibérer régulièrement qu'autant que cinq au moins de ses membres sont présents. Les délibérations sont prises à la majorité des suffrages. En cas de partage, la voix du président est prépondérante.

Aucune aspirante au brevet de capacité ne peut être admise à se présenter devant une commission d'examen si elle n'est âgée de 18 ans au moins, au jour de l'ouverture de la session. Elle est tenue de se faire inscrire au bureau de l'inspection d'académie, un mois avant l'ouverture de la session, et de déposer à l'époque de son inscription :

1º Un extrait de son acte de naissance, dûment légalisé;

2º La déclaration que l'aspirante ne s'est présentée devant aucune commission d'examen dans l'intervalle des quatre mois qui précèdent la session;

3º L'indication si elle veut obtenir un brevet de

premier ordre, ou seulement de second ordre, en y joignant quelques-unes des matières comprises dans la deuxième partie de l'article 23 de la loi du 15 mars 1850.

La signature de l'aspirante doit être légalisée par le maire de la commune où elle réside.

L'examen des aspirantes ne peut avoir lieu publiquement. Cependant la mère, les parentes, la tutrice et l'institutrice sont autorisées à y assister.

Pour les épreuves écrites, les aspirantes sont réunies toutes ensemble ou, au besoin, par séries, sous la surveillance d'un ou plusieurs membres désignés par le président.

Les épreuves écrites sont au nombre de quatre, savoir :

1° Une page d'écriture à main posée, en gros, en moyen et en fin, dans les trois principaux genres, savoir : l'écriture bâtarde, la ronde et la cursive. Les aspirantes doivent faire une ligne au moins de chaque espèce d'écriture ;

2° Une dictée d'orthographe d'une page environ dont le texte est choisi par le président dans un livre classique. Ce texte est lu préalablement à haute voix, puis dicté et relu. La ponctuation n'est l'objet d'aucune indication spéciale. Cinq minutes sont accordées aux aspirantes pour relire et corriger leur copie ;

3° Un récit emprunté à l'histoire sainte ou une lettre relative à la tenue de l'école;

4° Une question d'arithmétique portant sur l'application des quatre règles.

Il est accordé trois quarts d'heure au plus pour chacune de ces épreuves.

Les épreuves écrites sont examinées et jugées par la commission réunie, qui prononce l'admission aux épreuves orales, dans l'ordre de mérite résultant de cette première partie de l'examen.

Les aspirantes font, entre l'épreuve écrite et l'épreuve orale, sous l'inspection d'une ou de plusieurs dames spécialement désignées à cet effet par le conseil départemental, les travaux à l'aiguille prescrits par l'article 48 de la loi du 15 mars 1850. Cette partie de l'examen a pour objet de montrer, non pas seulement que l'aspirante sait coudre et raccommoder, mais qu'elle est en état d'enseigner tous les genres de travaux familiers aux femmes.

Les aspirantes admises aux épreuves orales sont appelées, selon l'ordre de la liste de mérite, séparément ou par séries, devant le bureau, pour être interrogées par un membre de la commission désigné par le président.

Les épreuves orales ont lieu dans l'ordre suivant:

1° Lecture du français dans un livre imprimé et

dans un manuscrit, et lecture du latin dans le psautier ou dans un livre d'offices ;

2° Questions sur le catéchisme et sur l'histoire sainte ;

3° Analyse grammaticale d'une phrase au tableau ;

4° Questions sur le calcul et sur l'application usuelle du système légal des poids et mesures. On comprend dans cette partie de l'examen l'application des quatre règles aux nombres entiers et aux fractions décimales ainsi qu'aux fractions ordinaires.

Un quart d'heure au plus est consacré à chacune de ces épreuves.

Lorsque des aspirantes se présentent à l'effet d'obtenir le brevet de capacité nécessaire pour diriger une maison de premier ordre, elles doivent être examinées sur toutes les matières d'enseignement énumérées aux articles 23 et 48 de la loi du 15 mars 1850, qui sont exigées pour l'éducation des femmes.

L'examen pour l'obtention du brevet de capacité de second ordre ne porte que sur les matières spécifiées dans la première partie de l'article 23 précité de la loi de 1850.

A la fin de la session, il est dressé un procès-verbal des opérations de la commission, renfermant la liste, par ordre de mérite, de toutes les aspi-

rantes qui ont été jugées dignes d'obtenir soit le
brevet de capacité de premier ordre, soit celui de
second ordre.

II. — DE LA DIRECTION DES ÉCOLES PUBLIQUES ET LIBRES DE FILLES.

1. — *Écoles communales mixtes*.

Toutes les écoles publiques mixtes ne sont pas
nécessairement dirigées par des instituteurs. Aux
termes de l'article 9 du décret du 31 décembre 1853,
des institutrices peuvent être chargées de la direction des écoles publiques communes aux enfants
des deux sexes, qui, d'après la moyenne des trois
dernières années, ne reçoivent pas annuellement
plus de quarante élèves.

La circulaire ministérielle du 3 février 1854, aux
recteurs, a fixé le sens de cet article : « Une institutrice ne devra être substituée à un instituteur
que là où il sera reconnu que l'établissement d'une
école spéciale de filles est impossible. Ce n'est pas
pour prolonger une situation à laquelle il est, au
contraire, très-désirable de mettre un terme, que
ces écoles mixtes devront être confiées à des institutrices ; c'est pour obvier aux inconvénients qu'elles présentent lorsqu'il est indispensable de les
conserver. Les institutrices que vous placerez à la

tête des écoles mixtes devront être choisies par vous, conformément au vœu des administrations municipales, soit parmi les laïques, soit parmi les membres des associations religieuses régulièrement autorisées. Il va sans dire que ces dernières pourront exercer en vertu de la lettre d'obédience qui, aux termes de la loi, leur tient lieu de brevet de capacité.

« Vous aurez soin, néanmoins, de recommander expressément aux supérieures des communautés religieuses, de ne vous désigner que des Sœurs ayant l'aptitude nécessaire pour donner aux garçons et aux filles l'instruction prescrite par la loi. Je n'entends pas, en vous adressant cette invitation, affaiblir la confiance que doivent vous inspirer les lettres d'obédience délivrées après des épreuves sérieuses dans le sein des communautés, mais seulement appeler votre attention sur l'aptitude spéciale qui doit distinguer ces religieuses. Telle institutrice peut être chargée avec succès de l'éducation des filles, qui serait, au point de vue de l'instruction scolaire, inhabile à bien diriger celle des garçons; or, il importe que cette mesure ne soit pas une cause d'affaiblissement pour l'instruction primaire. Les mêmes difficultés peuvent se présenter à l'égard des institutrices laïques; mais comme ces institutrices sont pourvues d'un brevet de capacité indiquant les matières de l'examen qu'elles ont subi, vous avez, en vous faisant présenter cette pièce, un moyen de vous éclairer à cet égard d'une manière plus complète.

» Il importe, enfin, que de semblables écoles ne soient confiées qu'à des institutrices qui, par leur âge et leurs antécédents, puissent inspirer toute confiance aux familles, et qui sachent, par la fermeté de leur caractère comme par la dignité de leur tenue, se faire respecter des enfants. Placer seules, isolées dans des communes, à la tête de semblables écoles, des institutrices jeunes et sans expérience, ce serait s'exposer à ramener des inconvénients semblables à ceux que le décret a pour but de prévenir. »

Nomination. — Ces institutrices sont nommées, conformément aux dispositions de l'article 4 du décret du 9 mars 1852, modifié par l'article 8 de la loi du 14 juin 1854, par le préfet, sur la proposition de l'inspecteur d'académie. Si elles ne sont pas pourvues d'une lettre d'obédience, elles doivent avoir été préalablement portées sur la liste d'admissibilité dressée par le conseil départemental de l'instruction publique. Les conseils municipaux n'interviennent que dans la question de savoir, au moment où une vacance se produit, s'il convient de faire choix d'une institutrice laïque, ou s'il est opportun de nommer un membre d'une association religieuse.

Il est dans l'esprit de la loi, comme dans la pensée de l'administration supérieure, qu'à cet égard le vœu de la commune soit toujours accueilli.

Traitement. — Les institutrices chargées de la direction des écoles communales mixtes étant complètement assimilées, par l'art. 9 du décret précité du 31 décembre 1853, aux instituteurs suppléants, reçoivent, comme eux, un traitement annuel de 400 fr. ou de 500 fr., suivant qu'elles appartiennent à la deuxième ou à la première classe, et sont, en outre, logées aux frais de la commune.

Ce traitement est formé, comme pour les instituteurs communaux, des éléments ci-après :

1º Traitement fixe, qui ne peut être inférieur à 200 fr. ;

2º Produit de la rétribution scolaire ;

3º Supplément accordé à toutes les institutrices dont le traitement fixe, joint au produit de la rétribution scolaire, n'atteint pas soit 400 fr., soit 500 fr., suivant les cas.

Le traitement fixe est fait jusqu'à concurrence de 200 fr. avec les ressources communales (*fondations, revenus ordinaires applicables à l'instruc-*

6*

tion primaire, et *produit des trois centimes additionnels*). Si ces ressources réunies donnent plus de 200 fr., le surplus est réservé pour le supplément; si elles produisent moins, la différence est fournie par les fonds de subvention auxquels il y a lieu de faire alors un premier appel [1].

Aux 200 fr. ainsi formés, il convient de joindre le produit de la rétribution scolaire.

Si cette rétribution ne complète pas le minimum légal (500 fr. pour les institutrices de première classe, et 400 fr. pour celles de deuxième classe), on y ajoute le reste des ressources communales, et, en cas d'épuisement de ces ressources, il est alloué la somme nécessaire sur les fonds du département ou de l'Etat.

Il y a donc des communes qui reçoivent deux subventions, l'une pour compléter d'abord le traitement fixe de 200 fr., et l'autre pour compléter ensuite le minimum légal. On voit, par ce qui pré-

[1] Dans aucun cas, le produit de la rétribution scolaire n'entre dans la composition du traitement fixe que l'institutrice doit recevoir en entier, lors même que la rétribution scolaire rapporterait à elle seule au-delà de 400 ou 500 fr. Dans ce cas même, si les trois sources de revenus communaux ne pouvaient toutes ensemble former le minimum de 200 fr., le département ou l'Etat seraient tenus de le compléter.

cède, que ces deux subventions sont tout-à-fait indépendantes l'une de l'autre, et que le traitement fixe n'est, dans aucun cas, subordonné au produit de la rétribution scolaire.

Il est inutile d'ajouter que la somme de 200 fr. est seulement un minimum au-dessous duquel le traitement fixe ne peut jamais descendre, et que les communes ou le département doivent fournir, sans exception, à chaque institutrice, mais que les communes ne sont nullement obligées de s'y renfermer lorsque leurs ressources le leur permettent. Nous devons seulement faire remarquer que lorsque les communes veulent élever le traitement fixe au-dessus du minimum, il faut absolument qu'elles puissent y pourvoir avec leurs propres ressources ; elles n'ont, en effet, rien à attendre du département au-delà du minimum obligatoire.

Lorsque le traitement est fait intégralement avec les ressources communales, il doit être payé par portions égales, par mois ou par trimestre. Mais si la rétribution scolaire entre dans ce traitement comme élément intermédiaire, et si elle est supposée devoir dépasser le minimum légal, il importe de ne la verser entre les mains des institutrices que jusqu'à concurrence du produit qu'elle a présenté pendant l'année précédente. Il pourrait arriver, en effet, que dans les premiers mois de l'année, elle fournît une somme beaucoup plus considérable que dans les derniers. Or, si elle était intégralement payée dans le premier semestre au fur et à mesure qu'elle est recouvrée, et qu'une mutation survînt au 1er juillet, la nouvelle institutrice pourrait se trouver réduite à un traitement insuffisant, sans que le département ou l'Etat dussent combler le déficit du dernier semestre. Il y a donc lieu de se régler provisoirement sur le produit de la rétribution pendant l'année précédente et d'établir, en fin d'exercice, ce qui revient à chacune.

En observant cette règle avec soin, l'administration ne se trouve jamais dans la nécessité de prescrire à des institutrices le reversement des sommes à elles payées au-delà du minimum sur les fonds de subvention.

Aux termes d'une décision ministérielle, en date du 13 avril 1854, les traitements des institutrices appartenant à des associations religieuses demeurent affranchis de toutes les retenues prescrites par la loi du 9 juin 1853, sur les pensions civiles.

Admission gratuite des enfants dans les écoles. — A la fin de chaque année scolaire, le préfet, ou, par délégation, le sous-préfet, fixe, sur la proposition des délégués cantonnaux et l'avis de l'inspecteur de l'instruction primaire, le nombre maximum des enfants qui, en vertu des prescriptions de l'article 24 de la loi du 15 mars 1850, pourront être admis gratuitement, dans chaque école publique, pendant le cours de l'année suivante. (Art. 13 du décret du 31 décembre 1853.)

A l'époque fixée par le préfet, le maire et le curé désignent, de concert, les enfants qui doivent être admis gratuitement dans les écoles publiques, sans que le nombre de ces enfants puisse jamais dépasser les fixations du préfet. Cette liste est approuvée par le conseil municipal et définitivement arrêtée par le préfet. (Art. 24 et 45 de la loi du 15 mars 1850; art. 10 du décret du 7 octobre 1850; art. 13 du décret du 31 décembre 1853.)

Il en est fait trois expéditions : une pour la mairie, une pour l'instituteur ou pour l'institutrice, une pour le préfet.

Les modifications qui y sont apportées dans le cours de l'année sont soumises aux mêmes formalités.

Il est délivré par le maire un extrait de la liste arrêtée par le préfet, sous forme de billet d'admission, à chaque enfant qui y est porté. Ce billet reproduit le numéro d'ordre de la liste.

Aucun élève ne peut être reçu gratuitement dans une école communale s'il ne justifie d'un billet d'admission délivré par le maire. (Art. 13 du décret du 31 décembre 1853.)

Les enfants non compris sur la liste des indigents ne peuvent être reçus qu'à titre d'élèves payants.

Tenue du registre matricule. — L'institutrice tient un registre matricule, commençant au 1er janvier de chaque année, de tous les enfants admis à son école. Ce registre, coté et paraphé par le maire, donne la date de l'entrée et de la sortie de chaque enfant, le chiffre de la rétribution qu'il doit payer, et les non-valeurs, dégrèvements, remises ou modérations prononcés ultérieurement. Il indique, en outre, pour les élèves gratuits, la date de leur billet d'admission ; il est représenté au maire, au délégué cantonnal et à l'inspecteur de l'instruction primaire, à toute réquisition.

C'est ce registre d'entrée et de sortie des élèves qui sert à établir le rôle de la rétribution scolaire. Du moment qu'il est tenu régulièrement, l'institutrice nouvellement nommée, quelle que soit l'époque de son entrée en fonctions, n'a plus aucune peine pour dresser le rôle trimestriel. Le registre matricule sert, d'ailleurs, à prévenir toutes les réclamations mal fondées qui pourraient s'élever au sujet du paiement de la rétribution. On comprend, dès-lors, combien il importe de le tenir avec soin.

Le préfet soumet au conseil départemental de l'instruction publique les délibérations des conseils municipaux relatives au taux de la rétribution scolaire. Au vu de ces délibérations et des listes des enfants qui doivent être admis gratuitement dans les écoles communales, le conseil départemental fixe le taux de la rétribution scolaire.

La rétribution scolaire est payée par tous les élèves externes et pensionnaires qui suivent les classes de l'école, et qui ne sont pas portés sur la liste des élèves gratuits. (Art. 21 du décret du 7 octobre 1850.)

Elle est perçue dans les mêmes formes que les contributions publiques directes. Elle est exempte des droits de timbre. (Loi du 15 mars 1850, art. 41.)

Rédaction des rôles trimestriels. — Le rôle de la rétribution scolaire est dressé par trimestre. Il comprend tous les élèves payants et présents à l'école pendant le trimestre écoulé, avec l'indication du nombre de douzièmes dus pour chacun d'eux. Il n'est tenu compte dans ce rôle d'aucune fraction de douzième, tout mois commencé étant dû en entier. (Art. 14 du décret du 31 décembre 1853.)

Dans les cinq premiers jours du troisième mois de chaque trimestre, l'institutrice établit, au moyen des inscriptions portées sur son registre matricule, et remet au maire : 1° le rôle des enfants soumis à la rétribution, avec l'indication des noms des redevables et du montant des sommes dues par chacun d'eux ; 2° les extraits individuels dudit rôle, pour être ultérieurement et à la diligence du receveur municipal, remis aux redevables à titre d'avertissement [1].

Il n'est ouvert dans le rôle qu'un article au père, à la mère ou au tuteur des enfants présents à l'école.

Le maire vise le rôle, après s'être assuré qu'il ne comprend pas d'enfants dispensés de la rétribution, qu'il comprend tous ceux qui y sont soumis, et que la cotisation est établie d'après le taux fixé par le conseil départemental. Il l'adresse ensuite au sous-préfet, qui le communique à l'inspecteur pour qu'il fournisse ses observations. Le préfet, ou le sous-préfet par délégation, rend le rôle exécutoire et le transmet, le 15 du mois, au receveur municipal, par l'entremise du receveur des finances de l'arrondissement. (Décrets du 7 octobre 1850 et du 31 décembre 1853, articles 14 et 22 combinés.)

[1] S'il arrive que des enfants entrent à l'école pendant le troisième mois, après la rédaction et la remise du rôle, ils sont portés en tête du rôle du trimestre suivant, avec l'indication que les sommes à recouvrer sont dues pour une partie du trimestre précédent.

De la rétribution scolaire par voie d'abonnement. — Dans plusieurs départements, on a adopté depuis quelque temps une mesure qui a pour objet d'augmenter la fréquentation des écoles en été. Elle consiste à remplacer le mode ordinaire de rétribution scolaire par un abonnement à l'année. Cette mesure a amené, partout où elle a été adoptée, les résultats les plus satisfaisants, et elle tend à se généraliser.

On a remarqué que la facilité de ne payer la rétribution que pour le temps où les enfants fréquentent l'école est une des causes qui portent le plus les parents à les en tenir éloignés, à l'époque où les travaux de la culture permettent d'utiliser leurs bras, et on a pensé que si les parents dont les enfants sont admis à l'école devaient payer pour l'année entière, la nécessité d'acquitter la rétribution pour le temps où leurs enfants ne fréquentent pas la classe les déterminerait à les y envoyer régulièrement.

L'abonnement est toujours facultatif. Ainsi, dans les communes qui l'adoptent, chaque père de famille qui envoie son enfant à l'école peut opter librement entre les deux partis suivants : 1° prendre un abonnement pour l'année entière, c'est-à-dire s'engager à payer intégralement la rétribution fixée spécialement pour ce cas, quand même l'enfant ne fréquenterait pas l'école régulièrement toute l'année ; 2° payer, selon le mode prescrit par la loi, pour chaque mois péndant lequel l'enfant est présent à l'école, un douzième de la rétribution annuelle, telle qu'elle est fixée pour les élèves non abonnés.

Les parents qui acceptent l'abonnement doivent s'y engager en signant un registre préparé à cet effet par l'institutrice.

On comprend que, dans ce système, le prix de l'abonnement doive être notablement inférieur au montant de la rétribution mensuelle pendant les douze mois de l'année, afin d'offrir aux familles des avantages suffisants pour le leur faire préférer.

Le prix de l'abonnement est généralement perçu par trimestre, c'est-à-dire par quart. L'institutrice dresse, conformément aux instructions ministé-rielles, des états trimestriels sur lesquels elle porte les élèves abonnés, lors même qu'ils n'auraient pas été présents à l'école. Il y aurait cependant à faire, à cet égard, quelques exceptions qu'on peut aisément prévoir. C'est ainsi qu'un enfant qui viendrait à quitter l'école par des motifs indépendants de la volonté de ses parents, tels qu'un décès, un départ de la commune, pourrait ne pas être porté sur les rôles des derniers trimestres, quoiqu'il eût été abonné ; mais, sauf des cas tels que ceux-là et qui seraient nettement déterminés, l'abonnement ne pourrait pas être fractionné et contracté pour un ou deux trimestres seulement.

Ce système a, entre autres avantages, celui de faire cesser en grande partie l'une des habitudes dont on se plaint le plus et celle qui apporte le plus d'obstacle au succès de l'enseignement, la désertion des écoles pendant l'été.

Du recouvrement de la rétribution scolaire. — Quand un traitement fixe est alloué à la directrice d'une école communale mixte au moyen des ressources communales, et que la perception de la rétribution scolaire est faite pour le compte de la commune, les rôles trimestriels et les extraits individuels des rôles sont dressés par les soins du maire. A cet effet, l'institutrice remet à ce magistrat copie certifiée de son registre matricule pour chaque trimestre écoulé. Dans ce cas, les rôles et les extraits individuels ou avertissements sont signés par le maire.

Lorsque plusieurs communes sont réunies pour l'entretien d'une même école mixte, l'institutrice dresse un rôle trimestriel spécial pour chaque commune. (Décret du 7 octobre 1850, art. 25.)

Elle dresse également un rôle trimestriel spécial unique pour les enfants des communes voisines non réunies qui sont admis dans son école.

Dans ce dernier cas, l'institutrice procède direcement au recouvrement de la rétribution scolaire. Le rôle est visé par le maire de la commune où est située l'école, et le produit en est porté au compte de cette commune; mais il ne donne droit à aucune répétition contre la commune pour les cotes irrecouvrables, ni à aucune remise au profit du receveur municipal, qui n'en fait recette et dépense que pour ordre dans ses écritures, d'après un certificat du maire constatant le montant de la rétribution recouvrée par l'institutrice.

La rétribution peut être payée par douzièmes. A cet effet, l'institutrice remet chaque mois au maire un extrait du registre matricule indiquant les enfants présents à l'école pendant le mois écoulé et qui doivent être compris au rôle trimestriel. (Décret du 7 octobre 1850, art. 23.)

Cet extrait sert au receveur municipal pour la perception des sommes qui lui sont offertes par les parents avant l'émission du rôle.

Lorsqu'il a reçu le rôle trimestriel, le receveur municipal émarge immédiatement les paiements qui lui ont été déjà faits.

Si les communes réunies qui fournissent des enfants à l'école font partie de divers arrondissements de perception, le receveur municipal de la commune où l'école est établie reçoit de ses collègues, au commencement de chaque mois ou de chaque trimestre, en un mandat du maire, soit le douzième, soit le quart du contingent des autres communes.

Des réclamations et des cotes irrecouvrables. — Les réclamations auxquelles la confection des rôles donne lieu sont rédigées sur papier libre et déposées au secrétariat de la préfecture, pour l'arrondissement chef-lieu, et des sous-préfectures, pour les autres arrondissements. (Décret du 7 octobre 1850, art. 30.) Ces réclamations, ainsi que les états des cotes indûment imposées, dressés par les receveurs municipaux, sont présentés dans les trois mois qui suivent la publication des rôles. (Loi du 21 avril 1832, art. 28; arrêt du conseil d'Etat du 19 mars 1845.)

Les états des cotes irrecouvrables sont présentés à la même époque que ceux qui concernent les contributions directes. Lorsqu'il s'agit de décharge ou de réduction, il est statué par le conseil de préfecture, sur l'avis du maire, du délégué cantonnal et du sous-préfet.

Il est prononcé sur les demandes en remise ou modération par le préfet, après avis du conseil municipal et du sous-préfet. (Décret du 7 octobre 1850, art. 30.)

7

Il y a lieu à décharge ou réduction quand les cotes ont été indûment ou mal établies, et à remise ou modération quand les redevables se trouvent dans l'impossibilité d'acquitter la totalité ou une partie de leur cotisation.

Les rôles de la rétribution scolaire devant figurer pour leur produit net dans le compte de la commune, il est fait, sur leur montant, déduction des non-valeurs résultant des dégrèvements de toute nature. Il n'est pas fait recette de ces non-valeurs.

Le receveur municipal se borne, quand les ordonnances de dégrèvement lui parviennent, à les émarger aux cotes des redevables et à en constater la réduction au compte des rôles de la rétribution, qui doit être ouvert, comme celui des rôles des contributions directes, sur la première feuille du livre récapitulatif. Les ordonnances de dégrèvement sont produites à l'appui du compte de gestion comme justification des réductions opérées sur le montant des rôles.

Les sommes qui sont devenues irrecouvrables et celles dont il est fait remise, sont, ainsi que les allocations du receveur municipal, déclarées charges communales, et, comme telles, placées au nombre des dépenses *obligatoires* des communes lorsque l'institutrice n'a pas été autorisée à percevoir elle-même la rétribution scolaire. (Décret du 7 octobre 1850, art. 29.) [1]

Paiement du traitement. — Lorsque le traitement fixe et la rétribution scolaire ne doivent pas dépasser le minimum fixé pour les institutrices chargées de la direction des écoles communales mixtes, il est payé à chacune d'elles, selon sa position, par mois ou par trimestre, un douzième ou un quart du minimum auquel elle a droit.

Lorsque ce minimum est dépassé et qu'il n'y a pas lieu par conséquent d'allouer un supplément de traitement à l'institutrice, il lui est payé par mois ou par trimestre une somme égale : 1º au douzième ou au quart de son traitement fixe ; 2º au douzième ou au quart du montant de la rétribution scolaire perçue pour son compte dans l'année précédente [2].

---

[1] C'est donc à tort que quelques communes croient n'être tenues à prendre les cotes irrecouvrables à leur charge que lorsque le traitement de l'institutrice ne dépasse pas 400 ou 500 fr., selon le cas. L'article du décret est absolu et ne fait aucune exception : toutes ces cotes sont à la charge de la commune, et même elles ne sont point imputables sur le produit des trois centimes affectés à l'instruction primaire ; elles sont placées au nombre des dépenses obligatoires, c'est-à-dire parmi celles auxquelles il doit être pourvu sur les revenus ordinaires des communes.

[2] Il résulte d'une décision du ministre des finances, en

Logement de l'institutrice et maison d'école. —
Toute commune, en vertu de l'article 37 de la loi
du 15 mars 1850, doit fournir à l'institutrice un
local convenable, tant pour son habitation que pour
la tenue de l'école.

Lorsqu'il est reconnu que le local fourni par une
commune ne convient pas pour l'usage auquel il est
destiné, le préfet, sur la proposition de l'inspecteur
d'académie, et après avoir pris l'avis du conseil municipal, décide s'il y a lieu, en raison des circonstances, de faire exécuter des travaux pour approprier le local à sa destination, ou bien d'en prononcer l'interdiction. Si l'interdiction du local a
été prononcée, le préfet pourvoit à la tenue de
l'école, soit par la location d'un autre local, soit
par les autres moyens prévus par l'article 36 de la
loi organique.

Les dépenses occasionnées par ces mesures sont

date du 23 juin 1854, que les mandats quittancés délivrés
pour le paiement du traitement des instituteurs publics ne
sont soumis au timbre que lorsque le montant de la partie
de ce traitement directement prélevée sur les *fonds spéciaux*
de la commune dépasse 300 fr.

La subvention fournie par l'Etat et par le département
pour complément de traitement est affranchie du timbre, et
il en est de même du produit de la rétribution scolaire.

à la charge de la commune, dans les limites déterminées par la loi. (Décret du 7 octobre 1850, article 9.)

Mobilier de classe. — Inventaires, récolements.
— L'article 37 précité de la loi du 15 mars 1850
portant simplement que toute commune doit fournir
à l'instituteur le *mobilier de classe,* on s'est souvent demandé, dans le silence de la loi, quelle était
l'étendue des obligations des communes à l'égard
de ce mobilier. Nous croyons qu'on ne peut leur
imposer d'autres dépenses que celles qui sont rigoureusement indispensables à la bonne tenue de
la classe. Dans ce nombre sont nécessairement
compris les tables et bancs des élèves, le bureau du
maître ou de la maîtresse, un tableau noir au moins,
un poêle, une armoire pour serrer les livres et autres objets appartenant à l'école et à l'usage des
enfants admis gratuitement ; il convient d'y ajouter
une pendule, surtout quand la commune ne possède
point d'horloge ; un Christ et le buste du souverain.

Il arrive fréquemment que les registres, instructions, cartes, tableaux, etc., qui font partie du mobilier des écoles primaires publiques, et qui sont,
dès-lors, une propriété communale, sont détruits
ou égarés lorsque l'institutrice quitte la commune
pour passer dans une autre résidence.

Pour obvier à cet inconvénient, à tous égards si préjudiciable au bien du service, le ministre de l'instruction publique a recommandé, par une circulaire du 7 mars 1854, de faire dresser par les maires, contradictoirement avec les instituteurs ou institutrices, un inventaire exact et descriptif de tous les objets mobiliers qui garnissent les écoles. Cet inventaire doit être établi en double, et chaque original revêtu des signatures du maire et de l'institutrice. Un de ces doubles est déposé à la mairie et l'autre remis à l'institutrice, qui devient responsable des objets y mentionnés.

Lorsque l'institutrice est appelée dans une autre commune, il doit être procédé à la reconnaissance de ces objets par simple récolement, sur la présentation que l'institutrice est tenue d'en faire à toute réquisition des autorités préposées par la loi à la surveillance des écoles.

Elle est tenue de les conserver en bon état et de faire constater sur l'inventaire ceux qui, par vétusté ou toute autre cause, disparaîtraient successivement. Elle est responsable de tous ces objets, mais elle n'est obligée de les remettre, à sa sortie, que dans l'état où ils se trouvent.

Le dernier mandat de traitement n'est délivré à l'institutrice qu'après la remise régulièrement faite par elle du mobilier de l'école décrit dans l'inventaire.

2. — *Des écoles spéciales de filles.*

En permettant que des institutrices soient chargées de la direction des écoles mixtes qui, d'après la moyenne des trois dernières années, ne reçoivent pas annuellement plus de 40 élèves des deux sexes, le décret du 31 décembre 1853 n'a point eu pour but d'entraver la salutaire propagation des écoles spéciales de filles. Comme la loi du 15 mars 1850, il reconnaît, au contraire, en principe, la nécessité d'une école particulière pour chaque sexe.

Les écoles spéciales de filles sont *communales* ou *libres*.

1° *Des écoles communales de filles.* — Les institutrices chargées de la direction des écoles communales de filles sont nommées par le préfet, sur la proposition de l'inspecteur d'académie; elles doivent être pourvues d'une lettre d'obédience ou d'un brevet de capacité. La nomination et la révocation des Sœurs employées comme institutrices adjointes appartiennent exclusivement à la supérieure de la communauté ou congrégation dont elles sont membres. Elles n'ont pas besoin d'être pourvues de lettre d'obédience ni du brevet de capacité. La loi ne décide rien quant à leur traitement; mais l'Etat assure annuellement des secours à toutes celles dont le traitement ne s'élève pas à 400 fr.

La commune est tenue de leur fournir un local convenable, tant pour leur habitation que pour la tenue de l'école, le mobilier de classe, et un traitement dont la quotité n'est pas déterminée.

Rien ne s'oppose à ce que les directrices des écoles communales de filles ouvrent le soir une école d'adultes de leur sexe ; mais elles doivent y avoir été préalablement autorisées par le préfet, sur l'avis favorable du maire. Elles peuvent aussi établir des pensionnats avec l'autorisation du conseil départemental de l'instruction publique, sur l'avis du conseil municipal, et en se conformant d'ailleurs aux prescriptions de l'article 53 de la loi du 15 mars 1850, qui leur est applicable.

L'autorisation donnée par le conseil départemental mentionne le nombre des élèves pensionnaires que l'institutrice peut recevoir ; elle fixe également le nombre des maîtresses qui devront partager avec l'institutrice la surveillance du pensionnat.

Partout où une école communale de filles exis e, les instituteurs tant libres que communaux ne peuvent recevoir aucune fille dans leur classe.

2º *Des écoles libres de filles.* — Toute personne âgée de 21 ans, pourvue d'un brevet de capacité ou munie d'une lettre d'obédience, qui désire ouvrir une école libre, doit déclarer préalablement son intention au maire de la commune où elle veut s'établir, lui donner l'indication des lieux où elle a résidé depuis dix ans et des professions qu'elle a exercées, et lui désigner le local qu'elle a choisi.

Cette déclaration doit être accompagnée :

1º De l'acte de naissance de l'institutrice ;

2º De son brevet de capacité ou du titre reconnu équivalent.

Elle est signée sur le registre, ouvert à la mairie, par l'institutrice et par le maire, et une copie en est immédiatement affichée à la porte de la mairie et y demeure pendant un mois.

Dans les trois jours qui suivent la déclaration, le maire adresse au préfet les pièces y annexées et le certificat d'affiches. Dans le même délai, le maire, après avoir visité ou fait visiter le local destiné à l'école, est tenu de délivrer gratuitement à l'institutrice, en triple expédition, une copie légalisée de sa déclaration. S'il refuse d'approuver le local, il doit faire mention de cette opposition et des motifs sur lesquels elle est fondée, au bas des copies légalisées.

Une de ces copies est transmise par l'institutrice

au procureur impérial et une autre au sous-préfet, lesquels en délivrent récépissé. La troisième copie est remise au préfet avec les récépissés du sous-préfet et du procureur impérial.

Le préfet pouvant faire opposition à l'ouverture de l'école dans le mois qui suit la remise entre ses mains de la copie de la déclaration, l'école ne peut être ouverte qu'à l'expiration de ce délai d'un mois, si toutefois il n'est pas survenu d'opposition dans l'intervalle.

S'il y a opposition, elle est signifiée à la partie par un arrêté motivé, et jugée, dans un bref délai, contradictoirement et sans recours, par le conseil dé artemental. Copie de la décision du conseil départemental es transmise au maire de la commune, qui la fait transcrire en marge de la déclaration sur le registre spécial.

Les mêmes formalités sont applicables au cas où une institutrice veut transférer son école d'un local dans un autre de la même commune.

Malgré les prescriptions formelles de la loi, on trouve encore des institutrices qui, après avoir fait leur déclaration, ouvrent leur école sans attendre l'expiration du délai légal d'un mois. Quelques-unes même l'ouvrent avant de faire aucune déclaration. D'autres, enfin, après avoir fait leur déclaration au maire, négligent d'en adresser une copie

au procureur impérial, au sous-préfet et au préfet,
et n'en ouvrent pas moins leur école à l'expiration
du mois, sans considérer que ce délai d'un mois
commence à courir seulement du jour de la remise
de la copie de la déclaration entre les mains du
préfet. Il importe donc de rappeler aux unes et aux
autres qu'elles peuvent être poursuivies devant les
tribunaux correctionnels et condamnées à une
amende de 50 à 500 fr., indépendamment de la
fermeture de l'école.

Des pensionnats primaires de filles et des écoles d'adultes ou d'apprenties.

L'ouverture d'un pensionnat primaire est soumise aux mêmes formalités que l'ouverture d'une
école libre. Elles ont été développées dans le décret du 30 décembre 1850. L'institutrice, qui doit
être âgée de 25 ans, produit, en outre des pièces
ci-dessus énumérées :

1° Le programme de son enseignement;

2° Un certificat dûment légalisé, attestant qu'elle
a exercé pendant cinq ans au moins, soit comme
institutrice, soit comme maîtresse dans un pensionnat primaire ;

3° Le plan du local dans lequel le pensionnat
doit être établi;

4° L'indication du nombre maximum des pensionnaires qu'elle se propose de recevoir ;

5° L'indication des noms, prénoms, date et lieu de naissance des maîtresses qu'elle s'est adjointes pour la surveillance du pensionnat.

Les dortoirs doivent être spacieux, aérés, et dans des dimensions qui soient en rapport avec le nombre des pensionnaires. Une pièce spéciale doit être affectée au réfectoire.

Les articles 27, 28, 29 et 30 de la loi du 15 mars 1850 sont applicables aux institutrices libres qui veulent ouvrir des écoles d'adultes ou d'apprenties.

En conséquence, elles doivent, lors même qu'elles dirigeraient déjà une école primaire, faire une déclaration spéciale.

Les institutrices qui exercent régulièrement, en vertu de déclarations ou d'autorisations antérieures, s'exposeraient donc à être punies conformément à la loi, si elles croyaient que l'autorisation de tenir une école primaire peut les dispenser de faire une déclaration pour une classe d'adultes dans le même local. Une classe de jeunes élèves et une classe destinée à des personnes d'un âge plus ou moins avancé sont dans des conditions tout-à-fait différentes.

III. — DE L'INSPECTION LÉGALE DES ÉCOLES DE FILLES.

L'article 18 de la loi du 15 mars 1850 indique par quels fonctionnaires l'inspection des établissements d'instruction publique ou libre est exercée. L'article 21 dispose que l'inspection des écoles publiques s'exerce conformément aux règlements délibérés par le conseil impérial de l'instruction publique ; que celle des écoles libres « porte sur la moralité, l'hygiène et la salubrité, et qu'elle ne peut porter sur l'enseignement que pour vérifier s'il n'est pas contraire à la morale, à la constitution et aux lois. » Enfin, l'article 22 énumère les peines que pourrait encourir un chef d'établissement qui refuserait de se soumettre à la surveillance de l'Etat.

Toutes ces dispositions, spécialement formulées en vue des écoles de garçons, sont, dans leur ensemble, applicables aux écoles de filles. Toutefois, l'article 50 de la loi du 15 mars 1850 ayant décidé qu'un règlement, délibéré en conseil impérial de l'instruction publique, déterminerait le mode d'examen, de surveillance et d'inspection des écoles de filles, le décret du 31 décembre 1853 a réglé cette matière.

Aux termes de l'article 10 de ce décret, « toutes

les écoles communales ou libres, tenues, soit par des institutrices laïques, soit par des institutrices religieuses, cloîtrées ou non cloîtrées, sont soumises, quant à l'inspection et à l'enseignement, dans les externats, aux autorités instituées par les articles 18 et 20 de la loi du 15 mars 1850. » L'article 12 ajoute que l'inspection des pensionnats de filles tenues par des associations religieuses, cloîtrées ou non cloîtrées, est faite, lorsqu'il y a lieu, par des ecclésiastiques nommés par le ministre de l'instruction publique, sur la présentation de l'Évêque diocésain.

Afin de fixer le sens du décret, il faut ajouter ici que par *externat* on doit entendre les classes situées en dehors de la ligne de clôture, dans lesquelles les élèves sont reçues pour le temps des études. Lorsque des classes sont ouvertes hors de la clôture, et que des parents, aussi bien que des maîtres étrangers, y entrent librement, elles constituent un *externat* et sont placées sous le régime commun de l'inspection.

Quant à la surveillance à exercer, conformément à l'article 21 de la loi du 15 mars 1850, sur l'éducation donnée à l'intérieur de la ligne de clôture des établissements religieux, ce n'est pas aux autorités désignées à l'article 10 qu'elle est attribuée, mais bien aux délégués ecclésiastiques établis par l'article 12. Ainsi, les établissements religieux cloîtrés qui renferment à la fois des pensionnats dans la clôture et des externats hors de la clôture, ne sont soumis à la surveillance des autorités instituées par la loi du 15 mars 1850, et dans les limites fixées par l'article 21 de cette loi, qu'en ce qui concerne l'externat seulement.

Des ecclésiastiques sont chargés d'inspecter les pensionnats dirigés par les religieuses cloîtrées ou non cloîtrées. Ils sont nommés pour un an par le ministre, sur la présentation de l'Evêque diocésain. Leur nombre est fixé par l'Evêque. Il doit être proportionné à celui des pensionnats dirigés par les associations religieuses.

Les rapports constatant les résultats de l'inspection sont transmis directement au ministre. Ils doivent se borner à mentionner : 1° si les bâtiments destinés aux élèves sont salubres, si les dortoirs ne contiennent pas plus d'enfants qu'ils ne doivent en recevoir; 2° si les règles d'hygiène sont observées dans l'établissement ; 3° si les livres mis entre les mains des enfants et les leçons qui leur sont données ne renferment rien de contraire aux prescriptions de l'article 21 de la loi du 15 mars 1850, ni au respect et à la fidélité dus à l'Empereur.

Une copie de tous les rapports adressés au mi-

nistre par ces inspecteurs spéciaux est envoyée
par eux à l'Évêque diocésain.

IV. — DES SALLES D'ASILE.

1. *Généralités.*—La salle d'asile forme aujour-
d'hui, d'après les paroles mêmes d'un ancien ministre, le regrettable M. Fortoul, *la base du système de
notre enseignement primaire,* c'est-à-dire la base
de l'éducation populaire. Elle est aussi par l'un de
ses côtés une œuvre d'assistance , car elle recueille
pendant tout le jour les enfants pauvres de 2 à 7
ans, et laisse ainsi les parents tout entiers à leurs
travaux.

Ce n'est que vers 1826 que cette institution
commença à être connue en France. Ses débuts furent difficiles, mais les préventions, nées au premier moment, ne tardèrent pas à disparaître et à
faire place à une rapide popularité. La loi du 28
juin 1833, sur l'instruction primaire, reconnut les
salles d'asile comme établissements publics d'éducation pour le premier âge , et l'ordonnance royale
du 22 décembre 1837 posa , à ce titre, les bases de
leur organisation.

La loi du 15 mars 1850 , qui a remplacé celle
du 28 juin 1833 , avait, dans son article 57 , laissé
au Gouvernement le soin de faire un règlement
sur la surveillance et l'inspection des salles d'asile,

sur les conditions d'aptitude et de moralité des personnes qui y sont employées et en même temps sur la nature de l'enseignement qui doit y être donné. Le décret du 21 mars et le règlement du 22 mars 1855 ont eu pour objet de satisfaire à cette disposition de la loi.

On distingue deux sortes de salles d'asile, comme deux sortes d'écoles : les *salles d'asile publiques*, c'est-à-dire celles qui sont établies et entretenues en tout ou en partie par les communes, et les *salles d'asile libres*, créées et fonctionnant aux frais des particuliers. Les unes et les autres prennent part aux encouragements du Gouvernement.

Les *salles d'asile modèles* forment une 3e classe parmi ces etablissements. Ce titre est conféré par le ministre, sur la proposition du comité central de patronage, à celles des salles d'asile signalées pour l'emploi judicieux et intelligent des meilleurs moyens d'éducation et de premier enseignement, l'entretien attentif du mobilier, la continuité des soins donnés aux enfants. C'est une distinction purement honorifique, une consécration des efforts accomplis, un moyen d'encouragement employé par l'administration en vue d'améliorer les salles d'asile existantes.

2. *Création des salles d'asile.* — Les conditions à remplir pour fonder une salle d'asile sont :

1° Le choix d'un local convenablement approprié à sa destination. Ce local doit consister dans une pièce destinée à servir de *salle d'exercices*; une autre pièce, sous le titre de *préau couvert*, sert aux récréations et aux repas des enfants; une cour ou un jardin, formant le *préau découvert*, complètent le local.

Les salles d'asile doivent être situées au rez-de-chaussée, planchéiées et éclairées, autant que possible, des deux côtés, par des fenêtres fermées avec des châssis mobiles; les dimensions des salles d'exercices sont calculées de manière qu'il y ait, au moins, deux mètres cubes d'air pour chaque enfant admis.

A l'extrémité de chaque salle sont établis plusieurs rangs de gradins, au nombre de cinq au moins et de dix au plus. Il est réservé, au milieu et de chaque côté de ces gradins, un passage destiné à faciliter le classement et les mouvements des enfants.

Des bancs fixés au plancher sont placés dans le reste de la salle avec un espace vide au milieu pour les évolutions.

Dans le préau couvert, des planches sont disposées le long des murs, et des patères ou crochets sont fixés au-dessous pour recevoir les paniers des enfants et les divers objets à leur usage;

2° L'existence d'un mobilier spécial servant au fonctionnement de la méthode et proportionné au nombre des enfants qui doivent être reçus dans la salle d'asile;

3° L'emploi assuré d'une directrice et, s'il y a lieu, d'une sous-directrice, pourvues du brevet spécial de capacité exigé par les règlements, ou, s'il s'agit de religieuses appartenant à des communautés ou congrégations légalement reconnues, d'une lettre d'obédience de leur supérieure.

3. — *Surveillance et inspection.* — Au sommet de la hiérarchie, un comité dit *comité central de patronage*, placé sous les auspices de S. M. l'Impératrice, représente avec éclat, pour la France entière, les intérêts permanents de l'institution. Il veille au maintien des procédés d'éducation; il propose les mesures propres à améliorer le régime des salles d'asile; il recueille les offrandes faites en leur faveur; il distribue ces offrandes et les subventions de l'État; il donne son avis sur les concessions de secours demandés et sur les livres ou objets qui peuvent être utilement employés, reçoit communication des rapports des inspecteurs et des déléguées générales et prépare chaque année un rapport sur la situation et les besoins des établissements. Ce rapport est présenté à l'Impératrice par le ministre de l'instruction publique et des cultes.

Deux dames, *déléguées générales* pour l'inspection, rétribuées sur les fonds de l'Etat et nommées par le ministre, sont chargées de porter sur tous les points de l'Empire la pensée de ce comité, et de maintenir, dans l'ensemble du service des salles d'asile, l'unité de vues et de direction. Organe spécial de l'administration supérieure, elles ne prennent point de décisions par elles-mêmes, mais elles communiquent au ministre tous les renseignements qui peuvent provoquer d'utiles réformes et éclairer les délibérations du comité central.

Des *déléguées spéciales*, également rétribuées sur les fonds de l'État, sont placées au chef-lieu de chaque académie, sous l'autorité du recteur, qui détermine l'ordre des tournées à faire. Elles veillent à l'application des règlements et au maintien des méthodes, assistent aux examens des aspirantes au brevet d'aptitude, envoient à chacun des inspecteurs d'académie un rapport *spécial* sur les salles d'asile du département, et enfin, chaque année, à la fin d'avril, elles adressent au recteur un autre rapport *général* sur la situation du service des salles d'asile dans toute l'étendue du ressort.

Près de chaque salle d'asile est établi un *comité local de patronage*. Il est investi, dans l'étendue de sa juridiction, d'attributions analogues à celles

déférées au comité central, avec lequel il doit se
tenir en communication permanente et de qui il
reçoit l'impulsion. Il correspond avec les déléguées
spéciales.

Enfin, le décret du 21 mars 1855 a maintenu, à
côté des différentes autorités qu'il a créées, celles
instituées par la loi du 15 mars 1850. Ainsi donc,
les inspecteurs de l'instruction primaire, les délégués cantonnaux, les ministres des différents cultes
conservent, en ce qui concerne les salles d'asile, la
surveillance prescrite par l'article 44 de la loi précitée. Disons aussi que le *conseil départemental* de
l'instruction publique peut frapper d'interdiction
absolue une directrice de salle d'asile publique ou
libre, sauf appel devant le conseil impérial.

4. — *Direction et enseignement.* — Aux termes de l'article 19 du décret du 21 mars 1855, la
direction des salles d'asile publiques et libres doit
être à l'avenir exclusivement confiée à des femmes.
Nulle ne peut diriger une salle d'asile avant l'âge
de vingt-quatre ans accomplis, et si elle ne justifie
d'un certificat d'aptitude ou de lettres d'obédience
délivrées par les supérieures des communautés ou
congrégations régulièrement reconnues, et attestant
que les postulantes ont été particulièrement exercées à la direction d'une salle d'asile. Sont admises
toutefois à diriger provisoirement dès l'âge de

vingt-un ans, lorsque l'établissement ne reçoit pas plus de trente à quarante enfants : 1° les *sous-directrices* pourvues d'un certificat de stage; 2° les membres de communautés et congrégations religieuses pourvues d'une lettre d'obédience.

Le certificat d'aptitude est délivré, au nom du recteur, par l'inspecteur d'académie dans les départements, et, à Paris, par le vice-recteur, après des épreuves soutenues devant une commission spéciale d'examen instituée dans chaque département.

Cette commission tient une ou deux sessions par an. Elle se compose : 1° de l'inspecteur d'académie, président; 2° d'un ministre du culte professé par la postulante ; 3° d'un membre de l'enseignement public ou libre ; 4° de deux dames patronesses des asiles ; 5° d'un inspecteur de l'instruction primaire, faisant fonctions de secrétaire. Ses membres sont nommés pour trois ans par le préfet, sur la proposition du conseil départemental de l'instruction publique. A Paris, la commission est nommée, sur la proposition du préfet, par le ministre de l'instruction publique, qui fixe le nombre des membres dont elle doit être composée.

L'examen se compose de deux parties distinctes: 1° un examen d'instruction; 2° un examen **pratique.** L'examen d'instruction comprend l'histoire sainte, le catéchisme, la lecture, l'écriture, l'orthographe, les notions les plus usuelles du calcul et du système métrique, le dessin au trait, les premiers éléments de géographie, le chant, le travail manuel. L'examen pratique a lieu dans une salle d'asile, et les postulantes sont tenues d'en diriger les exercices pendant une partie de la journée.

Pour être admises à l'examen, les postulantes doivent être âgées de vingt-un ans et déposer, entre les mains de l'inspecteur d'académie, un mois avant l'ouverture de la session : 1° leur acte de naissance ; 2° des certificats attestant leur moralité et indiquant les lieux où elles ont résidé et les occupations auxquelles elles se sont livrées depuis cinq ans au moins. La veille de la session, l'inspecteur d'académie arrête, sur la proposition de la commission d'examen, la liste des postulantes admises à subir l'examen.

Dans toute salle d'asile publique qui reçoit plus de quatre-vingts enfants, la *directrice* est aidée par une *sous-directrice*. Nulle ne peut être nommée sous-directrice avant l'âge de vingt ans, et si elle n'est pourvue d'un certificat de stage. Les sous-directrices sont nommées et révoquées par les maires, sur la proposition du comité de patronage.

Quant aux directrices des salles d'asile publiques, c'est au préfet qu'appartiennent leur nomination et leur révocation, sur la proposition toutefois de l'inspecteur d'académie. Elles sont choisies, après avis du comité local de patronage, soit parmi les membres des associations religieuses, soit parmi les laïques, et, dans ce dernier cas, autant que possible, parmi les sous-directrices.

Elles reçoivent, sur les fonds communaux, un traitement fixé au minimum de 250 fr., et les sous-directrices un traitement au minimum de 150 fr., non compris le logement dont elles jouissent gratuitement. Ces traitements sont prélevés d'abord sur le produit de la rétribution mensuelle payée par les enfants. A défaut de cette rétribution, le conseil municipal doit aviser aux moyens de compléter le minimum de traitement prescrit, soit sur les revenus ordinaires de la commune, soit sur le restant disponible des trois centimes spéciaux affectés à l'instruction primaire, soit enfin par le vote d'une imposition spéciale. Quant aux départements, qui ne sont pas, en principe, obligés d'intervenir dans cette dépense, il leur est loisible de secourir les communes pauvres sur le restant disponible de leurs deux centimes spéciaux ou sur des fonds votés spécialement en vue de cette dépense.

Les dispositions de la loi du 9 juin 1853 sur les pensions civiles ne sont pas applicables aux directrices et sous-directrices des salles d'asile publiques appartenant à des communautés ou congrégations religieuses légalement reconnues.

L'enseignement dans les salles d'asile, publiques ou libres, comprend : l'instruction religieuse, la lecture, l'écriture, le calcul verbal, le dessin linéaire; des connaissances usuelles et des ouvrages manuels à la portée des enfants; des chants religieux, des exercices nouveaux et des exercices corporels.

Les leçons et les exercices moraux ne durent jamais plus de dix à quinze minutes, et sont toujours entremêlés d'exercices corporels.

5. — *De l'admission des enfants dans les salles d'asile et des soins à leur donner.* — L'article 11 du décret du 21 mars 1855 porte : « Les salles d'asile publiques sont ouvertes gratuitement à tous les enfants dont les familles sont reconnues hors d'état de payer la rétribution mensuelle. » C'est l'application du principe établi pour les écoles primaires par la loi du 15 mars 1850. Pour l'exécution de cette disposition, il est dressé par le maire, de concert avec le curé ou desservant, une liste des enfants qui doivent être admis gratuitement; cette liste est arrêtée par le conseil municipal.

Il est à remarquer cependant que la directrice de

7*

l'asile doit recevoir provisoirement tous les enfants qui lui sont présentés par les familles, sans s'informer si elles sont en état de payer une rétribution ; elle leur fait seulement savoir que, dans la huitaine, elles doivent obtenir du maire un billet d'admission définitive, soit à titre gratuit, soit à titre onéreux.

Pour faire face aux dépenses des salles d'asile, il peut être exigé, conformément aux dispositions de l'article 33 du décret du 21 mars 1855, une rétribution mensuelle de toutes les familles dont les enfants sont admis dans ces établissements, et qui sont en état de payer le service qu'elles réclament.

Le taux de cette rétribution est fixé par le préfet, en conseil départemental de l'instruction publique, sur l'avis du conseil municipal et du délégué cantonnal. Cette rétribution est perçue, pour le compte de la commune, par le receveur municipal. Ce recouvrement se fait au moyen d'un rôle dressé par les soins de la directrice, à la fin de chaque trimestre, dans la même forme et de la même manière que les rôles de la rétribution scolaire due par les familles dont les enfants fréquentent l'école primaire communale. Il est rendu exécutoire par le préfet après avis des autorités préposées à l'enseignement.

Avant l'admission provisoire dans une salle

d'asile publique ou libre, les parents doivent présenter un certificat de médecin constatant que leur enfant n'est atteint d'aucune maladie contagieuse, et qu'il a été vacciné.

Lorsqu'un enfant arrive à la salle d'asile, la directrice doit s'assurer par elle-même de son état de santé et de propreté, de la quantité et de la qualité des aliments qu'il apporte dans son panier.

Nous ne saurions reproduire, relativement aux soins à donner aux enfants, les minutieuses précautions que les sentiments de tendre affection et d'expérience ont inspirées à l'administration, et qu'elle a cru devoir prescrire aux autorités préposées à la direction des salles d'asile. Nous nous bornerons à dire, en renvoyant au règlement du 22 mars 1855, que tout a été prévu, les conditions hygiéniques, les indispositions des enfants, les exercices corporels, les punitions, les récompenses, etc.

Les salles d'asile publiques doivent être ouvertes tous les jours, les dimanches et les jours fériés exceptés, savoir : 1° du 1er mars au 1er novembre, depuis sept heures du matin jusqu'à sept heures du soir; 2° du 1er novembre au 1er mars, depuis huit heures du matin jusqu'à six heures du soir. Des exceptions à cette règle ne peuvent être autorisées que par le maire, sur la proposition du comité local de patronage. Dans les cas urgents, les directrices doivent garder les enfants après les heures déterminées.

6. — *Dispositions générales.* — Les directrices des salles d'asile publiques tiennent :

1° Un registre sur lequel sont inscrits les noms et la demeure des enfants admis provisoirement, le nom du médecin qui a délivré le certificat pour l'admission, la date de l'admission provisoire ;

2° Un registre sur lequel sont inscrits, jour par jour, sous une même série de numéros, les noms et prénoms des enfants admis définitivement, les noms, demeures et professions des parents ou tuteurs, et les conventions relatives aux moyens d'amener ou de reconduire les enfants ;

3° Un registre sur lequel le médecin nommé par le maire pour visiter l'asile au moins une fois par semaine, conformément à l'article 16 du décret du 21 mars 1855, inscrit ses observations ;

4° Un registre sur lequel les dames patronesses chargées de la surveillance de la salle d'asile inscrivent leurs remarques sur la tenue de l'établissement au moment de leur visite ;

5° Enfin, un registre de présence des enfants.

La femme de service est choisie, dans chaque salle d'asile, par la directrice, avec l'approbation du comité local de patronage; elle est révoquée dans la même forme.

Les salles d'asile publiques sont ouvertes aux personnes qui désirent les visiter.

Il y a, dans chaque salle d'asile, un tronc destiné à recevoir les dons de la bienfaisance publique. La clef du tronc est déposée entre les mains de l'une des dames patronesses chargées de la surveillance de la salle d'asile. L'emploi des deniers déposés dans ce tronc est réglé par le comité local de patronage.

DEUXIÈME PARTIE.

DES ASSOCIATIONS RELIGIEUSES D'HOMMES, DES ASSOCIATIONS NON AUTORISÉES, DES CONFRÉRIES.

CHAPITRE PREMIER.

Des Associations religieuses d'hommes.

1. — DES ASSOCIATIONS RELIGIEUSES D'HOMMES EN GÉNÉRAL, DE LEUR RECONNAISSANCE ET DE L'ADMINISTRATION DE LEURS BIENS.

Des associations religieuses d'hommes en général.

Les associations religieuses d'hommes, supprimées, comme celles de femmes, par la loi du 18 août 1792, ont eu, après la révolution, beaucoup plus de peine à se reconstituer. Quatre d'entre elles seulement purent obtenir d'être reconnues par les gouvernements de l'Empire et de la Restauration, savoir : la congrégation des *Lazaristes* (décret du 7 prairial an XII, et ordonnance du 3 février 1816),

les *séminaires des Missions étrangères* et du
Saint-Esprit (décret du 2 germinal an XIII, et ordonnances du 2 mars 1815 et 3 février 1816), et
enfin la *Société de Saint-Sulpice* (ordonnance du
3 avril 1816).

Les autres associations religieuses d'hommes autorisées [1], telles que l'institut des Frères de la Doc
trine chrétienne ou de Saint-Yon, ont été recon-

---

[1] Voici la liste de ces associations :

1. *Frères de la Doctrine chrétienne* ou *de Saint-Yon*, pour
toute la France. Le siège principal de cette Société est établi
à Paris, rue Oudinot, 27.

2. *Société des Frères Saint-Antoine*, pour toute la Fra ce.
La maison-mère est également à Paris, rue des Fossés-Saint-
Victor.

3. *Frères de la Doctrine chrétienne du diocèse de Strasbourg*,
pour les départements du Haut-Rhin et du Bas-Rhin, à Strasbourg.

4. *Congrégation de l'Instruction chrétienne*, pour les départements composant l'ancienne Bretagne, à Ploërmel.

5. *Frères de la Doctrine chrétienne du diocèse de Nancy*, pour
les départements de la Meurthe, de la Meuse et des Vosges,
à Vezelise (Meurthe).

6. *Congrégation de l'Instruction chrétienne du diocèse de Va-
lence*, pour les départements des Hautes-Alpes, de la Drôme et
de l'Isère, à Saint-Paul-Trois-Châteaux (Drôme).

7. *Congrégation des Frères de Saint-Joseph du diocèse du*

nues seulement comme associations charitables destinées à l'instruction primaire, ou comme établissements d'utilité publique, en vertu de la loi du 15 mars 1850. Elles dépendent, à ce titre, de l'administration de l'instruction publique.

Les congrégations religieuses d'hommes se vouent soit à l'enseignement, soit à la direction des séminaires, soit aux missions. Celle de Lazaristes comprend cette triple fin.

De la reconnaissance légale.

Le décret du 3 messidor an XII, tout en renouve-

Mans, pour les départements de la Sarthe et de la Mayenne, à Ruillié-sur-Loir (Sarthe).

8. *Congrégation des Frères de l'Instruction chrétienne de Saint-Gabriel*, pour toute la France, à Saint-Laurent (Vendée).

9. *Frères des Écoles chrétiennes de la Miséricorde*, à Montbourg (Manche).

10. *Frères de Saint-François-d'Assise*, à Saint-Antoine, commune de Bois (Charente-Inférieure).

11. *Petits Frères de Marie*, à Notre-Dame de l'Ermitage-sur-Saint-Chamond, commune de Saint-Martin-en-Conilleux (Loire).

12. *Frères de l'Instruction chrétienne, dits du Sacré-Cœur*, à Paradis, commune d'Espaly-Saint-Marcel (Haute-Loire).

13. *Société des Frères de l'Instruction chrétienne*, à Viviers.

14. *Frères de Marie*, à Bordeaux.

15. *Frères de la Croix*, à Saint-Germain-en-Laye.

lant la défense de former des associations religieuses d'hommes, réservait au chef du gouvernement de les autoriser, et jusqu'à la promulgation
de la loi du 2 janvier 1817, un décret ou une ordonnance avait suffi pour donner l'existence légale
à ces congrégations ; mais cette loi ayant déclaré
que les établissements ecclésiastiques non reconnus
par une loi ne pourraient posséder des biens, les
congrégations religieuses d'hommes ont dû depuis
se faire autoriser par un acte émanant du pouvoir
législatif. Cette nécessité a été de nouveau reconnue
lors de la discussion de la loi du 24 mai 1825 sur
les communautés et congrégations religieuses de
femmes, et il demeure bien établi maintenant, d'a-
près la jurisprudence du conseil d'Etat et de l'administration des cultes, qu'il faut une loi pour autoriser les associations religieuses d'hommes dont
les statuts ne sauraient être approuvés en vertu de
la loi du 15 mars 1850 (art. 31, 34 et 79). Mais la loi
n'ayant pas d'effet rétroactif, il n'est pas douteux
que celles de ces congrégations qui avaient été autorisées antérieurement à l'année 1817 par un décret ou par une ordonnance, n'existent aujourd'hui
légalement.

Les congrégations religieuses d'hommes qui désirent se faire reconnaître par le gouvernement
doivent produire, à l'appui de leur demande, toutes

les pièces que nous avons énumérées aux pages 67 et 68 de ce travail, c'est-à-dire :

1º La copie des statuts adoptés par l'association et approuvés par l'Évêque diocésain ;

2º L'état de l'actif et du passif de l'association ;

3º Le consentement écrit de l'Evêque.

Il y est joint :

4º Le procès-verbal de l'enquête de *commodo* et *incommodo* faite dans la commune où l'association demande à s'établir ;

5º L'avis du conseil municipal de cette commune ;

6º Les avis du sous-préfet et du préfet.

(Voir pour la rédaction de ces pièces les détails que nous avons donnés à la page 54 et suivantes.

Nous ferons observer, avec M. Gaudry, que le consentement du préfet n'est pas, comme celui de l'Evêque, d'une nécessité absolue. L'autorité supérieure peut toujours apprécier les motifs de son opposition, ainsi que de celle du sous-préfet et du conseil municipal, qui cependant doivent avoir une grande influence sur sa détermination.

Lorsqu'une association religieuse a été légalement reconnue, si elle vient à établir des maisons particulières, un décret suffit pour les autoriser.

Nous ajouterons que la révocation d'une association religieuse d'hommes légalement établie ne saurait être prononcée que par une loi.

Les associations religieuses d'hommes ayant pour seul but l'enseignement, peuvent se faire reconnaître comme établissements d'utilité publique, conformément aux dispositions des articles 31, 34 et 79 de la loi du 15 mars 1850 précitée. Les formalités à remplir pour la constitution d'établissements de cette nature ne diffèrent pas de celles que nous avons indiquées ci-dessus.

De l'administration des biens.

A défaut d'une législation spéciale, les associations religieuses d'hommes qui ont une existence légales sont tenues de se conformer, pour l'administration de leurs biens, aux règles générales posées dans la loi du 2 janvier 1817, de l'ordonnance du 2 avril suivant et de l'ordonnance du 14 janvier 1831. Ainsi, elles ne peuvent ni accepter des dons ou legs, ni acquérir des immeubles ou des rentes à titre onéreux, ni les aliéner, etc., sans y avoir été préalablement autorisées par le Gouvernement.

Les formalités qu'elles ont à remplir dans ces différents cas sont les mêmes que celles exigées de tous les établissements publics en général, et notamment des communautés et congrégations religieuses de femmes légalement reconnues. Il nous suffira donc de renvoyer au chapitre dans lequel nous les avons énumérées, *p.* 73.

Toutefois, la restriction mise à la quotité des donations et legs par l'article 5 de la loi du 24 mai 1825, n'est pas applicable aux associations religieuses d'hommes.

II. — DES ASSOCIATIONS ENSEIGNANTES.

Les associations religieuses d'hommes ont en général pour but, ainsi que nous l'avons déjà dit, soit l'enseignement primaire, soit l'enseignement secondaire libre, soit enfin la direction des séminaires. Des règles particulières régissent chaque espèce d'enseignement : nous allons les exposer brièvement :

1. — *Enseignement primaire.* — L'enseignement primaire comprend, aux termes de la première partie de l'article 23 de la loi du 15 mars 1850, l'instruction morale et religieuse, la lecture, l'écriture, les éléments de la langue française, le calcul et le système légal des poids et mesures.

Il embrasse d'une manière facultative l'arithmétique appliquée aux opérations pratiques, les éléments de l'histoire et de la géographie, des notions des sciences physiques et d'histoire naturelle applicables aux usages de la vie, des instructions élémentaires sur l'agriculture, l'industrie et l'hygiène, l'arpentage, le nivellement, le dessin linéaire, enfin le chant et la gymnastique.

Tout Français, soit laïque, soit membre d'une association religieuse, âgé de 21 ans accomplis, peut exercer, dans toute la France, la profession d'instituteur primaire, public ou libre, s'il est muni d'un brevet de capacité ou d'un titre reconnu équivalent par l'article 25 de la loi du 15 mars 1850, et s'il remplit d'ailleurs les conditions déterminées par l'article 1er du décret du 31 décembre 1853. (Voir ce décret ainsi que l'arrêté ministériel du 15 février 1853 relatif à l'examen pour l'obtention du brevet de capacité, à l'appendice.)

Les instituteurs publics appartenant à une association religieuse légalement reconnue sont nommés par le préfet, sur la présentation de leur supérieur général et sur la proposition de l'inspecteur d'académie, après option du conseil municipal entre les instituteurs laïques et les Frères.

La nomination et la révocation des maîtres-adjoints d'une école communale dirigée par des Frères appartiennent exclusivement au supérieur général de l'association. Il n'est pas nécessaire qu'ils soient brevetés.

Le conseil municipal fixe le traitement de l'instituteur et de ses maîtres-adjoints.

8

Quelques associations religieuses, notamment celle des Frères de la doctrine chrétienne, la plus importante de toutes, ne consentent à prendre la direction d'une école publique qu'autant qu'un traitement fixe est garanti par la commune au Frère directeur de l'école et que l'instruction est donnée gratuitement. Dans ce cas, aucune partie du traitement ne saurait être prélevée sur le fonds des subventions; il demeure tout entier à la charge de la commune.

D'autres associations, au contraire, ne faisant pas du principe de la gratuité de l'enseignement une condition absolue de leur concours, se chargent de la direction des écoles communales aux mêmes conditions que les instituteurs laïques. Les Frères directeurs de ces écoles sont astreints, dans ce cas, à l'accomplissement de toutes les formalités relatives à la tenue du registre matricule, à la rédaction des rôles trimestriels, etc. Nous les avons longuement énumérées dans le chapitre précédent, en nous occupant des institutrices chargées de la direction des écoles mixtes; on voudra bien s'y reporter. Leur traitement leur est payé de la même manière et avec les mêmes ressources.

Toutes les écoles, soit publiques, soit libres, dirigées par des Frères, sont soumises à la surveillance des autorités désignées dans les articles

18, 42 et 44 de la loi du 15 mars 1850 ; seulement l'inspection des écoles libres ne porte que sur la moralité, l'hygiène et la salubrité. Elle ne pourrait s'étendre à l'enseignement que pour vérifier s'il n'est pas contraire à la morale, à la constitution et aux lois.

Les formalités à remplir par les membres des associations religieuses, qui désirent ouvrir des écoles libres, des pensionnats et des écoles d'adultes, sont les mêmes que celles que nous avons énumérées ci-dessus, première partie, chapitre IV, page 225.

Enseignement secondaire libre.

Tout Français, âgé de 25 ans au moins, et n'ayant encouru aucune des incapacités comprises dans l'article 26 de la loi du 15 mars 1850, et qui remplit d'ailleurs les conditions déterminées par l'article 60, peut ouvrir une école secondaire libre, après avoir déclaré préalablement son intention à l'inspecteur d'académie du département où il veut s'établir, lui avoir désigné le local et donné l'indication des lieux où il a résidé et des professions qu'il a exercées pendant les dix années précédentes. A ces déclarations il doit joindre les pièces suivantes, dont il lui est donné récépissé :

1° Un certificat de stage constatant qu'il a rempli, pendant cinq ans au moins, les fonctions de professeur ou de surveillant dans un établissemen. d'instruction secondaire, publique ou libre;

2° Soit le diplôme de bachelier, soit un brevet de capacité délivré par un jury spécial, dont les membres sont désignés, pour chaque département, par le ministre de l'instruction publique;

3° Le plan du local et l'indication de l'objet de l'enseignement.

L'inspecteur d'académie, à qui le dépôt des pièces a été fait, en donne avis au préfet et au procureur impérial de l'arrondissement dans lequel l'établissement doit être ouvert.

Les certificats de stage sont délivrés par le conseil départemental de l'instruction publique, sur l'attestation des chefs des établissements où le stage a été accompli. Toute attestation fausse est punie des peines portées dans l'article 160 du code pénal. Le ministre peut accorder des dispenses de stage, sur la proposition motivée du conseil départemental et l'avis favorable du conseil impérial de l'instruction publique.

Pendant le mois qui suit le dépôt des pièces requises par l'article 60 de la loi du 15 mars 1850, l'inspecteur d'académie, le préfet et le procureur impérial peuvent se pourvoir devant le conseil départemental et s'opposer, dans l'intérêt des mœurs

publiques ou de la santé des enfants, à l'ouverture
de l'établissement. Après ce délai, l'établissement
est immédiatement ouvert, sil n'est survenu aucune
opposition.

S'il y a opposition, elle doit être motivée, signée
de l'auteur et écrite sur papier libre. Elle est déposée au bureau de l'inspection d'académie et notifiée à la personne intéressée ou à son domicile, à
la diligence de l'inspecteur, en la forme administrative.

Dans la quinzaine qui suit la notification de
l'opposition, il y est statué par le conseil départemental. Trois jours avant la séance fixée pour le
jugement, l'inspecteur d'académie cite la partie
intéressée à comparaître devant le conseil. Le jugement est notifié dans le délai d'un mois par l'inspecteur à la partie intéressée et au procureur
impérial ou au préfet, s'ils ont formé opposition.
Appel peut être interjeté devant le conseil *impérial*
de l'instruction publique. Si, dans la quinzaine, à
dater du jour de la dernière notification, il n'est survenu aucun appel, le jugement est réputé définitif,
soit qu'il ait validé l'opposition, soit qu'il l'ait
infirmée.

Sont incapables de tenir un établissement d'instruction secondaire : 1º les individus qui ont subi
une condamnation pour crime ou pour un délit

contraire à la probité ou aux mœurs ; 2° ceux qui ont été privés par jugement de l'exercice de tout ou partie des droits civiques, civils et de famille; 3° ceux à qui la profession de l'enseignement a été interdite par application des articles 14, 30, 33 et 68 de la loi du 15 mars 1850.

Quiconque a ouvert un établissement d'instruction secondaire libre, sans avoir satisfait aux conditions prescrites par la loi, peut être poursuivi devant le tribunal correctionnel du lieu du délit et condamné à une amende de 100 à 1000 fr.; l'établissement est fermé. En cas de récidive, ou si l'établissement a été ouvert avant qu'il ait été statué sur l'opposition ou contrairement à la décision du conseil départemental qui l'aurait accueillie, le délinquant est condamné à un emprisonnement de quinze jours à un mois, et à une amende de 1000 à 2000 fr.

Par un motif de respect pour la religion, le législateur a permis aux ministres des différents cultes reconnus de donner l'instruction secondaire à quatre jeunes gens au plus destinés aux écoles ecclésiastiques, sans être soumis aux prescriptions de la loi, et sous la seule condition d'en faire la déclaration au recteur. Le conseil départemental veille à ce que ce nombre ne soit pas dépassé.

Les ministres des cultes, qui auraient été interdits ou révoqués, ne peuvent profiter de la faculté accordée par le dernier paragraphe de l'article 66 de la loi du 15 mars.

En cas de désordre grave dans le régime intérieur d'un établissement libre d'instruction secondaire, le chef de cet établissement peut être appelé devant le conseil départemental et soumis à la réprimande avec ou sans publicité. La réprimande ne donne lieu à aucun recours. Quand elle a lieu avec publicité, le jugement est inséré par extrait dans le *Recueil des Actes administratifs* de la préfecture et dans un journal du département que le conseil désigne.

Tout chef d'établissement libre d'instruction secondaire, toute personne attachée à l'enseignement ou à la surveillance d'une maison d'éducation, peut, sur la plainte du ministère public ou de l'inspecteur d'académie, être traduit pour cause d'inconduite ou d'immoralité devant le conseil départemental de l'instruction publique, et être interdit de sa profession à temps ou à toujours, sans préjudice des peines encourues pour crimes et délits prévus par le code pénal. Appel de la décision rendue peut toujours avoir lieu, pendant les quinze jours de la notification, devant le conseil impérial. Ce droit d'appel est réciproque.

Aucune condition de grades ni de stage n'est

exigée des maîtres employés à la surveillance ou à l'enseignement dans les établissements particuliers d'instruction secondaire ; mais ils doivent justifier de leur nationalité et n'être atteints par aucune des incapacités légales qui s'opposent à l'exercice de la profession d'instituteur. Afin de pouvoir vérifier si ces conditions étaient remplies, on a exigé que chaque chef d'établissement inscrivît sur un registre spécial les noms, prénoms, date et lieu de naissance des répétiteurs ou surveillants qu'il emploie, avec l'indication de la fonction qu'ils remplissent. Ce registre doit être communiqué à toute réquisition des autorités préposées à la surveillance et à l'inspection.

En concédant la liberté d'enseignement sous les conditions de moralité, d'instruction et de bonne discipline, nécessaires dans l'intérêt de cette liberté elle-même, le législateur a voulu assurer aux établissements libres tous les encouragements légitimes qui pouvaient contribuer à leurs succès. Ainsi ils peuvent obtenir des communes, des départements et même de l'Etat, sur l'avis du conseil départemental et du conseil impérial de l'instruction publique, un local, et une subvention qui toutefois ne doit pas excéder le dixième des dépenses annuelles de l'établissement. Les dépenses, d'après la jurisprudence du conseil impérial, se calculent en général déduction faite des frais de nourriture et d'entretien des élèves internes. Le recteur de l'académie réunit au dossier les pièces suivantes, qu'il transmet au ministre de l'instruction publique : 1° délibération du conseil municipal; 2° convention passée entre la commune et le chef de l'établissement subventionné ; 3° pièces constatant la capacité légale du chef dudit établissement ; 4° budget des dépenses présumées ; 5° avis du préfet; 6° délibération motivée du conseil départemental; 7° pièces constatant l'origine et la propriété des bâtiments ; 8° rapport motivé du recteur.

Au nombre des établissements d'instruction secondaire qui se présentaient pour profiter des facilités et des avantages offerts par la nouvelle législation, plusieurs étaient sous le patronage avoué des membres de l'épiscopat. La situation particulière des établissements de cette catégorie donnait lieu, dans la pratique, à des questions très-complexes qui intéressaient à la fois l'Etat, l'Eglise et la liberté. Le décret du 31 mars 1851 a réglé dans les termes suivants cette matière délicate : « Les traités qui peuvent être projetés par les communes, les départements ou l'Etat, et qui doivent avoir pour effet de concéder aux Evêques diocésains des bâtiments et des subventions pour l'établissement d'écoles libres, sont passés entre les communes, les

départements ou l'Etat et les Evêques, non en leur
dite qualité, mais en leur nom personnel, agissant
comme fondateurs et bienfaiteurs de l'établissement projeté, intéressés comme tels à sa prospérité
et à sa conservation, procédant à ce titre à la désignation du personnel et notamment du directeur de
l'établissement, lequel, toutefois, demeure seul
responsable vis-à-vis des autorités préposées à la
surveillance de l'enseignement libre, et doit remplir les conditions prescrites par la loi. » Conformément à ces dispositions, plusieurs traités, passés
entre les communes et les Evêques pour la trans-
formation des anciens collèges communaux en établissements libres sous le patronage de l'autorité
épiscopale, ont été soumis depuis 1851 à l'approbation du conseil *impérial* de l'instruction publique, et sont aujourd'hui en cours d'exécution.

Des séminaires.

Il y a deux sortes de séminaires, savoir :

1° Le grand séminaire, ou *séminaire diocésain,*
qui est un établissement où les jeunes gens étudient la théologie et se préparent à recevoir les
ordres sacrés ;

2° Le petit séminaire, ou plutôt *école secondaire
ecclésiastique,* où les enfants qui montrent des dis-

positions pour le sacerdoce reçoivent une éducation et une instruction spéciales.

Nous allons nous occuper d'abord des petits séminaires.

1. — *Des petits séminaires*. — Les écoles secondaires ecclésiastiques, ou petits séminaires, sont des établissements publics existant en vertu d'une autorisation spéciale accordée sous forme de décret. Leur nombre n'est pas limité. L'Eglise, qui les considère à bon droit comme indispensables au recrutement du clergé, s'est toujours attachée à les affranchir des entraves que les gouvernements avaient mises à leur développement. Enfin, la loi du 15 mars 1850 a reconnu leur existence sous la seule condition qu'elles resteraient soumises à la surveillance de l'Etat. Il résulte de cette disposition que le nombre des élèves qui fréquentent ces établissements a cessé d'être limité ; que ces élèves ne sont plus tenus de porter l'habit ecclésiastique , et qu'ils peuvent enfin se présenter aux épreuves du baccalauréat aux mêmes conditions que les élèves des lycées et collèges communaux.

L'enseignement , dans les petits séminaires, est donc maintenant complet et peut non-seulement ouvrir la carrière ecclésiastique, mais donner accès à toutes les positions sociales.

Les directeurs et professeurs des petits séminaires sont nommés et révoqués par l'Evêque ; la loi ne leur impose d'autre condition que de rester soumis à la surveillance de l'Etat, et encore cette surveillance ne peut-elle porter sur l'enseignement que pour vérifier s'il n'est pas contraire à la morale, à la constitution et aux lois. Une circulaire ministérielle du 10 mai 1851 recommande aux inspecteurs de concerter avec l'autorité diocésaine l'époque et l'ordre de leurs visites, et d'en référer d'abord à cette autorité si leur attention était appelée par quelque chose de répréhensible.

Les biens des écoles secondaires ecclésiastiques sont administrés de la même manière que ceux des séminaires, dont elles sont considérées comme les annexes.

Ces établissements ayant un caractère public, ils ne doivent pas être soumis à la patente. C'est ainsi que l'ont compris l'administration de l'instruction publique et le conseil d'Etat, ainsi qu'il résulte de la circulaire du 10 février 1851 et d'un arrêt du mois de juin 1856.

2.—*Des séminaires diocésains.*—Aux termes de l'article 11 du concordat et conformément aux prescriptions du concile de Trente, un séminaire peut être établi dans chaque diocèse avec l'autorisation du Gouvernement. L'Evêque est spécialement chargé de son organisation. C'est à lui qu'il appartient de diriger et de surveiller l'instruction qui y est donnée, de nommer et de révoquer les supérieurs, directeurs et professeurs.

Dans le double but de faciliter les études théologiques des jeunes gens pauvres et le recrutement du clergé, le décret du 30 septembre 1807, confirmé par les ordonnances des 5 juin 1816, 8 mai 1826, 6 juillet 1831 et 2 novembre 1835, a fondé dans les séminaires diocésains des bourses et des demi-bourses à la charge de l'Etat. Elles sont accordées par décret impérial sur la présentation des Evêques. Le tableau de présentation doit indiquer les noms, prénoms, la date, la commune et le département de la naissance des candidats, le domicile des parents; une colonne particulière renferme des observations sur l'aptitude, le mérite et les dispositions particulières des candidats.

La jouissance des bourses ou demi-bourses court à compter du jour du décret de nomination pour les élèves présents au séminaire, et, pour les autres, seulement à partir du jour de leur entrée audit séminaire. Le montant en est mandaté pour chaque trimestre, au nom du trésorier du séminaire, sur le vu d'un état nominatif certifié par l'Evêque, constatant l'entrée au séminaire et la

continuation d'études de chaque élève boursier
ou demi-boursier.

Les élèves des grands séminaires, régulièrement
autorisés à continuer leurs études ecclésiastiques,
sont dispensés du service militaire sur le vu d'un
certificat délivré par l'Evêque et visé par le préfet;
mais si , à 25 ans, ils n'étaient pas entrés dans les
ordres majeurs , ils pourraient être tenus d'accomplir leur temps de service. S'ils cessent de suivre
la carrière ecclésiastique , ils sont rétablis dans le
contingent dont ils devaient faire partie, mais le
temps passé au séminaire depuis l'appel de leur
classe leur compte comme s'ils avaient été sous les
drapeaux.

Les Evêques doivent, conformément aux prescriptions de l'article 25 de loi organique du 18
germinal an x , transmettre chaque année au ministre des cultes la liste des élèves qui étudient
dans les séminaires.

Les séminaires sont des établissements publics
jouissant de la vie civile , et capables , en cette
qualité, de posséder, d'acquérir, d'aliéner, de plaider et de transiger avec l'autorisation du Gouvernement. L'Evêque doit toujours stipuler dans les
actes qui concernent les séminaires. Cependant
nous pensons, avec M. Gaudry, que le trésorier,
autorisé à cet effet par une délibération du conseil

d'administration, peut passer les baux des maisons et des biens ruraux, et intenter ou suivre les actions judiciaires, après autorisation du conseil de préfecture, obtenue en la forme ordinaire. (Voir ci-dessus, p. 126 et suivantes.)

Les biens des séminaires sont administrés conformément aux dispositions du décret du 6 novembre 1813, de la loi du 2 janvier 1817, des ordonnances du 2 avril de la même année et du 14 janvier 1831, par un conseil appelé le *Bureau d'administration du séminaire*, et composé de l'un des vicaires généraux, qui préside en l'absence de l'Evêque, du supérieur, de l'économe et d'un quatrième membre nommé par le ministre des cultes, sur l'avis de l'Evêque et du préfet, et remplissant, sans aucune rétribution, les fonctions de trésorier. Le secrétaire de l'évêché ou de l'archevêché est en même temps le secrétaire de ce bureau.

Le bureau d'administration doit avoir deux caisses ou armoires à trois clefs; l'une doit recevoir le dépôt des titres, papiers, renseignements, comptes, registres et sommiers, et l'autre les deniers. Les clefs sont entre les mains de trois de ses membres, le président, le supérieur, l'économe ou le trésorier.

Ce bureau délibère sur tous les actes d'administration; il donne son avis sur les procès à intenter ou à soutenir, sur les dépenses imprévues ou extraordinaires à effectuer, et il transmet au préfet, au commencement de chaque semestre, les bordereaux de versement par les économes et les mandats des sommes payées.

L'économe est chargé de toutes les dépenses. Chaque année, au mois de janvier, il est tenu de rendre, de concert avec le trésorier, les comptes en recettes et en dépenses. Ces comptes sont visés par l'Evêque, qui les transmet au ministre des cultes, et si aucun motif ne s'oppose à l'approbation, le ministre les renvoie à l'Evêque, qui les arrête définitivement et en donne décharge.

CHAPITRE II.

Des Associations religieuses non autorisées.

1. — *Généralités.* — Il existe un grand nombre d'associations religieuses qui rendent aux populations les services les plus divers et les plus incontestables, bien qu'elles n'aient pas été légalement reconnues.

La législation actuelle n'empêche point ces associations de se former avec la seule autorisation des supérieurs ecclésiastiques ; mais il ne leur est accordé aucun des avantages offerts aux communautés ou congrégations autorisées par le Gouvernement. En effet, la loi du 24 mai 1825 n'a eu pour objet que de transformer les associations libres , qui le désiraient, en personnes civiles; elle laisse aux autres leur pleine et entière liberté; seulement, elles ne peuvent acquérir ni posséder des immeubles légalement ; les dispositions testamentaires ou entre-vifs sont trop souvent pour elles la source de procès ruineux , et lors même que ces actes ne sont pas attaqués par les héritiers naturels des testateurs ou donateurs, la transmission des biens donne lieu à tant de difficultés, et les droits à payer pour cette transmission sont si élevés qu'en peu d'années le produit et la valeur de ces mêmes biens se trouvent complètement absorbés. Ces inconvénients sont encore plus grands quand les associations dont il s'agit sont établies canoniquement à supérieure générale et possèdent plusieurs établissements dans des lieux différents et éloignés.

Si cependant, malgré ces difficultés que nous n'avons pas cherché à grossir, des associations religieuses préféraient rester complètement en dehors de l'action du Gouvernement, ou si l'autorisation légale leur était refusée, leur existence de fait ne pourrait être menacée que dans des circonstances exceptionnelles, et leur suppression prononcée administrativement que dans un intérêt d'ordre public.

Afin d'écarter la possibilité même de cette suppression, nous conseillerons aux associations religieuses libres de ne rien négliger pour se rendre favorables l'autorité locale et l'administration supérieure. Elles y parviendront facilement en n'admettant dans leur sein que des sujets dont la vocation aura été bien éprouvée, en éloignant d'elles tout soupçon d'intérêt temporel, en agissant enfin ostensiblement pour tout ce qui n'est pas pratique de la vie intime ou religieuse.

Ces associations n'ayant aucun droit aux yeux de la loi, et ne formant point des personnes civiles capables de posséder, d'acquérir, d'aliéner, de plaider et de transiger, il en résulte que chacun de ses membres conserve sa pleine et entière capacité, soit à l'égard des tiers, soit à l'égard des personnes engagées dans l'association, et qu'il peut faire tous les actes de la vie civile comme les autres particuliers.

Celui qui administre dans un intérêt commun, agit comme mandataire, et il a besoin, en cette qualité, d'un mandat formel donné dans les termes des articles 1984 et suivants du code Napoléon. A défaut de mandat écrit, il doit se conformer aux dispositions de l'article 1272 du même code.

2. — *Dons et legs.* — Nous ne pouvons partager l'opinion des tribunaux qui considèrent les legs que se font entre eux les membres de ces associations comme des fidéicommis tacites au profit des associations elles-mêmes, et en prononcent l'annulation. Il y a évidemment confusion, ainsi que le fait remarquer avec raison le savant jurisconsulte auquel nous avons fait de si fréquents emprunts, M. Gaudry, entre les principes sur lesquels reposent les associations légalement reconnues et les associations libres. Les premières forment des corps dits de mainmorte, qui ne peuvent recevoir des libéralités au-delà d'une certaine mesure sans une autorisation spéciale du Gouvernement. Les associations libres, au contraire, n'ont aucun caractère de perpétuité, et les lois du 2 janvier 1817 et 24 mai 1825, et les ordonnances du 2 avril 1817 et 14 janvier 1831 ne leur sont point applicables. Les membres qui en font partie sont, ainsi que nous l'avons déjà dit, des personnes privées, et peuvent faire tous les actes de la vie civile, et, notamment, tester et recevoir suivant les principes du droit commun. Nous sommes heureux de citer ici un arrêt de la Cour de Grenoble, en date du 13 janvier 1841, qui nous paraît conforme à la saine doctrine sur cette intéressante matière.

Le principe est celui-ci :

Les donations et legs, au profit de personnes
faisant partie d'une association religieuse non autorisée, par un membre de cette association, ne
peuvent être attaqués sous prétexte qu'ils seraient
faits, dans la réalité, au profit de l'établissement,
incapable de recevoir comme n'étant pas légalement reconnu.

Dans l'espèce, il s'agissait d'une association religieuse de femmes. Voici les termes de l'arrêt :

« La Cour, attendu que la loi du 24 mai 1825
ne régit que les congrégations religieuses qui ont
obtenu une autorisation du Gouvernement, et qui,
par suite, composent un être moral, capable de
posséder, acquérir et jouir à perpétuité, et dont les
biens ne peuvent être aliénés qu'avec l'autorisation
du Gouvernement ;

» Attendu que ce n'est que pour des établissements jouissant de privilèges aussi considérables
qu'ont été créées les prohibitions que la loi renferme ; attendu que les établissements de fait que la
susdite loi reconnaît, et qui n'ont pas voulu profiter
de ses avantages ni se soumettre à ses prescriptions,
ne peuvent être considérés comme un corps moral,
capable de jouir et de posséder ; qu'ils ne sont
composés que d'individus qui sont restés dans le
droit commun, ont la libre disposition de tous les
droits de la vie civile, et ont pu disposer, acquérir,

vendre, recevoir, soit entre eux, soit avec des personnes étrangères à leur réunion ;

» Attendu que la vente ou la donation convenue a été faite personnellement aux demoiselles Reynaud, Suat et Champon, et qu'en admettant même qu'elles ne seraient que des personnes interposées pour faire passer cette donation à tous les individus composant l'association religieuse, ces individus étant tous capables de recevoir, la donation n'en serait pas moins valable ; qu'il est donc inutile de s'occuper de la question de savoir s'il y a eu interposition de personnes, celles pour qui aurait été destiné le legs ou la donation étant aussi capables de recevoir que celles à qui il aurait été fait ;

» Attendu qu'on ne pourrait se prévaloir contre des individus ainsi réunis des dispositions des édits de 1666 et de 1749 ; que ces édits, principalement créés pour arrêter l'accroissement des biens de mainmorte, ont été rapportés avec les établissements religieux qu'ils concernaient, par les lois de 1790 et 1792 portant suppression des couvents ; que ces édits sont inconciliables avec la législation qui nous régit : d'abord le code Napoléon, qui ne restreint la capacité des personnes que dans le cas qu'il détermine ; la charte, qui proclame la liberté des cultes, et enfin la loi spéciale de 1825, qui, quoique ne s'appliquant qu'aux congrégations auto-

risées, reconnaît l'existence des associations non
autorisées, puisqu'elle leur permet même, pendant
un délai de six mois, à dater du jour où elles auraient obtenu l'autorisation, de régulariser leur
position, et de faire passer au corps moral, alors
constitué, toutes les propriétés que chacun des
membres qui le composent aurait eues à sa disposition ;

» Attendu que jusqu'à cette autorisation, seule
capable de donner à l'association l'être moral constitutif de la congrégation, les individus qui composent l'association sont restés dans le droit commun,
possédant par eux-mêmes les biens qui leur appartiennent, et pouvant, en brisant ce lien d'association, emporter avec eux toutes les propriétés, les
partager entre eux, ce que ne pourraient faire les
membres des corporations autorisées, car ce ne
sont pas alors les individus qui possèdent, mais
bien la corporation; par ces motifs, faisant droit à
l'appel émis par les demoiselles C. R. et S., envers les jugements rendus par le tribunal civil de
Vienne, le 5 février et le 10 juillet 1839, a mis
lesdites appellations et ce dont est appel au néant;
et, par nouveau jugé, émendant et faisant ce que
les premiers juges auraient dû faire, sans s'arrêter
à aucune des demandes, faits et conclusions des
consorts, a mis et met les appelantes hors d'in-

stance ; ordonne, en conséquence, que le testament olographe du 12 mai 1834 et l'acte de vente du 4 septembre 1833 seront exécutés suivant leur forme et teneur. »

Le pourvoi contre cet arrêt de principe a été rejeté par la cour de cassation, le 26 avril 1842.

Malgré le droit qu'elles nous paraissent avoir, on ne saurait trop conseiller aux associations religieuses non autorisées de n'accepter qu'avec la plus grande réserve, dans des limites restreintes et avec l'assentiment des familles, les dispositions testamentaires ou entre-vifs qui seraient faites réellement à leur profit, soit par un ou plusieurs de leurs membres, soit par des personnes étrangères à l'association. C'est le moyen le plus sûr d'éviter les contestations que leur susciteraient les particuliers lésés dans leurs intérêts, et que les tribunaux accueillent fréquemment, ainsi que le témoignent un grand nombre d'arrêts de date récente et, notamment, un jugement du tribunal civil de Lyon, du 5 janvier 1854, qui a décidé que les associations religieuses non autorisées étant incapables de recevoir aucune espèce de libéralités, les legs au profit des personnes faisant partie de ces associations devaient être déclarés nuls, et les légataires reconnus n'être que des personnes interposées.

Nous devons même ajouter que la jurisprudence

semble aujourd'hui se fixer dans ce sens, et repousser le principe émis dans l'arrêt de la cour de Grenoble.

Enfin, nous croyons que les associations religieuses non autorisées trouveraient intérêt et sûreté à réaliser en argent leur fortune immobilière (non compris, bien entendu, la maison couventuelle), et à affecter leurs capitaux à l'achat de valeurs industrielles ou, préférablement, des rentes sur l'État, le tout au porteur. Ces sortes de placements leur seraient excessivement avantageux, s'ils étaient bien dirigés, et n'entraîneraient ni frais ni difficultés.

Nous dirons en terminant que plusieurs auteurs pensent que les associations religieuses non autorisées peuvent se former en sociétés civiles par un acte public. Il nous est impossible, avec la cour de cassation (arrêt du 26 février 1849), d'admettre la légalité d'un acte de cette nature, qui serait, dans tous les cas, radicalement opposé au principe même de l'institution des associations religieuses, et entraînerait, pour l'administration de leurs biens, des embarras encore plus nombreux et plus graves que ceux que nous avons signalés en nous occupant des associations n'existant par aucun acte écrit.

4. — *Des associations religieuses enseignantes*

et hospitalières non autorisées. — Les associations religieuses non autorisées, qui ont pour but l'enseignement, doivent se soumettre préalablement à toutes les obligations que la loi impose aux particuliers relativement à l'obtention du brevet de capacité, à l'ouverture des écoles et des pensionnats, etc. (Voir les règles que nous avons déjà tracées à ce sujet ci-dessus, p. 192 et suivantes; 225, etc.

Quant aux associations hospitalières, elles ne sauraient, sans une autorisation spéciale, être attachées au service intérieur des hospices et hôpitaux; le décret du 18 février 1809 et les instructions ministérielles renferment des prescriptions formelles sur ce point. La même interdiction n'existe pas, croyons-nous, en ce qui concerne le service des prisons et des asiles d'aliénés. Cependant l'administration ne traite généralement qu'avec des associations religieuses légalement reconnues.

CHAPITRE III.

Des Confréries.

Les confréries, dit M. l'abbé Prompsault, sont des associations religieuses qui ont pour but d'unir

ensemble par le lien de la fraternité ceux qui en
font partie, de sorte qu'ils puissent s'entr'aider
mutuellement par leurs prières, leurs exemples,
leurs conseils, et travailler de concert à certaines
œuvres particulières de piété et de charité.

Ces sortes d'associations, très-nombreuses et
jouissant de grands privilèges avant la révolution,
furent supprimées avec les autres corporations religieuses en 1792, et leurs biens furent confisqués.

Beaucoup d'entre elles ont été rétablies depuis le
concordat, surtout comme moyens de maintenir des
sentiments de piété dans les populations; mais elles
n'ont reçu aucune autorisation du Gouvernement.
Elles sont simplement tolérées, à la condition, porte
une décision ministérielle du 4 août 1808, qu'elles
s'abstiennent de toute entreprise capable de trou-
bler l'ordre public ou de gêner les ministres du
culte dans l'exercice de leurs fonctions.

Les articles 291 et suivants du code pénal ne
sauraient être appliqués aux confréries, non plus
qu'aux associations religieuses en général.

Tout curé ou desservant, qui désire établir une
confrérie dans sa paroisse, doit en référer préalablement à l'Évêque et lui communiquer les statuts
de la nouvelle association. L'Évêque les approuve,
s'il y a lieu, et il accorde, dans ce cas, l'autorisation nécessaire pour procéder à l'installation de la

confrérie. Le procès-verbal constatant cette installation doit faire mention des pouvoirs en vertu desquels elle a eu lieu.

Les confréries, se bornant en général à des exercices de piété dans l'intérieur des églises, sont placées sous la dépendance absolue de l'Évêque et du
curé qui peuvent les interdire ou les dissoudre sans
qu'il y ait lieu à aucun recours. L'autorité administrative ne saurait intervenir que pour aider à la
répression des abus s'ils lui étaient signalés.

Les confréries, ne constituant pas des personnes
morales, sont incapables de faire aucun acte de la
vie civile; mais, comme elles s'identifient avec la
paroisse dans laquelle elles ont été établies, leurs
biens se confondent avec ceux de la fabrique, et
sont administrés suivant les dispositions du décret
du 30 décembre 1809. C'est donc aux conseils de
fabrique qu'elles doivent rendre leurs comptes
quand elles jouissent de revenus fixes, ainsi que
cela résulte évidemment des termes de l'article 36
du décret précité. C'est encore aux conseils de fabrique à les représenter dans tous les actes publics.

APPENDICE.

1° *Législation relative à la reconnaissance légale et à l'administration des biens des associations religieuses.*

Décret du 18 février 1809, relatif aux congrégations ou maisons hospitalières de femmes.

Section Ire — Dispositions générales.

1. Les congrégations ou maisons hospitalières de femmes, savoir : celles dont l'institution a pour but de desservir les hospices de notre empire, d'y servir les infirmes, les malades et les enfants abandonnés, ou de porter aux pauvres des soins, des secours, des remèdes à domicile, sont placées sous la protection de Madame, notre chère et honorée mère.

2. Les statuts de chaque congrégation ou maison séparée seront approuvés par nous, et insérés au *Bulletin des Lois*, pour être reconnus et avoir force d'institution publique.

3. Toute congrégation d'hospitalières dont les statuts n'auront pas été approuvés et publiés avant le 1er janvier 1810 sera dissoute.

4. Le nombre des maisons, le costume et les autres privilèges qu'il est dans notre intention d'accorder aux congrégations hospitalières, seront spécifiés dans les brevets d'institution.

5. Toutes les fois que des administrations des hospices ou des communes voudraient étendre les bienfaits de cette institution aux hôpitaux de leurs communes ou arrondissements, les demandes seront adressées par les préfets à notre ministre des cultes, qui, de concert avec les supérieures des congrégations, donnera des ordres pour l'établissement de nouvelles maisons, quand cela sera nécessaire ; notre ministre des cultes soumettra l'institution des nouvelles maisons à notre approbation.

Section II. — Noviciats et vœux.

6 Les congrégations hospitalières auront des noviciats, en se conformant aux règles établies à ce sujet par leurs statuts.

7. Les élèves ou novices ne pourront contracter de vœux si elles n'ont seize ans accomplis ; les vœux des novices âgées de moins de vingt-un ans ne pourront être que pour un an. Les novices seront tenues de présenter les consentements demandés, pour contracter mariage, par les art. 148 et 160 du code civil.

8. A l'âge de vingt-un ans, ces novices pourront s'engager pour cinq ans ; ledit engagement devra être fait en présence de l'Evêque ou d'un ecclésiastique délégué par l'Evêque, et de l'officier civil, qui dressera l acte et le consignera sur un registre double, dont un exemplaire sera déposé entre les mains de la supérieure, et l'autre à la municipalité, et, pour Paris, à la préfecture de police.

Section III. — Revenus, biens et donations.

9. Chaque hospitalière conservera l'entière propriété de ses biens et revenus, et le droit de les administrer et d'en disposer, conformément au code civil.

10. Elle ne pourra, par acte entre-vifs, ni y renoncer au profit de sa famille, ni en disposer, soit au profit de la congrégation, soit en faveur de qui que ce soit.

11. — Il ne sera perçu, pour l'enregistrement des actes de donations, legs ou acquisitions légalement faits en faveur des congrégations hospitalières, qu'un droit fixe d'un franc.

12. Les donations seront acceptées par la supérieure de la maison, quand la donation sera faite à une maison spéciale, et par la supérieure générale, quand la donation sera faite à toute la congrégation.

13. Dans tous les cas, les actes de donations ou legs doivent, pour la demande d'autorisation afin d'accepter, être remis à l'Evêque du lieu du domicile du donateur ou testateur, pour qu'il les transmette, avec son avis, à notre ministre des cultes.

14. Les donations, revenus et biens des congrégations religieuses, de quelque nature qu'ils soient, seront possédés et régis conformément au code civil; et ils ne pourront être administrés que conformément à ce code, et aux lois et règlements sur les établissements de bienfaisance.

15. Le compte des revenus de chaque administration ou maison séparée sera remis, chaque année, à notre ministre des cultes.

Section IV. — Discipline.

16. Les dames hospitalières seront, pour le service des malades ou des pauvres, tenues de se conformer, dans les hôpitaux ou dans les autres établissements de charité, aux règlements de l'administration.

Celles qui se trouveront hors de service, par leur âge ou par leurs infirmités, seront entretenues aux dépens de l'hospice dans lequel elles seront tombées malades, ou dans lequel elles auront vieilli.

17. Chaque maison, et même celle du chef-lieu, s'il y en a, sera, quant au spirituel, soumise à l'Evêque diocésain, qui la visitera et règlera exclusivement.

18. Il sera rendu compte à l'Evêque de toutes les peines de discipline autorisées par les statuts, qui auraient été infligées.

19. Les maisons de congrégations hospitalières, comme toutes les autres maisons de l'Etat, seront soumises à la police des maires, des préfets et officiers de justice.

20. Toutes les fois qu'une Sœur hospitalière aurait à porter des plaintes sur des faits contre lesquels la loi prononce des peines de police correctionnelle ou autres plus graves, la plainte sera renvoyée devant les juges ordinaires.

21. Notre grand ministre de la justice, des cultes, des finances, de l'intérieur, de la police générale, sont chargés de l'exécution du présent décret.

Décret du 6 novembre 1813 (Extrait, art. 62 à 81).

Titre IV. — Des biens des séminaires.

62. Il sera formé, pour l'administration des biens du séminaire de chaque diocèse, un bureau composé de l'un des vicaires généraux, qui présidera en l'absence de l'Evêque; du directeur et de l'économe du séminaire, et d'un quatrième membre remplissent les fonctions de trésorier, qui sera nommé par le ministre des cultes, sur l'avis de l'Evêque et du préfet. Il n'y aura aucune rétribution attachée aux fonctions de trésorier.

63. Le secrétaire de l'archevêché ou de l'évêché sera en même temps secrétaire de ce bureau.

64. Le bureau d'administration du séminaire principal aura en même temps l'administration des autres écoles ecclésiastiques du diocèse.

65. Il y aura aussi, pour le dépôt des titres, papiers et renseignements, des comptes, des registres, des sommiers, des inventaires, conformément à l'article 54 du règlement des fabriques, une caisse ou armoire à trois clefs qui seront entre les mains des trois membres du bureau.

66. Ce qui aura été ainsi déposé ne pourra être retiré que sur l'avis motivé des trois dépositaires des clefs, et approuvé par l'Archevêque ou Evêque; l'avis ainsi approuvé restera dans le même dépôt.

67. Tout notaire devant lequel il aura été passé un acte contenant donation entre-vifs ou disposition testamentaire au profit d'un séminaire ou d'une école secondaire ecclésiastique, sera tenu d'en instruire l'Evêque, qui devra envoyer les pièces, avec son avis, à notre ministre des cultes, afin que, s'il y a lieu, l'autorisation pour l'acceptation soit donnée en la forme accoutumée.

Ces dons et legs ne seront assujétis qu'au droit fixe d'un franc.

68. Les remboursements et les placements des deniers provenant de dons ou legs aux séminaires ou écoles secondaires ecclésiastiques, seront faits conformément aux décrets et décisions ci-dessus cités.

69. Les maisons et biens ruraux des séminaires et des écoles secondaires ecclésiastiques ne pourront être loués ou affermés que par adjudication aux enchères, à moins que l'Archevêque ou Evêque et les membres du bureau ne soient d'avis de traiter de gré à gré, aux conditions dont le projet, signé d'eux,

sera remis au trésorier, et ensuite déposé dans la caisse à trois clefs. Il en sera fait mention dans l'acte.

Pour les baux excédant neuf ans, les formalités prescrites par l'art. 9 ci-dessus devront être remplies.

70. Nul procès ne pourra être intenté, soit en demandant, soit en défendant, sans l'autorisation du conseil de préfecture, sur la proposition de l'Archevêque ou Evêque, après avoir pris l'avis du bureau d'administration.

71. L'économe sera chargé de toutes les dépenses : celles qui seraient extraordinaires ou imprévues devront être autorisées par l'Archevêque ou Evêque, après avoir pris l'avis du bureau : cette autorisation sera annexée au compte.

72. Il sera toujours pourvu aux besoins du séminaire principal, de préférence aux autres écoles ecclésiastiques, à moins qu'il n'y ait, soit par l'institution de ces écoles secondaires, soit par des dons ou legs postérieurs, des revenus qui leur auraient été spécialement affectés.

73. Tous deniers destinés aux dépenses des séminaires et provenant, soit des revenus de biens-fonds ou rentes, soit de remboursements, soit des secours du Gouvernement, soit des libéralités des fidèles, et, en général, quelle que soit leur origine, seront, à raison de leur destination pour un service public, versés dans une caisse à trois clefs, établie, dans un lieu sûr, au séminaire ; une de ces clefs sera entre les mains de l'Évêque ou de son vicaire général ; l'autre entre celles du directeur du séminaire, et la troisième dans celles du trésorier.

74. Ce versement sera fait le premier jour de chaque mois par le trésorier, suivant un état ou bordereau qui comprendra la recette du mois précédent, avec indication d'où provient

chaque somme , sans néanmoins qu'à l'égard de celles qui auront été données, il soit besoin d'y mettre les noms des donateurs.

75. Le trésorier ne pourra faire , même sous prétexte de dépense urgente, aucun versement que dans ladite caisse à trois clefs.

76. Quiconque aurait reçu pour le séminaire une somme qu'il n'aurait pas versée dans les trois mois entre les mains du trésorier, et le trésorier lui-même qui n'aurait pas, dans le mois, fait les versements dans la caisse à trois clefs, seront punis conformément aux lois concernant le recouvrement des deniers publics.

77. La caisse acquittera , les premiers jours de chaque mois, les mandats de la dépense à faire dans le courant du mois ; lesdits mandats signés par l'économe et visés par l'Evêque : en tête de ces mandats seront les bordereaux indiquant sommairement les objets de la dépense.

78. La commission administrative du séminaire transmettra, au commencement de chaque semestre, les bordereaux de versement par les économes , et les mandats des sommes payées. Le préfet en donnera décharge et en adressera les *duplicata* au ministre des cultes avec ses observations.

79. Le trésorier et l'économe de chaque séminaire rendront, au mois de janvier, leurs comptes en recette et en dépense, sans être tenus de nommer les élèves qui auraient eu part aux deniers affectés aux aumônes : l'approbation donnée par l'Evêque à ces sortes de dépenses leur tiendra lieu de pièces justificatives.

80. Les comptes seront visés par l'Evêque , qui les transmettra au ministre des cultes , et, si aucun motif ne s'oppose à

l'approbation, le ministre les renverra à l'Evêque, qui les arrêtera définitivement et en donnera décharge.

Loi du 2 janvier 1817 relative aux dons et legs faits aux établissements ecclésiastiques.

1. Tout établissement ecclésiastique reconnu par la loi pourra accepter, avec l'autorisation du roi, tous les biens meubles, immeubles ou rentes, qui lui seront donnés par actes entre-vifs ou par actes de dernière volonté.

2. Tout établissement ecclésiastique reconnu par la loi pourra également, avec l'autorisation du roi, acquérir des biens immeubles ou des rentes.

5. Les immeubles ou rentes appartenant à un établissement ecclésiastique seront possédés à perpétuité par ledit établissement, et seront inaliénables, à moins que l'aliénation n'en soit autorisée par le roi.

Ordonnance royale du 2 avril 1817, fixant les règles à suivre dans l'acceptation et l'emploi des dons et legs faits à des établissements ecclésiastiques.

1. Conformément à l'article 910 du code civil et à la loi du 2 janvier 1817, les dispositions entre-vifs ou par testament de biens meubles et immeubles, au profit des églises, des archevêchés et évêchés, des chapitres, des grands et petits séminaires, des curés et des succursales, des fabriques, des pauvres, des hospices, des collèges, des communes, et en général de tout établissement d'utilité publique et de toute association religieuse reconnus par la loi, ne pourront être acceptées qu'après avoir été autorisées par nous, le conseil d'État en-

tendu, et sur l'avis préalable de nos préfets et de nos Evêques, suivant les divers cas.

L'acceptation des dons ou des legs en argent ou objets mobiliers n'excédant pas 500 fr., sera autorisée par les préfets.

2. L'autorisation ne sera accordée qu'après l'approbation provisoire de l'Evêque diocésain, s'il y a charge de service religieux.

5. L'acceptation desdits legs ou dons, ainsi autorisée, sera faite, savoir :

Par les Evêques, lorsque les dons ou legs auront pour objet leur évêché, leur cathédrale ou leur séminaire ;

Par les doyens des chapitres, si les dispositions sont faites au profit des chapitres ;

Par le curé ou desservant, lorsqu'il s'agira de legs ou dons faits à la cure ou succursale, ou pour la subsistance des ecclésiastiques employés à la desservir ;

Par les trésoriers de fabriques, lorsque les donateurs ou testateurs auront disposé en faveur des fabriques ou pour l'entretien des églises et le service divin ;

Par le supérieur des associations religieuses, lorsqu'il s'agira de libéralités faites au profit de ces associations ;

Par les consistoires, lorsqu'il s'agira de legs faits pour la dotation des pasteurs ou pour l'entretien des temples ;

Par les administrateurs des hospices, bureaux de charité et de bienfaisance, lorsqu'il s'agira de libéralités en faveur des hôpitaux et autres établissements de bienfaisance ;

Par les administrateurs des collèges, quand les dons ou legs auront pour objet les collèges, ou des fondations de bourses pour les étudiants, ou des chaires nouvelles ;

Par les maires des communes, lorsque les dons ou legs seront faits au profit de la généralité des habitants, ou pour le soulagement et l'instruction des pauvres de la commune;

Et enfin par les administrateurs de tous les autres établissements d'utilité publique, légalement constitués, pour tout ce qui sera donné ou légué à ces établissements.

4. Les ordonnances et arrêtés d'autorisation détermineront, pour le plus grand bien des établissements, l'emploi des sommes données et prescriront la conservation ou la vente des effets mobiliers, lorsque le testateur ou le donateur aura omis d'y pourvoir.

5. Tout notaire dépositaire d'un testament contenant un legs au profit de l'un des établissements ou titulaires mentionnés ci-dessus, sera tenu de leur en donner avis lors de l'ouverture ou publication du testament.

En attendant l'acceptation, le chef de l'établissement ou le titulaire fera tous les actes conservatoires qui seront jugés nécessaires.

6. Ne sont point assujétis à la nécessité de l'autorisation les acquisitions et emplois en rentes constituées sur l'Etat ou les villes, que les établissements ci-dessus désignés pourront acquérir dans les formes de leurs actes ordinaires d'administration.

Les rentes ainsi acquises seront immobilisées et ne pourront être aliénées sans autorisation.

7. L'autorisation pour l'acceptation ne fera aucun obstacle à ce que les tiers intéressés se pourvoient, par les voies de droit, contre les dispositions dont l'acceptation aura été autorisée.

8. Notre ministre secrétaire d'Etat de l'intérieur est chargé de l'exécution de la présente ordonnance, qui sera insérée au *Bulletin des Lois.*

Loi du 24 mai 1825, relative à l'autorisation et à l'existence légale des congrégations et communautés religieuses de femmes.

I — Congrégations et communautés religieuses de femmes.

Art. 1er. — A l'avenir aucune congrégation religieuse de femmes ne pourra être autorisée, et, une fois autorisée, ne pourra former d'établissement que dans les formes et sous les conditions prescrites dans les articles suivants.

2. Aucune congrégation religieuse de femmes ne sera autorisée qu'après que ses statuts, dûment approuvés par l'Evêque diocésain, auront été vérifiés et enregistrés au conseil d'Etat, en la forme requise pour les bulles d'institution canonique. Ces statuts ne pourront être approuvés et enregistrés s'ils ne contiennent la clause que la congrégation est soumise dans les choses spirituelles à la juridiction de l'ordinaire. Après la vérification et l'enregistrement, l'autorisation sera accordée par une loi à celles de ces congrégations qui n'existaient pas au 1er janvier 1825. A l'égard de celles de ces congrégations qui existaient antérieurement au 1er janvier 1825, l'autorisation sera accordée par une ordonnance.

5. Il ne sera formé aucun établissement d'une congrégation religieuse de femmes déjà autorisée, s'il n'a été préalablement informé sur la convenance et les inconvénients de l'établissement, et si l'on ne produit à l'appui de la demande le consentement de l'Evêque diocésain et l'avis du conseil municipal de la commune où l'établissement devra être formé. L'autorisation spéciale de former l'établissement sera accordée par ordonnance, laquelle sera insérée dans quinzaine au *Bulletin des Lois*.

4. Les établissements dûment autorisés pourront, avec l'autorisation spéciale du roi :

1° Accepter les biens-meubles et immeubles qui leur auraient été donnés par actes entre-vifs ou par acte de dernière
volonté, à titre particulier seulement;

2° Acquérir à titre onéreux des biens immeubles ou des
rentes ;

3° Aliéner les biens immeubles ou les rentes dont ils seraient propriétaires.

5. Nulle personne faisant partie d'un établissement autorisé ne pourra disposer, par acte entre-vifs ou par testament,
soit en faveur de cet établissement, soit au profit de l'un de
ses membres, au-delà du quart de ses biens, à moins que le
don ou legs n'excède pas la somme de 10,000 fr.

Cette prohibition cessera d'avoir son effet relativement aux
membres de l'établissement, si la légataire ou donataire était
héritière en ligne directe de la testatrice ou donatrice.

Le présent article ne recevra son exécution, pour les communautés déjà autorisées, que six mois après la publication de
la présente loi, et pour celles qui seraient autorisées à l'avenir,
six mois après l'autorisation accordée.

6. L'autorisation des congrégations religieuses de femmes
ne pourra être révoquée que par une loi.

L'autorisation des maisons particulières dépendant de ces
congrégations ne pourra être révoquée qu'après avoir pris
l'avis de l'Evêque diocésain, et avec les autres formes prescrites par l'article 3 de la présente loi.

7. En cas d'extinction d'une congrégation ou maison religieuse de femmes, ou de révocation de l'autorisation qui lui
aurait été accordée, les biens acquis par donation entre-vifs

ou par disposition à cause de mort, feront retour aux donateurs ou à leurs parents au degré successible, ainsi qu'à ceux
des testateurs au même degré.

Quant aux biens qui ne feraient pas retour, ou qui auraient
été acquis à titre onéreux, ils seront attribués et répartis,
moitié aux établissements ecclésiastiques, moitié aux hospices
des départements dans lesquels seraient situés les établissements éteints.

La transmission sera opérée avec les charges et obligations
imposées aux précédents possesseurs.

Dans le cas de révocation prévu par le 1er §, les membres
de la congrégation ou maison religieuse de femmes auront
droit à une pension alimentaire, qui sera prélevée, 1° sur les
biens acquis à titre onéreux; 2° subsidiairement, sur les biens
acquis à titre gratuit, lesquels, dans ce cas, ne feront retour
aux familles des donateurs ou testateurs qu'après l'extinction
des dites pensions.

8. Toutes les dispositions de la présente loi, autres que
celles qui sont relatives à l'autorisation, sont applicables aux
congrégations et maisons religieuses de femmes autorisées antérieurement à la publication de la loi du 2 janvier 1817.

Instruction ministérielle du 17 juillet 1825, sur l'exécution de la loi concernant les congrégations et communautés religieuses de femmes.

1. Toute congrégation ou maison particulière *définitivement*
autorisée avant la loi du 2 janvier 1817, soit par décret, soit
par ordonnance royale, demeure reconnue, et n'est obligée
en aucune manière de demander une nouvelle autorisation.

2. Parmi les congrégations, il en est qui existaient de fait

avant le 1er janvier 1825, et qui, sans.être autorisées, ont pu librement se former et se propager; maintenant, pour qu'elles puissent avoir une existence légale et jouir des avantages qui y sont attachés, comme la faculté de recevoir, d'acquérir et de posséder, il faut qu'une demande en autorisation, accompagnée de leurs statuts revêtus de l'approbation de l'Évêque diocésain, soit transmise au ministre des affaires ecclésiastiques, si toutefois elle n'a déjà été adressée au Gouvernement dans l'intervalle du 2 janvier 1817 au 1er janvier 1825.

3. La commission des règlements particuliers sur la discipline intérieure des maisons, tels que ceux qui fixent les heures, la nature et la durée des exercices religieux, n'est pas nécessaire; il suffit de faire connaître les statuts, c'est-à-dire les points fondamentaux qui déterminent le but, le régime général de la congrégation.

4. Après que les formalités prescrites par l'article 2 de la présente loi auront été remplies, ces congrégations et maisons particulières, aux termes du même article, pourront être autorisées par une ordonnance royale.

5. Une congrégation se compose ou d'établissements qui reconnaissent une supérieure générale, comme celles des filles de Saint-Vincent-de-Paul, ou d'établissements qui ne reconnaissent qu'une supérieure locale, qui sont indépendants les uns des autres, encore qu'ils soient soumis aux mêmes règles et statuts, comme la congrégation des religieuses urselines.

6. Pour les unes comme pour les autres de ces congrégations, lorsque les statuts qui les régissent auront été vérifiés et enregistrés une première fois, il suffira, dans la demande en autorisation de chaque établissement, de déclarer que ces sta-

tuts sont adoptés et suivis par les religieuses qui le composent, et l'autorisation pourra être accordée d'après le consentement de l'Evêque diocésain et l'avis des conseils municipaux.

7. Les Sœurs d'école et de charité, placées dans un local fourni par une commune ou dans un hospice, ne seront censées former un é'ablissement susceptible d'être autorisé qu'au tant que l'engagement de la congrégation avec la commune ou l'hospice serait à perpétuité.

8. La supérieure générale d'une congrégation conserve une action immédiate sur tous les sujets qui en dépendent : elle a le droit de les placer et de déplacer, de les transférer d'un établissement dans un autre, de surveiller le régime intérieur et l'administration. Mais chaque établissement n'en demeure pas moins soumis dans les choses spirituelles à l'Evêque diocésain ; cette reconnaissance de l'autorité spirituelle des ordinaires doit toujours être exprimée dans les statuts.

9. Nul établissement autorisé comme faisant partie d'une congrégation à supérieure générale, ne peut s'en séparer, soit pour s'affilier à une autre congrégation, soit pour former une maison à supérieure locale indépendante, sans perdre, par cela seul, les effets de son autorisation.

10. Tout acte émané du Saint-Siège, portant approbation d'un statut religieux, ne pourrait avoir d'effet qu'autant qu'il aurait été vérifié dans les formes voulues pour la publication des bulles d'institution canonique.

11. Nul doute que les communautés religieuses ne puissent déclarer dans leurs statuts que les membres qui les composent se lient par des vœux ; mais, la loi civile ne prêtant son appui et sa force qu'à des vœux qui n'excèderaient pas cinq ans, des

statuts qui exprimeraient la perpétuité des vœux ne rece-
vraient pas d'approbation légale.

12. La loi n'interdit point aux religieuses la libre jouissance de leurs biens patrimoniaux et autres qu'elles possèdent, ou qui pourraient leur échoir : ici leurs droits sont ceux
du reste des Français. Elles peuvent même disposer de leurs
biens, soit par donation, soit par testament : il n'est dérogé à
leur égard au droit commun que dans les cas déterminés par
l'article 5 de la loi.

13. Mais comme il était notoire que les propriétés de beaucoup d'établissements, même leur habitation avec ses dépen
dances, avaient été acceptées ou acquises par l'un ou quelques-uns de leurs membres, la loi a voulu empêcher le tort
que ces établissements pourraient souffrir de l'exécution immédiate de cet article 5. En conséquence, si une religieuse
veut disposer en faveur de sa communauté, elle reste dans le
droit commun pendant six mois à dater du 2 juin 1825, jour
de la promulgation de la loi, s'il s'agit d'établissements déjà
autorisés définitivement, et pendant six mois à dater du jour
de l'autorisation définitive, s'il s'agit d'établi sements qui,
existant de fait au 1er janvier 1825, pourront être autorisés à
l'avenir.

14. Les religieuses doivent bien se pénétrer de cette disposition si favorable à leur communauté, et ne pas négliger d'en
profiter en temps utile; il suffira pour cela que la donation et
la demande en autorisation pour accepter soient faites dans les
délais fixés par la loi. Mais ces délais sont de rigueur; une fois
qu'ils seraient passés, il ne serait plus permis, ni possible
d'empêcher l'exécution des dispositions textuelles de cette loi.

15. Les actes de donation doivent contenir l'énonciation des

sommes dues et hypothéquées sur les biens cédés, pour que la transmission de ces dettes soit comprise dans l'ordonnance qui autorise l'acceptation de la donation.

16. Tous dons et legs qui seraient faits à l'avenir à des établissements de religieuses doivent êtres acceptés par la supérieure générale des congrégations dont ils font partie, ou par la supérieure locale des maisons qui ne reconnaissent pas de supérieure générale, à la charge, dans l'un et l'autre cas, de donner aux libéralités la destination voulue par les donateurs ou testateurs.

17. La demande en autorisation d'accepter sera transmise au ministre, revêtue de l'avis de l'Evêque dans le diocèse duquel se trouve l'établissement donataire ou légataire; elle sera communiquée au préfet, pour qu'il fournisse ses renseignements sur les réclamations qui pourraient être faites.

18. Les dispositions des lois et règlements qui prescrivent les formalités à remplir par les établissements d'utilité publique, pour acquisitions, aliénations, et en général pour l'administration des biens, sont applicables aux actes de cette nature concernant les congrégations et communautés, qui seront représentées, suivant les cas, par la supérieure générale ou par la supérieure locale.

19. Les préfets, ainsi qu'il est prescrit par l'ordonnance du 2 avril 1817, autoriseront l'acceptation de tout don et legs en argent ou effets mobiliers, dont la valeur n'excèdera pas 300 fr.

20. Les registres de chaque établissement où seront inscrits tous actes, délibérations, comptes en recette et dépense, quoique sur papier non timbré, seront cotés et paraphés par la supérieure, et tenus sans lacune.

Signé : Évêque D'HERMOPOLIS.

Ordonnance royale du 14 janvier 1831, relative aux donations et legs, acquisitions et aliénations de biens concernant les établissements ecclésiastiques et les communautés religieuses de femmes.

1. L'article 6 de l'ordonnance royale du 2 avril 1817 est rapporté. En conséquence, aucun transfert ni transcription de rentes sur l'Etat, au profit d'un établissement ecclésiastique ou d'une communauté, ne sera effectué qu'autant qu'il aura été autorisé par une ordonnance royale dont l'établissement intéressé présentera, par l'intermédiaire de son agent de change, expédition en due forme au directeur du grand livre de la dette publique.

2. Aucun notaire ne pourra passer acte de vente, d'acquisition, d'échange, de transaction, au nom des dits établissements, s'il n'est justifié de l'ordonnance royale portant autorisation de l'acte, et qui devra y être entièrement insérée.

3. Nulle acceptation de legs au profit des mêmes établissements ne sera présentée à notre autorisation sans que les héritiers connus du testateur ne soient appelés par acte extra-judiciaire, pour prendre connaissance du testament, donner leur consentement à son exécution, ou produire leurs moyens d'opposition. S'il n'y a pas d'héritiers connus, extrait du testament sera affiché de huitaine en huitaine, et à trois reprises consécutives, au chef-lieu de la mairie du domicile du testateur, et inséré dans le journal judiciaire du département, avec invitation aux héritiers d'adresser au préfet, dans le même délai, les réclamations qu'ils auront à présenter.

4. Ne pourront être présentées à notre autorisation les do-

nations qui seraient faites à des établissements ecclésiastiques
ou religieux, *avec réserve d'usufruit en faveur du donateur.*

5. L'état de l'actif et du passif, ainsi que des revenus et des
charges des établissements légataires ou donataires, vérifié et
certifié par le préfet, sera produit à l'appui de leur demande
en autorisation d'accepter les dons et legs qui leur seraient
faits.

6. Les dispositions de la présente ordonnance seront applicables aux autorisations à donner par le préfet en vertu de
l'art. 1er de l'ordonnance du 2 avril 1817.

Décret du 31 janvier 1852 sur les congrégations et communautés religieuses de femmes.

ARTICLE 1er Les congrégations et communautés religieuse
de femmes pourront être autorisées par un décret du président de la République :

1° Lorsqu'elles déclareront adopter, quelle que soit l'époque de leur fondation, des statuts déjà vérifiés et enregistrés
au conseil d'État et approuvés pour d'autres communautés
religieuses ;

2° Lorsqu'il sera attesté par l'Évêque diocésain que les
congrégations qui présenteront des statuts nouveaux au conseil d'État existaient antérieurement au 1er janvier 1825 ;

5° Lorsqu'il y aura nécessité de réunir plusieurs communautés qui ne pourraient plus subsister séparément ;

4° Lorsqu'une association religieuse de femmes, après avoir
été d'abord reconnue comme communauté régie par une supérieure locale, justifiera qu'elle était réellement dirigée, à l'é-
poque de son autorisation, par une supérieure générale, et

qu'elle avait formé, à cette époque, des établissements sous sa dépendance.

ART. 2. Les modifications des statuts vérifiés et enregistrés au conseil d'Etat pourront être également approuvées par un décret.

ART. 3. Dans les cas prévus par les articles précédents, l'au‑torisation ne sera accordée aux congrégations religieuses de femmes qu'après que le consentement de l'Évêque diocésain aura été représenté, et que les formalités prescrites par les art. 2 et 5 de la loi du 24 mai 1825 auront été remplies.

ART. 4. Le ministre de l'instruction publique et des cultes est chargé de l'exécution du présent décret, qui sera inséré au *Bulletin des Lois.*

Signé : LOUIS-NAPOLÉON.

2° *Lois, décrets et arrêtés sur l'enseignement.*

Loi du 15 mars 1850, sur l'enseignement.

Les articles et les parties d'articles imprimés en italique, remplacent, à dater du 1er septembre 1854, ceux qui ont été abrogés par le décret du 9 mars 1852 et par la loi du 14 juin 1854.

TITRE Ier.

DES AUTORITÉS PRÉPOSÉES A L'ENSEIGNEMENT.

CHAPITRE Ier. — DU CONSEIL IMPÉRIAL DE L'INSTRUCTION PUBLIQUE.

ART. 1er. — *Cet article a été modifié et remplacé par les ar‑ticles 5, 6 et 1er du décret du 9 mars 1852.*

Art. 2. — *Cet article a été abrogé par le décret du 9 mars 1852, qui n'a pas maintenu la section permanente.*

Art. 5. — *Cet article a été modifié et remplacé par le § 2 de l'article 5 du décret du 9 mars 1852.*

Art. 4. — *Cet article a été modifié et remplacé par le § 3 de l'article 5 du décret du 9 mars 1852.*

Art. 5. — Le conseil impérial peut être appelé à donner son avis sur les projets de lois, de règlements et de décrets relatifs à l'enseignement, et en général sur toutes les questions qui lui seront soumises par le ministre.

Il est nécessairement appelé à donner son avis :

Sur les règlements relatifs aux examens, aux concours et aux programmes d'études dans les écoles publiques, à la surveillance des écoles libres, et en général sur tous les arrêtés portant règlement pour les établissements d'instruction publique ;

Sur la création des facultés, lycées et collèges ;

Sur les secours et encouragements à accorder aux établissements libres d'instruction secondaire;

Sur les livres qui peuvent être introduits dans les écoles publiques, et sur ceux qui doivent être défendus dans les écoles libres, comme contraires à la morale, à la constitution et aux lois.

Le § 7 a été modifié par le § 2 de l'article 5 du décret du 9 mars 1852, en ce qui concerne les peines disciplinaires prononcées contre les membres de l'enseignement secondaire public.

Art. 6. — *Cet article a été abrogé par le décret du 9 mars 1852.*

CHAPITRE II. — DES CONSEILS ACADÉMIQUES [1].

ART. 7. — *Cet article a été modifié et remplacé par les articles 1 er et 11 de la loi du 14 juin 1854.*

ART. 8. — *Cet article a été modifié et remplacé par les articles 2, 8 et 9 de la loi du 14 juin 1854.*

Art. 9. — *Cet article a été abrogé et remplacé par l'article 1er du décret du 9 mars 1852.*

CHAPITRE II bis. — DES CONSEILS DÉPARTEMENTAUX.

ART. 10 [2]. — Le conseil *départemental* est composé ainsi qu'il suit :

Le *préfet*, président ;

L'*inspecteur* d'académie, un inspecteur es écoles primaires, désigné par le ministre ;

L'Evêque ou son délégué ;

Un ecclésiastique désigné par l'Evêque ;

Un ministre de l'une des deux églises protestantes, désigné par le ministre de l'instruction publique, dans les départements où il existe une église légalement établie ;

Un *membre* du consistoire israélite, dans chacun des départements où il existe un consistoire légalement établi, *désigné par le ministre.*

Le procureur général près la cour d'appel dans les

[1] D'après la loi du 14 jui~ 1854, de nouveaux conseils académiques sont formés au chef-lieu des nouvelles académies, et les anciens conseils sont transformés en conseils départementaux.

[2] Cet article et les suivants s'appliquent actuellement aux conseils départementaux.

villes où siège une cour d'appel, et, dans les autres, le procureur impérial près le tribunal de première instance;

Un membre de la cour d'appel, ou, à défaut de cour d'appel un membre du tribunal de première instance, *désigné par le ministre*;

Quatre membres *désignés par le ministre,* dont deux au moins pris dans le *sein du conseil général.*

La présence de la moitié plus un des membres est nécessaire pour la validité des délibérations du conseil *départemental.*

ART. 11. — Pour le département de la Seine, le conseil *départemental* est composé comme il suit :

Le préfet, président ;

Le recteur *de l'académie de Paris, vice-président;*

L'archevêque de Paris ou son délégué;

Trois ecclésiastiques désignés par l'archevêque;

Un ministre de l'église réformée, *désigné par le ministre*;

Un ministre de l'église de la confession d'Augsbourg, *désigné par le ministre* ;

Un membre du consistoire israélite, *désigné par le ministre*;

Deux des inspecteurs de l'académie attachés au département de la Seine, désignés par le ministre;

Deux inspecteurs de l'instruction primaire dudit département désignés par le ministre;

Le procureur général près la cour d'appel, ou un membre du parquet désigné par lui ;

Un membre de la cour d'appel, *désigné par le ministre;*

Un membre du tribunal de première instance, désigné par le ministre;

Quatre membres du conseil municipal de Paris, et deux membres du conseil général de la Seine, pris parmi ceux des arrondissements de Sceaux et de Saint-Denis, *désignés par le ministre;*

Le secrétaire général de la préfecture du département de la Seine.

ART. 12. — *Cet article a été abrogé par le décret du 9 mars 1832 qui attribue au ministre la nomination et la révocation des membres des anciens conseils académiques.*

ART. 13. — *Cet article a été modifié et remplacé par les §§ 2 et 5 de l'article 10 de la loi du 14 juin 1854.*

ART. 14. — *Cet article a été modifié par l'article 7 de la loi du 14 juin 1854, en ce qui concerne les attributions des nouveaux conseils départementaux.*

Le conseil *départemental* donne son avis :

Sur le budget et les comptes administratifs des écoles normales primaires.

Sur les secours et encouragements à accorder aux écoles primaires ;

Il prononce, sauf recours au conseil impérial, sur les affaires contentieuses relatives à l'ouverture des écoles libres, aux droits des maîtres particuliers, et à l'exercice du droit d'enseigner ; et, dans les cas déterminés par la présente loi, sur les affaires disciplinaires relatives aux instituteurs primaires, publics ou libres.

ART. 15. — *Cet article a été également modifié par l'article 7 de la loi du 14 juin 1854, en ce qui concerne les attributions des nouveaux conseils départementaux.*

Le conseil départemental est nécessairement consulté sur les règlements relatifs au régime intérieur des écoles normales primaires, et sur les règlements relatifs aux écoles publiques primaires.

Il fixe le taux de la rétribution scolaire, sur l'avis des conseils municipaux et des délégués cantonnaux.

Il détermine les cas où les communes peuvent, à raison des circonstances, et provisoirement, établir ou conserver des écoles primaires dans lesquelles seront admis des enfants de l'un et l'autre sexe, ou des enfants appartenant aux différents cultes reconnus.

Il donne son avis au *préfet* sur les récompenses à accorder aux instituteurs primaires.

Le *préfet* fait les propositions au ministre et distribue les récompenses accordées.

ART. 16.—*Cet article a été abrogé par la loi du 14 juin 1854, qui a modifié les attributions des nouveaux conseils académiques.*

CHAPITRE III. — DES ÉCOLES ET DE L'INSPECTION.
Section Ire. — Des écoles.

ART. 17. — La loi reconnaît deux espèces d'écoles primaires ou secondaires :

1° Les écoles fondées ou entretenues par les communes, les départements ou l'Etat, et qui prennent le nom d'*écoles publiques;*

2° Les écoles fondées et entretenues par des particuliers ou des associations, et qui prennent le nom d'*écoles libres.*

Section II. — De l'inspection.

ART. 18. — L'inspection des établissements d'instruction publique ou libre est exercée,

1° Par les inspecteurs généraux ;

2° Par les recteurs et les inspecteurs d'académie ;

3° Par les inspecteurs de l'enseignement primaire ;

4° Par les délégués cantonnaux, le maire et le curé, le pasteur ou le délégué du consistoire israélite, en ce qui concerne l'enseignement primaire.

Les ministres des différents cultes n'inspecteront que les écoles spéciales à leur culte, ou les écoles mixtes pour leurs coreligionnaires seulement.

Le recteur pourra, en cas d'empêchement, déléguer temporairement l'inspection à un membre du conseil académique.

ART. 19. — *Cet article a été abrogé et remplacé par les articles 6 et 1er du décret du 9 mars 1852.*

ART. 20. — L'inspection de l'enseignement primaire est spécialement confiée à deux inspecteurs *généraux* [1].

Il y a en outre, dans chaque arrondissement, un inspecteur de l'enseignement primaire, *nommé par le ministre.*

Néanmoins, sur l'avis du conseil *départemental*, deux arrondissements pourront être réunis pour l'inspection.

Un règlement déterminera le classement, les frais de tournée, l'avancement et les attributions des inspecteurs de l'enseignement primaire [2].

ART. 21. — L'inspection des écoles publiques s'exerce

[1] Un décret du 15 février 1854 a porté à trois le nombre des inspecteurs généraux de l'enseignement primaire

[2] Ces dispositions ont été réglées par un décret du 29 juillet 1850 et des arrêtés des 3 janvier 1851 et 20 janvier 1854.

conform ment aux règlements délibérés par le conseil impérial.

Celle des écoles libres porte sur la moralité, l'hygiène
et la salı brité.

Elle ı e peut porter sur l'enseignement que pour vérifier s'il n'est pas contraire à la morale, à la constitution et
aux lois.

Art. 22. — Tout chef d'établissement primaire ou secondaire qui refusera de se soumettre à la surveillance de
l'Etat, t lle qu'elle est prescrite par l'article précédent, sera
traduit levant le tribunal correctionnel de l'arrondissement,
et conda nné à une amende de cent francs à mille francs.

En ca de récidive, l'amende sera de cinq cents francs à trois
mille fr ncs. Si le refus de se soumettre à la surveillance de
l'Etat a lonné lieu à deux condamnations dans l'année, la fermeture le l'établissement pourra être ordonnée par le jugement qu prononcera la seconde condamnation.

Le pı ocès-verbal des inspecteurs constatant le refus du
chef d'élablissement fera foi jusqu'à inscription de faux.

TITRE II.

DE L'ENSEIGNEMENT PRIMAIRE.

CHAPITRE Ier. — DISPOSITIONS GÉNÉRALES.

Art. 23. — L'enseignement primaire comprend :
L'instruction morale et religieuse ;
La le ture ;
L'écriture ;
Les éléments de la langue française ;
Le calcul et le système légal des poids et mesures.

Il peut comprendre, en outre :

L'arithmétique appliquée aux opérations pratiques ;

Les éléments de l'histoire et de la géographie;

Des notions des sciences physiques et de l'histoire naturelles applicables aux usages de la vie ;

Des instructions élémentaires sur l'agriculture, l'industrie et l'hygiène ;

L'arpentage, le nivellement, le dessin linéaire ;

Le chant et la gymnastique.

ART. 24. — L'enseignement primaire est donné gratuitement à tous les enfants dont les familles sont hors d'état de le payer [1].

CHAPITRE II. — DES INSTITUTEURS.

Section Ire. — Des conditions d'exercice de la profession d'instituteur primaire public ou libre.

ART. 25.—Tout Français âgé de vingt et un ans accomplis peut exercer dans toute la France la profession d'instituteur primaire, public ou libre, s'il est muni d'un brevet de capacité.

Le brevet de capacite peut être suppléé par le certificat de stage dont il est parlé à l'article 47, par le diplôme de bachelier, par un certificat constatant qu'on a été admis dans une des écoles spéciales de l'Etat [2], ou par le titre de ministre,

[1] L'application de cette disposition a été réglementée par le décret du 31 décembre 1853.

[2] Un décret du 31 mars 1851 fixe la liste des écoles spéciales dont le certificat d'admission équivaut au brevet de capacité.

non interdit ni révoqué, de l'un des cultes reconnus par l'Etat.

ART. 26. — Sont incapables de tenir une école publique ou libre, ou d'y être employés, les individus qui ont subi une condamnation pour crime ou pour un délit contraire à la probité ou aux mœurs, les individus privés par jugement de tout ou partie des droits mentionnés en l'article 42 du code pénal, et ceux qui ont été interdits en vertu des articles 50 et 55 de la présente loi.

Section II. — Des conditions spéciales aux instituteurs libres.

ART. 27. Tout instituteur qui veut ouvrir une école libre doit préalablement déclarer son intention au maire de la commune où il veut s'établir, lui désigner le local, et lui donner l'indication des lieux où il a résidé et des professions qu'il a exercées pendant les dix années précédentes.

Cette déclaration doit être, en outre, adressée par le postulant au *préfet du département*, au procureur impérial et au sous-préfet.

Elle demeurera affichée, par les soins du maire, à la porte de la mairie pendant un mois.

ART. 28. — Le *préfet*, soit d'office, soit sur la plainte du procureur de la république ou du sous-préfet, peut former opposition à l'ouverture de l'école, dans l'intérêt des mœurs publiques, dans le mois qui suit la déclaration à lui faite.

Cette opposition est jugée dans un bref délai, contradictoirement et sans recours, par le conseil *départemental*.

Si le maire refuse d'approuver le local, il est statué à cet égard par ce conseil.

A défaut d'opposition, l'école peut être o verte à l'expiration du mois, sans autre formalité.

ART. 29. — Quiconque aura ouvert ou dirigé une école en contravention aux articles 25, 26 et 27, ou avai t l'expiration du délai fixé par le dernier para ;raphe de l'ai ticle 28, sera poursuivi devant le tribunal correctionnel d i lieu du délit, et condamné à une amende de cinquante fran s à cinq cents franc .

L'école sera fermée.

En cas de récidive, le délinquant sera condan né à un emprisonnement de six jours à un mois et à une. a rende de cent francs à mille francs.

La même peine de six jours à un mois d'emprisonnement et de cent francs à mille francs d'amende sera prononcée contre celui qui, dans le cas d'opposition formée à l'ouverture de son école, l'aura néanmoins ouverte avant qu'il ait été statué sur cette opposition, ou bien au mépris de la décision du conseil *départemental* qui aurait accueilli l'opposition.

Ne seront pas considérées comme tenant école, les personnes qui, dans un but purement charitable, et sans exercer la profession d'instituteur, enseigneront à lire et à écrire aux enfants, avec l'autorisation du délégué car tonnal.

Néanmoins, cette autorisation pourra être retii ée par le conseil *départemental*.

ART. 30. — Tout instituteur libre, sur la plainte du *préfet* ou du procureur impérial, pourra être traduit, pour cause de faute grave dans l'exercice de ses fonctions, d'inconduite ou d'immoralité, devant le conseil *départementa l*, et être censuré, suspendu pour un temps qui ne pourra e xcéder six mois, ou interdit de l'exercice de sa profession dans la commune où il exerce.

Le conseil *départemental* peut même le frapper d'une interdiction absolue. Il y aura lieu à appel devant le conseil supérieur de l'instruction publique.

Cet appel devra être interjeté dans le délai de dix jours à compter de la notification de la décision, et ne sera pas suspensif.

Section III. — Des instituteurs communaux.

Art. 51. — *Cet article a été modifié par l'article 4 du décret du 7 mars 1852, et par l'article 8 de la loi du 14 juin 1854.*

Les instituteurs communaux sont nommés par le *préfet*, et choisis sur une liste d'admissibilité et d'avancement dressée par le conseil départemental, soit sur la présentation qui est faite par les supérieurs pour les membres des associations religieuses vouées à l'enseignement et autorisées par la loi ou reconnues comme établissements d'utilité publique.

Les consistoires jouissent du droit de présentation pour les instituteurs appartenant aux cultes non catholiques.

Art. 52. — Il est interdit aux instituteurs communaux d'exercer aucune fonction administrative sans l'autorisation du conseil *départemental*.

Toute profession commerciale ou industrielle leur est absolument interdite.

Art. 53. — Le *préfet* peut, suivant les cas, réprimander, suspendre, avec ou sans privation totale ou partielle de traitement, pour un temps qui n'excédera pas six mois, ou révoquer l'instituteur communal.

L'instituteur révoqué est incapable d'exercer la profession d'instituteur, soit public, soit libre, dans la même commune.

Le conseil *départemental* peut, après l'avoir entendu ou dûment appelé, frapper l'instituteur communal d'une interdiction absolue, sauf appel devant le conseil supérieur de l'instruction publique dans le délai de dix jours à partir de la notification de la décision Cet appel n'est pas suspensif.

En cas d'urgence, le maire peut suspendre provisoirement l'instituteur communal, à charge de rendre compte, dans les deux jours, au recteur.

ART. 54. — Le conseil *départemental* détermine les écoles publiques auxquelles, d'après le nombre des élèves, il doit être attaché un instituteur adjoint.

Les instituteurs adjoints peuvent n'être âgés que de dix-huit ans et ne sont pas assujétis aux conditions de l'article 25.

Ils sont nommés et révocables par l'instituteur, avec l'agrément du *préfet*. Les instituteurs adjoints appartenant aux associations religieuses dont il est parlé dans l'article 51 sont nommés et peuvent être révoqués par les supérieurs de ces associations.

Le conseil municipal fixe le traitement des instituteurs adjoints. Ce traitement est à la charge exclusive de la commune.

ART. 55. Tout département est tenu de pourvoir au recrutement des instituteurs communaux, en entretenant des élèves - maîtres, soit dans les établissements d'instruction primaire désignés par le conseil *départemental*, soit aussi dans l'école normale établie à cet effet par le département.

Les écoles normales peuvent être supprimées par le conseil

général du département; elles peuvent l'être également par le ministre en conseil supérieur, sur le rapport du conseil *départemental*, sauf, dans les deux cas, le droit acquis aux boursiers en jouissance de leur bourse.

Le programme de l'enseignement, les conditions d'entrée et de sortie, celles qui sont relatives à la nomination du personnel, et tout ce qui concerne les écoles normales, sera déterminé par un règlement délibéré en conseil supérieur [1].

CHAPITRE III. — DES ÉCOLES COMMUNALES.

ART. 56. — Toute commune doit entretenir une ou plusieurs écoles primaires.

Le conseil *départemental* peut autoriser une commune à se réunir à une ou plusieurs communes voisines pour l'entretien d'une école.

Toute commune a la faculté d'entretenir une ou plusieurs écoles entièrement gratuites, à la condition d'y subvenir sur ses propres ressources.

Le conseil *départemental* peut dispenser une commun d'entretenir une école publique, à condition qu'elle pourvoira à l'enseignement primaire gratuit, dans une école libre, de tous les enfants dont les familles sont hors d'état d'y subvenir. Cette dispense peut toujours être retirée.

Dans les communes où les différents cultes reconnus sont professés publiquement, des écoles séparées seront établies pour les enfants appartenant à chacun de ces cultes, sauf ce qui est dit à l'article 15.

La commune peut, avec l'autorisation du conseil *départe-*

[1] Ce règlement a été adopté par un arrêté du 24 mars 1851.

9*

mental, exiger que l'instituteur communal donne, en tout ou en partie, à son enseignement les développements dont il est parlé à l'article 23.

ART. 37. Toute commune doit fournir à l'instituteur un local convenable, tant pour son habitation que pour la tenue de l'école, le mobilier de classe et un traitement.

ART. 58. — A dater du 1er janvier 1851, le traitement des instituteurs communaux se composera :

1° D'un traitement fixe, qui ne peut être inférieur à deux cents francs ;

2° Du produit de la rétribution scolaire ;

3° D'un supplément accordé à tout ceux dont le traitement, joint au produit de la rétribution scolaire, n'atteint pas six cents francs [1].

Ce supplément sera calculé d'après le total de la rétribution scolaire pendant l'année précédente.

ART. 39. — *Cet article a été abrogé par la loi du 9 juin* 1853 *sur les pensions civiles.*

ART. 40. — A défaut de fondations, dons ou legs, le conseil municipal délibère sur les moyens de pourvoir aux dépenses de l'enseignement primaire dans la commune.

En cas d'insuffisance des revenus ordinaires, il est pourvu à ces dépenses au moyen d'une imposition spéciale votée par le conseil municipal, ou, à défaut du vote de ce conseil, établie par un décret du pouvoir exécutif. Cette imposition, qui devra être autorisée chaque année par la loi de finances, ne pourra excéder trois centimes additionnels au principal des quatre contributions directes.

[a] Voir le décret du 31 décembre 1853, art. 5.

Lorsque des communes, soit par elles-mêmes, soit en se réunissant à d'autres communes, n'auront pu subvenir, de la manière qui vient d'être indiquée, aux dépenses de l'école communale, il y sera pourvu sur les ressources ordinaires du département, ou, en cas d'insuffisance, au moyen d'une imposition spéciale votée par le conseil général, ou, à défaut du vote de ce conseil, établie par un décret. Cette imposition, autorisée chaque année par la loi de finances, ne devra pas excéder deux centimes additionnels au principal des quatre contributions directes.

Si les ressources communales et départementales ne suffisent pas, le ministre de l'instruction publique accordera une subvention sur le crédit qui sera porté annuellement pour l'enseignement primaire au budget de l'Etat.

Chaque année, un rapport annexé au projet de budget fera connaître l'emploi des fonds alloués pour l'année précédente.

ART. 41. La rétribution scolaire est perçue dans la même forme que les contributions publiques directes ; elle est exempte des droits de timbre, et donne droit aux mêmes remises que les autres recouvrements.

Néanmoins, sur l'avis conforme du conseil général, l'instituteur communal pourra être autorisé par le conseil *départemental* à percevoir lui-même la rétribution scolaire.

CHAPITRE IV.—DES DÉLÉGUÉS CANTONNAUX, ET DES AUTRES AUTORITÉS PRÉPOSÉES A L'ENSEIGNEMENT PRIMAIRE.

ART. 42. Le conseil *départemental* désigne un ou plusieurs délégués résidant dans chaque canton, pour surveiller les écoles publiques et libres du canton, et détermine les écoles particulièrement soumises à la surveillance de chacun.

Les délégués sont nommés pour trois ans ; ils sont rééligibles et révocables. Chaque délégué correspond, tant avec le conseil *départemental*, auquel il doit adresser ses rapports, qu'avec les autorités locales, pour tout ce qui regarde l'Etat et les besoins de l'enseignement primaire dans sa circonscription.

Il peut, lorsqu'il n'est pas membre du conseil *départemental*, assister à ses séances, avec voix consultative pour les affaires intéressant les écoles de sa circonscription.

Les délégués se réunissent au moins une fois tous les trois mois au chef-lieu de canton, sous la présidence de celui d'entre eux qu'ils désignent, pour convenir des avis à transmettre au conseil *départemental*.

ART. 43. — A Paris, les délégués nommés pour chaque arrondissement par le conseil *départemental* se réunissent au moins une fois tous les mois, avec le maire, un adjoint, le juge de paix, un curé de l'arrondissement et un ecclésiastique, ces deux derniers désignés par l'archevêque, pour s'entendre au sujet de la surveillance locale et pour convenir des avis à transmettre au conseil *départemental*. Les ministres des cultes non catholiques reconnus, s'il y a dans l'arrondissement des écoles suivies par des enfants appartenant à ces cultes, assistent à ces réunions avec voix délibérative.

La réunion est présidée par le maire.

ART. 44. — Les autorités locales préposées à la surveillance et à la direction morale de l'enseignement primaire sont, pour chaque école, le maire, le curé, le pasteur ou délégué du culte israélite, et, dans les communes de deux mille âmes et au-dessus, un ou plusieurs habitants de la commune, délégués par le conseil *départemental*.

Les ministres des différents cultes sont spécialement chargés de surveiller l'enseignement religieux de l'école.

L'entrée de l'école leur est toujours ouverte.

Dans les communes où il existe des écoles mixtes, un ministre de chaque culte aura toujours l'entrée de l'école pour veiller à l'éducation religieuse des enfants de son culte.

Lorsqu'il y a pour chaque culte des écoles séparées, les enfants d'un culte ne doivent être admis dans l'école d'un autre culte que sur la volonté formellement exprimée par les parents.

Art. 45. Le maire dresse chaque année, de concert avec les ministres des différents cultes, la liste des enfants qui doivent être admis gratuitement dans les écoles publiques [1]. Cette liste est approuvée par le conseil municipal, et définitivement arrêtée par le préfet.

Art. 46. — Chaque année, le conseil *départemental* nomme une commission d'examen chargée de juger publiquement, et à des époques déterminées par le *préfet*, l'aptitude des aspirants au brevet de capacité, quel que soit le lieu de leur domicile.

Cette commission se compose de sept membres et choisit son président.

Un inspecteur d'arrondissement pour l'instruction primaire, un ministre du culte professé par le candidat, et deux membres de l'enseignement public ou libre, en font nécessairement partie.

_____

[1] Le décret du 31 décembre 1853 a réglé l'application de cette disposition.

L'examen ne portera que sur les matières comprises dans la première partie de l'article 23.

Les candidats qui voudront être examinés sur tout ou partie des autres matières spécifiées dans le même article, en feront la demande à la commission. Les brevets délivrés feront mention des matières spéciales sur lesquelles les candidats auront répondu d'une manière satisfaisante.

ART. 47.—Le conseil *départemental* délivre, s'il y a lieu, des certificats de stage aux personnes qui justifient avoir enseigné pendant trois ans au moins les matières comprises dans la première partie de l'article 23, dans les écoles publiques ou libres autorisées à recevoir des stagiaires.

Les élèves-maîtres sont, pendant la durée de leur stage, spécialement surveillés par les inspecteurs de l'enseignement primaire.

Chapitre V. — Des écoles de filles.

ART. 48. — L'enseignement primaire dans les écoles de filles comprend, outre les matières de l'enseignement primaire énoncées dans l'article 23, les travaux à l'aiguille.

ART. 49. — Les lettres d'obédience tiendront lieu de brevet de capacité aux institutrices appartenant à des congrégations religieuses vouées à l'enseignement et reconnues par l'Etat.

L'examen des institutrices n'aura pas lieu publiquement.

ART. 50. — *Cet article a été modifié par l'article 4 du décret du 9 mars.*

Tout ce qui se rapporte à l'examen des institutrices, à la surveillance et à l'inspection des écoles de filles, sera l'objet d'un règlement délibéré en conseil supérieur **1**. Les autres dispositions de la présente loi , relatives aux écoles et aux instituteurs , sont applicables aux écoles de filles et aux institutrices , à l'exception des articles 58 , 39 , 40 et 41.

Art. 51 . — Toute commune de huit cents âmes de population et au-dessus est tenue, si ses propres ressources lui en fournissent les moyens, d'avoir au moins une école de filles , sauf ce qui est dit à l'article 15.

Le conseil *départemental* peut , en outre , obliger les communes d'une population inférieure à entretenir, si leur ressources ordinaires le leur permettent, une école de filles ; et, en cas de réunion de plusieurs communes pour l'enseignement primaire, il pourra, selon les circonstances, décider que l'école de garçons et l'école de filles seront dans deux communes différentes. Il prend l'avis du conseil municipal.

Art. 52 . — Aucune école primaire, publique ou libre, ne peut, sans l'autorisation du conseil *départemental*, recevoir d'enfants des deux sexes , s'il existe dans la commune une école publique ou libre de filles.

Chapitre VI. — Institutions complémentaires.

Section 1re — Des pensionnats primaires.

Art. 53 . — Tout Français âgé de vingt-cinq ans, ayant au moins cinq années d'exercice comme instituteur, ou comme maître dans un pensionnat primaire, et remplissant les condi-

---

: Le décret du 31 décembre 1853 et l'arrêté du 15 février 1853 ont réglé tout ce qui se rapporte à l'examen des institutrices et à la surveillance et à l'inspection des écoles de filles.

tions énumérées en l'article 25, peut ouvrir un pensionnat primaire, après avoir déclaré son intention au *préfet du département* et au maire de la commune. Toutefois, les instituteurs communaux ne pourront ouvrir de pensionnat qu'avec l'autorisation du conseil *départemental*, sur l'avis du conseil municipal.

Le programme de l'enseignement et le plan du local doivent être adressés au maire et au *préfet*.

Le conseil *départemental* prescrira, dans l'intérêt de la moralité et de la santé des élèves, toutes les mesures qui seront indiquées dans un règlement délibéré par le conseil *impérial* [1].

Les pensionnats primaires sont soumis aux prescriptions des articles 26, 27, 28, 29 et 50 de la présente loi, et à la surveillance des autorités qu'elle institue.

Ces dispositions sont applicables aux pensionnats de filles en tout ce qui n'est pas contraire aux conditions prescrites par le chapitre v de la présente loi [2].

Section II. — Des écoles d'adultes et d'apprentis.

Art. 54. — Il peut être créé des écoles primaires communales pour les adultes au-dessus de dix-huit ans, pour les apprentis au-dessus de douze ans.

Le *préfet* nomme les instituteurs chargés de diriger les écoles communales d'adultes et d'apprentis.

[1] Le décret du 30 décembre 1850 a réglé les mesures à prendre dans l'intérêt de la moralité et de la santé des élèves.

[2] Le décret du 31 décembre 1853 a complété ces dispositions pour les pensionnats de filles.

Il ne peut être reçu dans ces écoles d'élèves des deux sexes.

Art. 55. — Les articles 27, 28, 29 et 50 sont applicables aux instituteurs libres qui veulent ouvrir des écoles d'adultes ou d'apprentis.

Art. 56. — Il sera ouvert, chaque année, au budget du ministre de l'instruction publique, un crédit pour encourager les auteurs de livres ou de méthodes utiles à l'instruction primaire, et à la fondation d'institutions, telles que :

Les écoles du dimanche,

Les écoles dans les ateliers et les manufactures,

Les classes dans les hôpitaux,

Les cours publics ouverts conformément à l'article 77,

Les bibliothèques de livres utiles,

Et autres institutions dont les statuts auront été soumis à l'examen de l'autorité compétente.

Section III. — Des salles d'asile.

Art. 57. — Les salles d'asile sont publiques ou libres.

Un décret du président de la République, rendu sur l'avis du conseil *impérial* [1], déterminera tout ce qui se rapporte à la surveillance et à l'inspection de ces établissements, ainsi qu'aux conditions d'âge, d'aptitude, de moralité des personnes qui seront chargées de la direction et du service dans les salles d'asile publiques.

Les infractions à ce décret seront punies des peines établies par les articles 29, 50 et 55 de la présente loi.

Ce décret déterminera également le programme de l'ensei-

[1] Un décret du 16 mai 1854 a institué un comité central de patronage des salles d'asile.

gnement et dés exercices dans les salles d'asile pnbliques, et et tout ce qui se rapporte au traitement des personnes qui y seront chargées de la direction ou du service.

ART. 58. — Les persouues chargées de la direction des salles d'asile publiques seront nommées par le *préfet*.

ART. 59. — Les salles d'asile libres peuvent recevoir des secours sur les budgets des communes, des départements et de l'Etat.

TITRE III.

DE L'INSTRUCTION SECONDAIRE.

CHAPITRE Ier. — DES ÉTABLISSEMENTS PARTICULIERS D'INSTRUCTION
SECONDAIRE.

Art. 60. — Tout Français âgé de vingt-cinq ans au moins, et n'ayant encouru aucune des incapacités comprises dans l'article 26 de la présente loi, peut former un établissement d'instruction secondaire, sous la condition de faire *à l'inspecteur d'académie du département* où il se propose de s'établir les dé clarations prescrites par l'article 27, et, en outre, de déposer entre ses mains les pièces suivantes, dont il lui sera donné récépissé :

1º Un certificat de stage constatant qu'il a rempli, pendant cinq ans au moins, les fonctions de professeur ou de surveillant dans un établissement d'instruction secondaire public ou libre;

2º Soit le diplôme de bachelier, soit un brevet de capacité délivré par un jury d'examen dans la forme déterminée par l'article 62 ;

3º Le plan du local, et l'indication de l'objet d'enseigne-ment.

L'inspecteur d'académie à qui le dépôt des pièces aura été fait en donnera avis au préfet du département et au procureur impérial de l'arrondissement dans lequel l'établissement devra être fondé.

Le ministre, sur la proposition des conseils *départementaux* et l'avis conforme du conseil *impérial*, peut accorder des dispenses de stage.

ART. 61. — Les certificats de stage sont délivrés par le conseil *départemental*, sur l'attestation des chefs des établissements où le stage aura été accompli.

Toute attestation fausse sera punie des peines portées en l'article 160 du code pénal.

ART. 62. — Tous les ans, le ministre nomme, sur la présentation du conseil *départemental*, un jury chargé d'examiner les aspirants au brevet de capacité. Ce jury est composé de sept membres, y compris *l'inspecteur d'académie*, qui le préside.

Un ministre du culte professé par le candidat et pris dans le conseil *départemental*, s'il n'y en a déjà un dans le jury, sera appelé avec voix délibérative.

Le ministre, sur l'avis du conseil supérieur de l'instruction publique, instituera des jurys spéciaux pour l'enseignement professionnel.

Les programmes d'examen seront arrêtés par le conseil supérieur.

Nul ne pourra être admis à subir l'examen de capacité avant l'âge de vingt-cinq ans.

ART. 63. — Aucun certificat d'études ne sera exigé des aspirants au diplôme de bachelier ou au brevet de capacité.

Le candidat peut choisir la faculté ou le jury académique devant lequel il subira son examen.

Un candidat refusé ne peut se présenter avant trois mois à un nouvel examen, sous peine de nullité du diplôme ou brevet indûment obtenu.

ART. 64. — Pendant le mois qui suit le dépôt des pièces requises par l'article 60, *l'inspecteur d'académie*, le préfet et le procureur impérial peuvent se pourvoir devant le conseil *départemental*, et s'opposer à l'ouverture de l'établissement, dans l'intérêt des mœurs publiques ou de la santé des élèves.

Après ce délai, s'il n'est intervenu aucune opposition, l'établissement peut être immédiatement ouvert.

En cas d'opposition, le conseil *départemental* prononce, la partie entendue ou dûment appelée, sauf appel devant le conseil *impérial* de l'instruction publique.

ART. 65. — Est incapable de tenir un établissement public ou libre d'instruction secondaire, ou d'y être employé, quiconque est atteint de l'une des incapacités déterminées par l'article 26 de la présente loi, ou qui, ayant appartenu à l'enseignement public, a été révoqué avec interdiction, conformément à l'article 14.

ART. 66. — Quiconque, sans avoir satisfait aux conditions prescrites par la présente loi, aura ouvert un établissement d'instruction secondaire, sera poursuivi devant le tribunal correctionnel du lieu du délit et condamné à une amende de cent francs à mille francs. L'établissement sera fermé.

En cas de récidive, ou si l'établissement a été ouvert avant qu'il ait été statué sur l'opposition, ou contrairement à la décision du conseil *départemental* qui l'aurait accueillie, le délinquant sera condamné à un emprisonnement de quinze jours à un mois et à une amende de mille à trois mille francs.

Les ministres des différents cultes reconnus peuvent donner

l'instruction secondaire à quatre jeunes gens au plus, destinés aux écoles ecclésiastiques, sans être soumis aux prescriptions de la présente loi, à la condition d'en faire la déclaration à l'inspecteur d'académie.

Le conseil *départemental* veille à ce que ce nombre ne soit pas dépassé.

ART. 67. — En cas de désordre grave dans le régime intérieur d'un établissement libre d'instruction secondaire, le chef de cet établissement peut être appelé devant le conseil *départemental* et soumis à la réprimande avec ou sans publicité.

La réprimande ne donne lieu à aucun recours.

ART. 68. — Tout chef d'établissement libre d'instruction secondaire, toute personne attachée à l'enseignement ou à la surveillance d'une maison d'éducation, peut, sur la plainte du ministère public ou de *l'inspecteur d'académie*, être traduit, pour cause d'inconduite ou d'immoralité, devant le conseil *départemental*, et être interdit de sa profession, à temps ou à toujours, sans préjudice des peines encourues pour crimes ou délits prévus par le code pénal.

Appel de la décision rendue peut toujours avoir lieu, dans les quinze jours de la notification, devant le conseil *impérial*.

L'appel ne sera pas suspensif.

ART. 69. — Les établissements libres peuvent obtenir des communes, des départements ou de l'Etat, un local et une subvention, sans que cette subvention puisse excéder le dixième des dépenses annuelles de l'établissement.

Les conseils *départementaux* sont appelés à donner leur avis préalable sur l'opportunité de ces subventions.

Sur la demande des communes, les bâtiments compris dans

10

l'attribution générale faite à l'Université par le décret du 11 décembre 1808 pourront être affectés à ces établissements par décret du pouvoir exécutif.

ART. 70. — Les écoles secondaires ecclésiastiques actuellement existantes sont maintenues, sous la seule condition de rester soumises à la surveillance de l'Etat.

Il ne pourra en être établi de nouvelles sans l'autorisation du gouvernement.

CHAPITRE II. — DES ÉTABLISSEMENTS PUBLICS D'INSTRUCTION SECONDAIRE.

ART. 71. — Les établissements publics d'instruction secondaire sont les lycées et les collèges communaux.

Il peut y être annexé des pensionnats.

ART. 72. — Les lycées sont fondés et entretenus par l'Etat, avec le concours des départements et des villes.

Les collèges communaux sont fondés et entretenus par les communes.

Ils peuvent être subventionnés par l'Etat.

ART. 75. — Toute ville dont le collège communal sera, sur la demande du conseil municipal, érigé en lycée, devra faire les dépenses de construction et d'appropriation requises à cet effet, fournir le mobilier et les collections nécessaires à l'enseignement, assurer l'entretien et la réparation des bâtiments.

Les villes qui voudront établir un pensionnat près du lycée devront fournir le local et le mobilier nécessaires, et fonder pour dix ans, avec ou sans le concours du département, un nombre de bourses fixé de gré à gré avec le ministre. A l'expiration des dix ans, les villes et départements seront libres de supprimer les bourses , sauf le droit acquis aux boursiers en jouissance de leur bourse.

Dans le cas où l'Etat voudrait conserver le pensionnat , le local et le mobilier resteront à sa disposition , et ne feront retour à la commune que lors de la suppression de cet établissement.

ART. 74. — Pour établir un collège communal , toute ville doit satisfaire aux conditions suivantes : fournir un local approprié à cet usage , et en assurer l'entretien ; placer et entretenir dans ce local le mobilier nécessaire à la tenue des cours , et à celle du pensionnat, si l'établissement doit recevoir des élèves internes ; garantir pour cinq ans au moins le traitement fixe du principal et des professeurs, lequel sera considéré comme dépense obligatoire pour la commune , en cas d'insuffisance des revenus propres du collège, de la rétribution collégiale payée par les externes et des produits du pensionnat.

Dans le délai de deux ans, les villes qui ont fondé des collèges communaux en dehors de ces conditions devront y avoir satisfait.

ART. 76. — *Cet article a été abrogé et remplacé par les articles 4 , 5 et 8 du décret du 9 mars 1852.*

TITRE IV.

DISPOSITIONS GÉNÉRALES.

ART. 77. — Les dispositions de la présente loi concernant les écoles primaires ou secondaires sont applicables aux cours publics sur les matières de l'enseignement primaire ou secondaire.

Les conseils *départementaux* peuvent , selon les degrés de

l'enseignement, dispenser ces cours de l'application des dispositions qui précèdent, et spécialement de l'application du dernier paragraphe de l'article 54.

ART. 78. — Les étrangers peuvent être autorisés à ouvrir ou diriger des établissements d'instruction primaire ou secondaire, aux conditions déterminées par un règlement délibéré en conseil supérieur [1].

ART. 79. — Les instituteurs adjoints des écoles publiques, les jeunes gens qui se préparent à l'enseignement primaire public dans les écoles désignées à cet effet, les membres ou novices des associations religieuses vouées à l'enseignement et autorisées par la loi, ou reconnues comme établissements d'utilité publique, les élèves de l'école normale supérieure, les maîtres d'étude, régents et professeurs des collèges et lycées, sont dispensés du service militaire, s'ils ont, avant l'époque fixée par le tirage, contracté devant l'*inspecteur d'académie ou le préfet du département* [2] l'engagement de se vouer pendant dix ans à l'enseignement public, et s'ils réalisent cet engagement.

ART. 80. — L'article 463 du code pénal pourra être appliqué aux délits prévus par la présente loi.

ART. 81. — Un règlement d'administration publique déterminera les dispositions de la présente loi qui seront applicables à l'Algérie [3].

[1] Un décret du 5 décembre 1850 a fixé ces conditions.

[2] L'engagement a lieu devant l'inspecteur d'académie pour les membres de l'instruction secondaire et devant le préfet pour les membres de l'instruction primaire. Cet engagement doit être contracté et réalisé avant le tirage au sort.

[3] D'après un sénatus-consulte du 3 mai 1854, ce règlement sera fait

Art. 82. — Sont abrogées toutes les dispositions des lois, décrets ou ordonnances contraires à la présente loi.

DISPOSITIONS TRANSITOIRES.

Art. 83. — Les chefs ou directeurs d'établissements d'instruction secondaire ou primaire libres, maintenant en exercice, continueront d'exercer leur profession sans être soumis aux prescriptions des articles 55 et 60.

Ceux qui en ont interrompu l'exercice pourront le reprendre sans être soumis à la condition du stage.

Le temps passé par les professeurs et les surveillants dans ces établissements leur sera compté pour l'accomplissement du stage prescrit par ledit article.

Art. 84. — *Cet article est devenu sans objet.*

Art. 85. — *Cet article a été abrogé et remplacé par les articles 2, 5 et 8 du décret du 9 mars 1852, et les articles 4, 13 et 14 de la loi du 14 juin 1854.*

Décret du 7 octobre 1850 pour l'exécution de la loi du 15 mars 1850, en ce qui concerne l'instruction primaire.

CHAPITRE PREMIER. — DE L'ENSEIGNEMENT LIBRE.

Art. 1er. — Il est ouvert, dans chaque mairie, un registre spécial destiné à recevoir les déclarations des instituteurs qui veulent établir des écoles libres, conformément à l'article 27 de la loi organique du 15 mars 1850.

par de simples décrets de l'empereur. Un arrêté du 30 décembre 1853 a fixé le taux du traitement des instituteurs et des institutrices publics et a réglé les dispositions relatives à l'enseignement gratuit.

Indépendamment des indications exigées par cet article, chaque déclaration doit être accompagnée :

1° De l'acte de naissance de l'instituteur ;

2° De son brevet de capacité ou du titre reconnu équivalent au brevet de capacité par le deuxième paragraphe de l'article 25 de la loi organique.

Cette déclaration est signée, sur le registre, par l'instituteur et par le maire.

Une copie en est immédiatement affichée à la porte de la mairie et y demeure pendant un mois.

ART. 2. — Dans les trois jours qui suivent cette déclaration, le maire adresse au recteur les pièces jointes à ladite déclaration et le certificat d'affiche.

Dans le même délai, le maire, après avoir visité ou fait visiter le local destiné à l'école, est tenu de délivrer gratuitement à l'instituteur, en triple expédition, une copie légalisée de sa déclaration.

S'il refuse d'approuver le local, il doit faire mention de cette opposition et des motifs sur lesquels elle est fondée, au bas des copies légalisées qu'il délivre à l'instituteur.

Une de ces copies est remise par l'instituteur au procureur *impérial*, et une autre au sous-préfet, lesquels en délivrent récépissé. La troisième copie est remise au *préfet* par l'instituteur, avec les récépissés du procureur *impérial* et du sous-préfet.

ART. 3. — A l'expiration du délai fixé par le dernier paragraphe de l'article 27 de la loi organique, le maire transmet au *préfet* les observations auxquelles la déclaration affichée peut avoir donné lieu, ou l'informe qu'il n'en a pas été reçu à la mairie.

Art. 4. — Si le *préfet* croit devoir faire opposition à l'ouverture de l'école, par application de l'article 28 de la loi organique, il signifie son opposition à la partie par un arrêté motivé.

Trois jours au moins avant la séance fixée pour le jugement de l'opposition, la partie est citée à comparaître devant le conseil *départemental.*

Cette opposition est jugée par le conseil *départemental,* suivant les formes prescrites au chapitre II du règlement d'administration publique du 29 juillet 1850.

Copie de la décision du conseil *départemental* est transmise, par le *préfet,* au maire de la commune, qui fait transcrire cette décision en marge de la déclaration de l'instituteur sur le registre spécial.

Art. 5. — Lorsqu'un instituteur libre a été suspendu de l'exercice de ses fonctions, il peut être admis, par le conseil *départemental,* à présenter un suppléant pour la direction de son école.

Art. 6. — Lorsque, par application des articles 29, 50 et 55 de la loi organique, un pensionnat primaire se trouve dans le cas d'être fermé, le *préfet* et le procureur *impérial* doivent se concerter pour que les parents ou tuteurs des élèves soient avertis, et pour que les élèves pensionnaires dont les parents ne résident pas dans la localité soient recueillis dans une maison convenable.

S'il se présente une personne digne de confiance qui offre de se charger des élèves pensionnaires ou externes, le *préfet* peut l'y autoriser provisoirement.

Cette autorisation n'est valable que pour trois mois au plus.

CHAPITRE II. — DE L'ENSEIGNEMENT PUBLIC.

Section Ire. — Des écoles primaires publiques.

ART. 7. — Le local que la commune est tenue de fournir, en exécution de l'article 37 de la loi organique, doit être visité, avant l'ouverture de l'école, par le délégué cantonal, qui fait connaître au conseil *départemental* si ce local convient pour l'usage auquel il est destiné.

ART. 8. — Lorsque des communes demandent à se réunir pour l'entretien d'une école, le local destiné à la tenue de cette école doit être visité par l'inspecteur de l'arrondissement, qui transmet son rapport au conseil *départemental*.

A défaut de conventions contraires, les dépenses auxquelles l'entretien des écoles donne lieu sont réparties entre les communes réunies, proportionnellement au montant des quatre contributions directes. Cette répartition est faite par le préfet.

ART. 9. — Lorsqu'il est reconnu que le local fourni par une commune, en exécution de l'article 37 de la loi organique, ne convient pas pour l'usage auquel il est destiné, le préfet, après avoir pris l'avis du conseil municipal, décide s'il y a lieu, en raison des circonstances, de faire exécuter des travaux pour approprier le local à sa destination, ou bien d'en prononcer l'interdiction.

S'il s'agit de travaux à exécuter, il met la commune en demeure de pourvoir à la dépense nécessaire pour leur exécution dans un délai déterminé. A défaut d'exécution dans ce délai, il peut y pourvoir d'office.

Si l'interdiction du local a été prononcée, le préfet pourvoit à la tenue de l'école, soit par la location d'un autre local, soit par les autres moyens prévus par l'article 36 de la loi organique.

Les dépenses occasionnées par cette mesure seront à la charge de la commune dans les limites déterminées par la loi.

ART. 10. — Chaque année, à l'époque fixée par le *préfet*, la liste des enfants admis gratuitement dans les écoles publiques est dressée conformément à ce qui est prescrit par l'article 45 de la loi organique; les modifications apportées à cette liste dans le cours de l'année sont soumises aux mêmes formalités.

ART. 11. — Dans les écoles où des enfants de divers cultes sont réunis, chaque ministre procède séparément à l'examen des élèves de son culte, en ce qui concerne l'enseignement religieux.

ART. 12. — Lorsque, dans une école spécialement affectée aux enfants d'un culte, sont admis les enfants d'un autre culte, il est tenu par l'instituteur un registre sur lequel est inscrite la déclaration du père, ou, à son défaut, de la mère ou du tuteur, attestant que leur enfant ou pupille a été admis dans l'école sur leur demande.

Ladite déclaration est signée par les père, mère ou tuteur; s'ils ne savent signer, l'instituteur fait mention de cette circonstance et certifie leur déclaration.

Ce registre doit être représenté à toute personne préposée à la surveillance de l'école.

Section II. — *Des instituteurs publics.*

ART. 13. — Tous les ans, à l'époque déterminée par le

préfet, le conseil *départemental*, dans chaque département, dresse :

1° Une liste de tous les candidats qui se sont fait inscrire pour être appelés aux fonctions d'instituteur communal, et qu'il juge dignes d'être nommés ;

2° La liste des instituteurs communaux du département, qui, à raison de leurs services, sont jugés dignes d'avancement.

Cette dernière liste doit faire connaître le traitement dont jouissent les instituteurs qui y sont portés.

Ces deux listes peuvent être modifiées pendant toute l'année.

Elles doivent être insérées au Bulletin des actes administratifs de la préfecture, et communiquées, par le préfet, aux conseils municipaux des communes dans lesquelles il y a lieu de pourvoir à la nomination d'un instituteur communal.

Art. 14. — *Cet article a été abrogé.*

Art 15. — Lorsque les fonctions d'instituteur communal viennent à vaquer par suite de décès, de démission ou autrement, le *préfet* pourvoit à la direction de l'école, en attendant le remplacement de l'instituteur.

Art. 16. — Le *préfet* pourvoit également à la direction de l'école, lorsque l'instituteur se trouve frappé de suspension par application de l'article 33 de la loi organique, ou lorsque, en attendant une instruction plus complète sur une demande en révocation, l'instituteur a été suspendu provisoirement de ses fonctions.

Dans ce cas, le *préfet* fixe la portion de traitement qui peut être laissée au titulaire, et celle qui est attribuée à son suppléant ; et il décide si le suppléant doit jouir en totalité ou en partie du logement affecté à l'instituteur communal.

Art. 17. — Lorsqu'un maire croit devoir suspendre, en cas d'urgence, un instituteur communal, il en informe immédiatement l'inspecteur de l'instruction primaire, sans préjudice du compte qu'il doit rendre, dans les deux jours, au *préfet.*

Art. 18. — Chaque année, trois jours avant la session de février des conseils municipaux, le receveur municipal remet au maire de la commune le rôle de la rétribution scolaire de l'année précédente.

Art. 19. — Les conseils municipaux délibèrent, chaque année, dans leur session du mois de février, pour l'année suivante :

Sur le taux de la rétribution scolaire;

Sur le traitement de l'instituteur ;

Sur les centimes spéciaux qu'ils doivent voter, à défaut de leurs revenus ordinaires, 1° pour assurer le traitement fixe de l'instituteur au minimum de 200 fr.; 2° pour élever au minimum de 600 fr. le revenu de l'instituteur, quand son traitement fixe, joint au produit de la rétribution scolaire, n'atteint pas cette somme.

Les délibérations des conseils municipaux relatives aux écoles sont envoyées, avant le 1er mai, pour l'arrondisement chef-lieu, au préfet, et pour les autres arrondissements, aux sous-préfets, qui les transmettent dans les dix jours au préfet, avec leur propre avis, celui des délégués cantonnaux et celui de l'inspecteur primaire.

Art. 20. — Le préfet soumet au conseil *départemental* les délibérations des conseils municipaux relatives au taux de la rétribution scolaire dans leur commune.

Le conseil *départemental* fixe définitivement le taux de

cette rétribution scolaire, et en informe le préfet, qui présente les résultats de ces diverses délibérations au conseil général, dans sa session ordinaire, à l'appui de la proposition des crédits à allouer pour les dépenses de l'instruction publique primaire dans le budget départemental.

ART. 21. — La rétribution scolaire est due par tous les élèves externes et pensionnaires qui suivent les classes de l'école, et qui ne sont pas portés sur la liste dressée en exécution de l'article 45 de la loi organique.

ART. 22. — Le rôle de la rétribution scolaire est *trimestriel.*

Dans le courant de janvier, l'instituteur communal dresse et remet au maire, 1° le rôle des enfants présents dans son école au commencement du mois, avec l'indication du nom des redevables qui doivent acquitter la rétribution, et du montant de la rétribution due par chacun d'eux; 2° des extraits individuels dudit rôle, pour être ultérieurement remis aux redevables à titre d'avertissement.

Il n'est ouvert dans le rôle qu'un seul article au père, à la mère ou au tuteur qui a plusieurs enfants à l'école.

Le maire vise le rôle, après s'être assuré qu'il ne comprend pas d'enfants dispensés du payement de la rétribution; qu'il contient tous ceux qui y sont soumis; en outre que la cotisation est établie d'après le taux fixé par le conseil académique.

Il l'adresse ensuite au sous-préfet, qui le communique à l'inspecteur, pour qu'il puisse fournir ses observations.

Le préfet, ou le sous-préfet par délégation, rend le rôle exécutoire et le transmet au receveur des finances, qui le fait parvenir au receveur municipal.

ART. 25. — La rétribution scolaire est payée par douzièmes.

ART. 24. — Un rôle supplémentaire est établi, à la fin de chaque trimestre, pour les enfants admis à l'école dans le courant du trimestre. Dans ce cas, la rétribution est due à partir du premier jour du mois dans lequel l'enfant a été admis.

Art. 25. — Lorsque plusieurs communes sont réunies pour l'entretien d'une même école, l'instituteur dresse un rôle spécial pour chaque commune.

ART. 26. — Tout enfant qui vient à quitter l'école postérieurement à l'émission du rôle, est affranchi de la rétribution à partir du premier jour du mois suivant. Avis de son départ est immédiatement donné, par l'instituteur et par les parents, au maire, qui, après avoir vérifié le fait, en informe le receveur municipal.

ART. 27. — En fin d'année, il est procédé à un décompte à l'effet de constater si l'instituteur communal a reçu le minimum de traitement qui lui est garanti par l'article 37 de la loi organique.

Ce décompte est établi d'après le nombre des élèves portés soit au rôle général, soit aux rôles supplémentaires. Sur le montant des rôles, il est fait déduction des non-valeurs résultant soit des sorties d'élèves dans le cours de l'année, soit des dégrèvements prononcés.

ART. 28. — Les remises des receveurs municipaux sont calculées, conformément à l'article 5 de la loi du 20 juillet 1857, sur le total des sommes portées aux rôles généraux et supplémentaires de la rétribution scolaire.

ART. 29. — Les remises dues au percepteur et les cotes qui deviendraient irrecouvrables sont déclarées charges commu-

nales, et, comme telles, placées au nombre des dépenses obligatoires des communes.

ART. 50. — Les réclamations auxquelles la confection des
rôles peut donner lieu sont rédigées sur papier libre et déposées au secrétariat de la sous-préfecture.

Lorsqu'il s'agit de décharges ou réductions, il est statué
par le conseil de préfecture, sur l'avis du maire, du délégué
cantonnal et du sous-préfet.

Il est prononcé sur les demandes en remises par le préfet,
après avis du conseil municipal et du sous-préfet.

ART. 51. — Lorsque le conseil *départemental* autorise un
instituteur à percevoir lui-même le montant de la rétribution
scolaire, en exécution du deuxième paragraphe de l'article 44
de la loi organique, le recteur en informe immédiatement le
receveur particulier de l'arrondissement, qui en donne avis
au receveur municipal.

Dans ce cas, le rôle de la rétribution est dressé et arrêté
ainsi qu'il a été dit à l'article 22 du présent règlement.

Décret du 20 décembre 1850, relatif aux écoles secondaires libres.

ART. 1er. — Lorsque le recteur [1], le préfet ou le procureur *impérial* croiront devoir user du droit d'opposition qui
leur est conféré par l'article 64 de la loi organique de l'instruction publique, l'opposition sera motivée, signée de son
auteur et écrite sur papier libre.

Elle sera déposée au *bureau de l'inspecteur d'académie*,

[1] Par l'intermédiaire de l'inspecteur d'académie.

et notifiée à la personne ou au domicile de la partie intéressée, à la diligence du *préfet*, en la forme administrative.

ART. 2. — Dans la quinzaine qui suivra la notification de
l'opposition, la partie intéressée sera citée à comparaître devant le conseil *départemental* à la diligence du *préfet*.

Le jugement est notifié dans le délai d'un mois par le
préfet à la partie intéressée, et au procureur *impérial* ou au
recteur, s'ils ont formé opposition.

Si, dans la quinzaine à dater du jour de la dernière notification, il n'est interjeté appel ni par le recteur ni par la
partie intéressée, le jugement sera réputé définitif [1].

ART. 3. — Les jugements des conseils *départementaux* portant réprimande avec publicité seront insérés par extraits dans
le recueil des actes administratifs de la préfecture et dans un
journal du département désigné par le jugement.

ART. 4. — Lorsque, par application des articles 66 et 68
de la loi organique, un établissement particulier d'instruction
secondaire se trouve dans le cas d'être fermé, le recteur [2] et
le procureur *impérial* doivent se concerter pour que les parents ou tuteurs des élèves soient avertis, et pour que les
élèves pensionnaires dont les parents ne résident pas dans la
localité soient recueillis dans une maison convenable.

S'il se présente une personne digne de confiance qui offre
de se charger des élèves pensionnaires ou externes, le *préfet*
pourra l'y autoriser provisoirement; il en informera immé-

[1] Cet article était d'abord conçu en d'autres termes: il a été rectifié.
Voy. le *Moniteur* des 21 décembre 1850 et 5 janvier 1851.

[2] Lisez : l'inspecteur d'académie après avoir pris les ordres du recteur.

diatement le conseil *départemental*, qui examinera s'il y a lieu de maintenir l'autorisation accordée. Cette autorisation ne sera valable que pour trois mois au plus.

ART. 5. — Les ministres des cultes qui auraient été interdits ou révoqués ne peuvent profiter de la faculté accordée par le troisième paragraphe de l'article 66 de la loi organique.

ART. 6. — Chaque chef d'institution particulier d'instruction secondaire est tenu d'inscrire sur un registre spécial les noms, prénoms, dates et lieu de naissance des répétiteurs et surveillants qu'il emploie, avec l'indication de la fonction qu'ils remplissent.

Ce registre doit être communiqué à toute réquisition des autorités préposées à la surveillance et à l'inspection.

Décret du 30 décembre 1850, concernant les pensionnats primaires.

TITRE Ier.

DES INSTITUTEURS LIBRES.

ART. 1er. — Tout instituteur libre qui veut ouvrir un pensionnat primaire devra justifier qu'il s'est soumis aux prescriptions des articles 27 et 28 de la loi du 15 mars 1850; il devra, en outre, déposer entre les mains du maire la déclaration exigée par le paragraphe 1er de l'article 53 de ladite loi.

Cette déclaration doit être accompagnée :

1° De l'acte de naissance de l'instituteur, et, s'il est marié, de son acte de mariage ;

2° D'un certificat dûment légalisé, attestant que le postu-

lant a exercé pendant cinq ans au moins, soit comme instituteur, soit comme maître dans un pensionnat primaire;

3° Du programme de son enseignement;

4° Du plan du local dans lequel le pensionnat doit être
établi;

5° De l'indication du nombre maximum des pensionnaires
qu'il se propose de recevoir;

6° De l'indication des noms, prénoms, date et lieu de
naissance des maîtres et employés qu'il s'est adjoints pour la
surveillance du pensionnat.

ART. 2. — Tout Français qui, après avoir exercé pendant
cinq ans comme maître dans un pensionnat primaire, voudra
ouvrir à la fois une école libre et un pensionnat primaire,
pourra accomplir simultanément les formalités prescrites par
les articles 27 et 28 de la loi du 15 mars, et par l'article
1er ci-dessus.

ART. 3. — Le maire inscrit sur un registre spécial la déclaration de l'instituteur.

Dans les trois jours qui suivent la déclation, le maire,
après avoir visité ou fait visiter le local destiné au pensionnat, vise en triple expédition la déclaration de l'instituteur,
et la lui remet avec son visa.

S'il refuse d'approuver le local, il fait mention de son
opposition et des motifs sur lesquels elle est fondée, en marge
de la déclaration.

Cette déclaration, accompagnée des pièces prescrites par
l'article 1er du présent règlement, est transmise au *préfet*, au
procureur *impérial* et au sous-préfet par le postulant.

ART. 4. — Si le *préfet* fait opposition à l'ouverture du
pensionnat, soit dans l'intérêt de la moralité ou de la santé

des élèves, soit pour inobservation des formes et conditions prescrites par la loi, il signifie son opposition à la partie par un arrêté motivé.

Trois jours au moins avant la séance fixée pour le jugement de l'opposition, l'instituteur est appelé devant le conseil *départemental*.

Cette opposition est jugée par le conseil *départemental*, suivant les formes prescrites au chapitre II du règlement d'administration publique en date du 29 juillet 1850 (art. 25, 27 et 28) [1].

Copie de la décision du conseil *départemental* est transmise par le *préfet* au maire de la commune, qui fait transcrire cette décision en marge de la déclaration de l'instituteur, sur le registre spécial.

A défaut d'opposition à l'ouverture du pensionnat, et dans le cas où il est donné main-levée de l'opposition qui aurait été formée, le conseil *départemental* détermine le nombre d'élèves qui peuvent être admis sans inconvénient dans le local affecté au pensionnat, et le nombre des maîtres et employés nécessaire pour la surveillance des élèves. Mention en est faite par le recteur sur le plan du local. L'instituteur est tenu de représenter ledit plan aux autorités préposées à la surveillance des écoles chaque fois qu'il en est requis.

TITRE II.

DES INSTITUTEURS PUBLICS.

ART. 5. — Les dispositions des articles 1 et 5 du présent

[1] Voy. p. 98 et 99.

règlement sont applicables à l'instituteur public qui veut établir un pensionnat primaire.

La déclaration de l'instituteur est soumise par le maire au conseil municipal dans sa plus prochaine réunion.

Le conseil municipal, avant de donner son avis sur la demande, s'assure que le local est approprié à sa destination, et que la tenue de l'école communale n'aura pas à souffrir de l'établissement projeté.

ART. 6. — L'autorisation donnée par le conseil *départemental* mentionne le nombre des élèves pensionnaires que l'instituteur peut recevoir. Cette autorisation mentionne également le nombre des maîtres et employés qui devront partager avec l'instituteur la surveillance du pensionnat.

Le plan du local visé par le *préfet* et l'autorisation délivrée par le conseil *départemental* doivent être représentés par l'instituteur, aux autorités préposées à la surveillance des écoles.

TITRE III.

DES CONDITIONS COMMUNES AUX INSTITUTEURS PUBLICS ET LIBRES.

ART. 7. — Si l'instituteur ne s'est pas conformé aux mesures prescrites par le conseil *départemental*, dans l'intérêt des mœurs et de la santé des élèves, il pourra être traduit devant ledit conseil pour subir l'application des dispositions de l'article 30 de la loi du 15 mars 1850, s'il appartient à l'enseignement libre ; s'il est instituteur communal, il lui sera fait application des peines énoncées en l'article 33 de ladite loi.

ART. 8. — Tout instituteur qui reçoit des pensionnaires doit tenir un registre sur lequel il inscrit les noms, prénoms et l'âge de ses élèves pensionnaires, la date de leur entrée et celle de leur sortie.

Chaque année il transmet, avant le 1er novembre, au *préfet*, un rapport sur la situation et le personnel de son établissement.

ART. 9. — Tout instituteur dirigeant un pensionnat qui change de commune ou qui, sans changer de commune, change de local ou apporte au local affecté à son pensionnat des modifications graves, doit en faire la déclaration au *préfet* et au maire de la commune, et se pourvoir de nouveau devant le conseil *départemental*.

La nouvelle déclaration devra être accompagnée du plan du local, et devra mentionner les indications énoncées au paragraphe 5 de l'article 4 du présent règlement.

ART. 10. — Il est ouvert, dans chaque pensionnat, un registre spécial destiné à recevoir les noms, prénoms, date et lieu de naissance des maîtres et employés, et l'indication des emplois qu'ils occupaient précédemment et des lieux où ils ont résidé, ainsi que la date des brevets, diplômes ou certificats de stage dont ils seraient pourvus.

Les autorités préposées à la surveillance de l'instruction primaire devront toujours se faire représenter ces registres quand elles inspecteront ces écoles.

ART. 11. — Aucun pensionnat primaire ne pourra être établi dans des locaux dont le voisinage serait reconnu dangereux sous le rapport de la moralité et de la santé des élèves.

ART. 12. — Aucun pensionnat ne peut être annexé à une école primaire qui reçoit des enfants des deux sexes.

ART. 13. — Les dortoirs doivent être spacieux, aérés et dans les dimensions qui soient en rapport avec le nombre des pensionnaires.

Ils doivent être surveillés et éclairés pendant la nuit.

Une pièce spéciale doit être affectée au réfectoire.

Art. 14. — Le régime intérieur des pensionnats primaires sera réglé par le *préfet* en conseil *départemental*, sauf recours au conseil supérieur de l'instruction publique 1.

Décret du 31 mars 1851, relatif aux écoles secondaires libres établies par les Evêques.

Considérant que si, aux termes du second paragraphe de la loi organique, les écoles secondaires libres peuvent être fondées et entretenues par des particuliers ou des associations, et obtenir, conformément aux dispositions de l'article 69 de la même loi, des communes, des départements ou de l'Etat, après avis préalables des conseils académiques, un local et une subvention, sans que cette subvention puisse excéder le dixième des dépenses annuelles de l'établissement, lesdites écoles ne peuvent être formées et ouvertes sans qu'au préalable le chef de l'établissement projeté ait accompli les conditions imposées, par l'article 60 de la loi, à tout Français qui veut former un établissement secondaire ;

Que les seules exceptions prononcées par les articles 66 et 70 de ladite loi s'appliquent soit aux ministres des différents cultes reconnus qui donnent l'instruction secondaire à quatre jeunes gens destinés aux écoles ecclésiastiques, soit aux écoles secondaires ecclésiastiques actuellement existantes, et à celles qui pourraient être établies avec l'autorisation du gouvernement ;

Qu'ainsi, si rien ne s'oppose à ce que les Evêques fondent

1 On ne voit pas facilement quelle peut être l'application de cet article.

et entretiennent des écoles secondaires libres , et obtiennent un local et des subventions des communes et des départements à ce dûment autorisés , avec ou sans conditions par lesdits Evêques d'exercer comme fondateurs , sur ces écoles , une haute surveillance , de choisir , de remplacer et de révoquer le personnel desdites écoles , cette faculté ne peut s'étendre jusqu'à les investir, par cela même qu'ils seraient fondateurs , du droit de diriger par eux-mêmes ces écoles , et ne dispense pas le chef désigné par eux, responsable vis-à-vis des autorités préposées à la surveillance de l'enseignement libre , de remplir préalablement à leur formation les conditions imposées par l'article 60 de la loi du 15 mars 1850 ;

Le conseil supérieur de l'instruction publique entendu ,

Décrète :

ART. 1er. — Les traités qui pourront être projetés par les communes , les départements ou l'Etat , en exécution de l'article 69 de la loi organique , et qui devront avoir pour effet de concéder aux Evêques diocésains des bâtiments et des subventions pour l'établissement d'écoles libres , seront passés entre les communes , les départements ou l'Etat et les Evêques, non en leur dite qualité, mais en leur nom personnel , agissant comme fondateurs de l'établissement projeté, intéressés comme tels à sa prospérité et à sa conservation , procédant, à ce titre, à la désignation du personnel, et notamment du directeur de l'établissement, lequel, toutefois , demeurera seul responsable vis-à-vis des autorités préposées à la surveillance de l'enseignement libre , et devra remplir les conditions prescrites par la loi.

Décret du 9 mars 1852.

CHAPITRE Ier. — DE L'AUTORITÉ SUPÉRIEURE DE L'ENSEIGNEMENT
PUBLIC.

ART. 1er. — *L'Empereur*, sur la proposition du ministre de l'instruction publique, nomme et révoque les membres du conseil *impérial*, les inspecteurs généraux, les recteurs, les professeurs des facultés, du collège de France, du muséum d'histoire naturelle, de l'école des langues orientales vivantes, les membres du bureau des longitudes et de l'observatoire de Paris et de Marseille, les administrateurs et conservateurs des bibliothèques publiques.

ART. 2. — Quand il s'agit de pourvoir à la nomination d'un professeur titulaire dans une faculté, le ministre propose à l'*Empereur* un candidat choisi soit parmi les docteurs âgés de 30 ans au moins, soit sur une double liste de présentation, qui est nécessairement demandée à la faculté où la vacance se produit, et au conseil académique.

Le même mode de nomination est suivi dans les facultés des lettres, des sciences, de droit, de médecine, et dans les écoles supérieures de pharmacie.

En cas de vacance d'une chaire au collège de France, au muséum d'histoire naturelle, à l'école des langues orientales vivantes, ou d'une place au bureau des longitudes, à l'observatoire de Paris et de Marseille, les professeurs ou membres de ces établissements présentent deux candidats; la classe correspondante de l'Institut en présente également deux. Le ministre peut, en outre, proposer au choix de l'*Empereur* un candidat désigné par ses travaux.

ART. 3. — Le ministre, par délégation de l'*Empereur*, nomme et révoque les professeurs de l'école nationale des chartes, les inspecteurs d'académie, les membres des conseils académiques qui procédaient précédemment de l'élection, les fonctionnaires et professeurs des écoles préparatoires de médecine et de pharmacie, les fonctionnaires et professeurs de l'enseignement secondaire public, les inspecteurs primaires, les employés des bibliothèques publiques, et généralement toutes les personnes attachées à des établissements d'instruction publique appartenant à l'Etat.

Il prononce directement et sans recours contre les membres de l'enseignement secondaire public :

La réprimande devant le conseil académique,

La censure devant le conseil *impérial*,

La mutation,

La suspension des fonctions avec ou sans privation totale ou partielle de traitement,

La révocation.

Il peut prononcer les mêmes peines contre les membres de l'enseignement supérieur, à l'exception de la révocation, qui est prononcée, sur sa proposition, par un décret de l'*Empereur*.

ART. 4. — Les *préfets*, par délégation du ministre, nomment les instituteurs communaux, les conseils municipaux entendus, d'après le mode prescrit par les deux premiers paragraphes de l'article 31 de la loi du 15 mars 1850.

CHAPITRE II. — DU CONSEIL IMPÉRIAL DE L'INSTRUCTION PUBLIQUE.

ART. 5. — Le conseil *impérial* se compose :

De trois membres du sénat,

De trois membres du conseil d'Etat ,

De cinq archevêques ou évêques ,

De trois ministres des cultes non catholiques ,

De trois membres de la cour de cassation ,

De cinq membres de l'Institut ,

De huit inspecteurs généraux ,

De deux membres de l'enseignement libre.

Les membres du conseil *impérial* sont nommés pour un an.

Le ministre préside le conseil et détermine l'ouverture des sessions, qui auront lieu au moins deux fois par an.

CHAPITRE III. — DES INSPECTEURS GÉNÉRAUX DE L'INSTRUCTION

PUBLIQUE.

ART. 6. — Huit inspecteurs généraux de l'enseignement supérieur ,

Trois pour les lettres ,

Trois pour les sciences ,

Un pour le droit ,

Un pour la médecine ,

sont chargés , sous l'autorité du ministre, de l'inspection des facultés , des écoles supérieures de pharmacie , des écoles préparatoires de médecine et de pharmacie , et des établissements scientifiques et littéraires ressortissant au ministère de l'instruction publique.

Ils peuvent être chargés de missions extraordinaires dans les lycées nationaux et dans les établissements d'instruction secondaire libres.

Six inspecteurs généraux de l'enseignement secondaire ,

Trois pour les lettres ,

Trois pour les sciences ,

10*

sont chargés, sous l'autorité du ministre, de l'inspection des lycées impériaux, des collèges communaux les plus importants et des établissements d'instruction secondaire libres.

Trois inspecteurs généraux de l'enseignement primaire sont chargés des mêmes attributions en ce qui concerne l'instruction de ce degré.

Le ministre peut appeler au conseil supérieur, pour des questions spéciales, avec voix consultative, des inspecteurs généraux qui n'auraient pas été désignés pour en faire partie.

CHAPITRE IV. — DISPOSITIONS PARTICULIÈRES.

ART. 7. — Un nouveau plan d'études sera discuté par le conseil *impérial* dans sa prochaine session [1].

Art. 8. — En cas d'urgence, les recteurs peuvent, par mesure administrative, suspendre un professeur de l'enseignement public secondaire ou supérieur, à la charge d'en rendre compte immédiatement au ministre, qui maintient ou lève la suspension.

Art. 9. — Les professeurs, les gens de lettres, les savants et les artistes dépendant du ministère de l'instruction publique ne peuvent cumuler que deux fonctions rétribuées sur les fonds du trésor public.

Le montant des traitements cumulés, tant fixes qu'éventuels, pourra s'élever à 20,000 fr.

ART. 10. — *Cet article a été modifié par la loi du 9 juin 1853 sur les pensions civiles.*

ART. 11. — Sont maintenues les dispositions de la loi du 15 mars 1850 qui ne sont pas contraires au présent décret.

---

[1] Ce nouveau plan d'études a été fixé par un décret du 10 avril 1852.

Décret du 31 décembre 1853, concernant les écoles primaires.

TITRE Ier.

DES ÉCOLES COMMUNALES ET DES INSTITUTEURS.

Art. 1er. — Nul n'est nommé définitivement instituteur communal s'il n'a dirigé pendant trois ans, au moins, une école, en qualité d'instituteur suppléant, ou s'il n'a exercé pendant trois ans, à partir de sa vingt et unième année, les fonctions d'instituteur adjoint.

Art. 2. — Nul ne peut être nommé instituteur suppléant, s'il ne remplit les conditions déterminées par l'article 25 de la loi du 15 mars 1850.

Art. 3. — Les instituteurs suppléants peuvent être chargés, par les recteurs des académies, de la direction soit des écoles publiques dans les communes dont la population ne dépasse pas 500 âmes, soit des écoles annexes dont l'établissement serait reconnu nécessaire.

Ils remplacent temporairement des instituteurs communaux en cas de congé, de démission ou de révocation, de maladie ou de décès.

Art. 4. — Les instituteurs suppléants, dirigeant des écoles publiques, reçoivent un traitement dont le minimum est fixé ainsi qu'il suit, y compris le produit de la rétribution scolaire :

Instituteur suppléant de 1re classe.... 500f

Idem de 2e classe................. 400

Il est pourvu au traitement et au logement des instituteurs suppléants conformément aux dispositions de la loi du 15 mars 1850.

Le traitement des instituteurs suppléants remplaçant des instituteurs communaux est fixé par le préfet. Il peut être prélevé sur le traitement du titulaire.

Le passage d'un instituteur suppléant de la deuxième à la première classe peut avoir lieu sans changement de résidence.

Le nombre des instituteurs suppléants de première classe ne peut excéder, dans chaque département, le tiers du nombre des instituteurs suppléants.

ART. 5. — Sur la proposition du préfet, une allocation supplémentaire peut être accordée par le ministre de l'instruction publique aux instituteurs communaux qui l'auront méritée par leurs bons services.

Cette allocation est calculée de manière à élever à 700 fr. après cinq ans, et à 800 fr. après dix ans le revenu scolaire, dont le minimum est fixé à 600 fr. par la loi du 15 mars 1850; elle peut être annuellement renouvelée, si l'instituteur continue à s'en rendre digne.

Dans tous les cas, le nombre des instituteurs communaux qui reçoivent cette allocation ne peut dépasser le dixième du nombre total des instituteurs communaux de la circonscription académique. Ce dixième ne devra être complètement atteint, s'il y a lieu, que dans cinq ans, à partir du 1er janvier 1854.

TITRE II.

DES ÉCOLES DE FILLES.

ART. 6. — Les écoles de filles, avec ou sans pensionnat, sont divisées en deux ordres, savoir :

Écoles de premier ordre;

Écoles de second ordre.

ART. 7. — Aucune aspirante au brevet de capacité ne peut

être admise à se présenter devant une commission d'examen, si elle n'est âgée, au jour de l'ouverture de la session, de dix-huit ans accomplis.

Le brevet de capacité mentionne l'ordre d'enseignement pour lequel il a été délivré.

ART. 8. — Nulle institutrice laïque ne peut diriger une maison d'éducation de premier ordre, si elle n'est pourvue d'un brevet de capacité délivré après un examen portant sur toutes celles des matières d'enseignement énumérées aux articles 23 et 48 de la loi du 15 mars 1850, qui sont exigées pour l'éducation des femmes.

ART. 9. — Des institutrices peuvent être chargées de la direction des écoles publiques communes aux enfants des deux sexes, qui, d'après la moyenne des trois dernières années, ne reçoivent pas annuellement plus de quarante élèves.

Les dispositions de l'article 4 du présent décret, relatives au traitement et au logement, sont applicables à ces institutrices.

ART. 10. — Toutes les écoles communales ou libres de filles, tenues soit par des institutrices laïques, soit par des associations religieuses non cloîtrées ou même cloîtrées, sont soumises, quant à l'inspection et à la surveillance de l'enseignement en ce qui concerne l'externat, aux autorités instituées par les articles 18 et 20 de la loi du 15 mars 1850.

ART. 11. — Le recteur de l'académie délègue, lorsqu'il y a lieu, des dames pour inspecter, aux termes des articles 50 et 53 de la loi du 15 mars 1850, l'intérieur des pensionnats tenus par des institutrices laïques.

ART. 12. — L'inspection des pensionnats de filles tenus par des associations religieuses cloîtrées ou non cloîtrées est faite, lorsqu'il y a lieu, par des ecclésiastiques nommés par le ministre de l'instruction publique, sur la présentation de l'Evêque diocésain.

Les rapports constatant les résultats de cette inspection sont transmis directement au ministre.

TITRE III.

DE LA RÉTRIBUTION SCOLAIRE.

ART. 13. — A la fin de chaque année scolaire, le préfet, ou par délégation le sous-préfet, fixe, sur la proposition des délégués cantonnaux et l'avis de l'inspecteur de l'instruction primaire le nombre maximum des enfants qui, en vertu des prescriptions de l'article 24 de la loi du 15 mars 1850, pourront être admis gratuitement dans chaque école publique pendant le cours de l'année suivante.

La liste des élèves gratuits, dressée par le maire et les ministres des différents cultes et approuvée par le conseil municipal, conformément à l'article 45 de la loi du 15 mars 1850, ne doit pas dépasser le nombre ainsi fixé.

Lorsque cette liste est arrêtée par le préfet, il en est délivré, par le maire, un extrait sous forme de billet d'admission à chaque enfant qui y est porté.

Aucun élève ne peut être reçu gratuitement dans une école communale, s'il ne justifie d'un billet d'admission délivré par le maire.

ART. 14. — A partir de l'exercice 1854, le rôle de la rétribution scolaire prescrit par l'article 22 du décret du 7 octobre 1850 sera dressé à la fin de chaque trimestre. Il comprendra tous les enfants présents à l'école pendant le trimestre écoulé, avec l'indication du nombre de douzièmes dus pour chacun d'eux. Il ne sera tenu compte, dans le rôle trimestriel, d'aucune fraction de douzième, tout mois commencé étant dû en entier.

Loi du 14 juin 1854.

TITRE Ier.

DE L'ADMINISTRATION DE L'INSTRUCTION PUBLIQUE.

ART. 1er. — La France est divisée en seize circonscriptions académiques, dont les chefs-lieux sont : Aix, Besançon, Bordeaux, Caen, Clermont, Dijon, Douai, Grenoble, Lyon, Montpellier, Nancy, Paris, Poitiers, Rennes, Strasbourg, Toulouse.

ART. 2. — Chacune des académies est administrée par un recteur, assisté d'autant d'inspecteurs d'académie qu'il y a de départements dans la circonscription.

Un décret déterminera le nombre des inspecteurs d'académie du département de la Seine.

ART. 5. — Il y a au chef-lieu de chaque académie un conseil académique, composé :

1° Du recteur, président ;

2° Des inspecteurs de la circonscription ;

5° Des doyens des facultés ;

4° De sept membres choisis, tous les trois ans, par le ministre de l'instruction publique :

Un parmi les Archevêques ou Evêques de la circonscription ;

Deux parmi les membres du clergé catholique ou parmi les ministres des cultes non catholiques reconnus ;

Deux dans la magistrature ;

Deux parmi les fonctionnaires publics ou autres personnes notables de la circonscription.

ART. 4. — Le conseil académique veille au maintien des

méthodes d'enseignement prescrites par le ministre, en conseil impérial de l'instruction publique, et qui doivent être suivies dans les écoles publiques d'instruction primaire, secondaire ou supérieure du ressort.

Il donne son avis sur les questions d'administration, de finances ou de discipline, qui intéressent les collèges communaux, les lycées et les établissements d'enseiguement supérieur.

ART. 5. — Il y au chef-lieu de chaque département un conseil départemental de l'instruction publique, composé :

1° Du préfet, président ;

2° De l'inspecteur d'académie ;

5° D'un inspecteur de l'instruction primaire, désigné par le ministre ;

4° Des membres que les paragraphes 5, 6, 7, 8, 9, 10 et 11 de l'article 10 de la loi du 15 mars 1850 appelaient à siéger dans les anciens conseils, et dont le mode de désignation demeure réglé conformément à ladite loi et à l'article 5 du décret du 9 mars 1852.

ART. 6. — Pour le département de la Seine, le conseil départemental de l'instruction publique se compose :

1° Du préfet, président ;

2° Du recteur de l'académie de Paris, vice-président ;

5° De deux des inspecteurs d'académie attachés au département de la Seine ;

4° De deux inspecteurs de l'instruction primaire dudit département ;

5° Des membres que les paragraphes 4, 5, 6, 7, 8, 11, 12, 15, 14 et 15 de l'article 11 de la loi du 15 mars 1850 appelaient à faire partie de l'ancien conseil académique de la Seine, et dont le mode de désignation demeure réglé conformément à ladite loi et à l'article 5 du décret du 9 mars 1852.

ART. 7. — Le conseil départemental de l'instruction publique exerce, en ce qui concerne les affaires de l'instruction primaire et les affaires disciplinaires et contentieuses relatives aux établissements particuliers d'instruction secondaire, les attributions déférées au conseil académique par la loi du 15 mars 1850.

Les appels de ces décisions, dans les matières qui intéressent la liberté d'enseignement, sont portés directement devant le conseil impérial de l'instruction publique, en conformité des dispositions de ladite loi.

ART. 8. — Le préfet exerce, sous l'autorité du ministre de l'instruction publique, et sur le rapport de l'inspecteur d'académie, les attributions déférées au recteur par la loi du 16 mars 1850 et par le décret organique du 9 mars 1852, en ce qui concerne l'instruction primaire publique ou libre.

ART. 9. — Sous l'autorité du préfet, l'inspecteur d'académie instruit les affaires relatives à l'enseignement primaire du département.

Sous l'autorité du recteur, il dirige l'administration des collèges et lycées, et exerce, en ce ce qui concerne l'enseignement secondaire libre, les attributions déférées au recteur par la loi du 15 mars 1850.

ART. 10. — Le local de l'académie, le mobilier du conseil académique et des bureaux du recteur, sont fournis par la ville chef-lieu.

Le local et le mobilier nécessaires à la réunion du conseil départemental, et les bureaux de l'inspecteur d'académie,

ainsi que les frais de bureaux, sont à la charge du département.

Ces dépenses sont obligatoires.

ART. 11. — Un décret, rendu en la forme des règlements
d'administration publique, déterminera les circonscriptions
des académies, ainsi que tout ce qui concerne la réunion et la
tenue des conseils académiques et départementaux.

ART. 12.—Les dispositions du présent titre sont exécutoires
à partir du 1er septembre 1854.

**Décret impérial du 21 mars 1855, relatif à l'orga-
nisation des salles d'asile publiques et libres.**

TITRE 1er.

DISPOSITIONS GÉNÉRALES CONCERNANT L'ÉTABLISSEMENT DES SALLES D'ASILE ET LE PROGRAMME DE L'ENSEIGNEMENT.

ART. 1er. — Les salles d'asile, publiques ou libres, sont
des établissements d'éducation où les enfants des deux sexes
de deux à sept ans reçoivent les soins que réclame leur développement moral et physique.

ART. 2. — L'enseignement, dans les salles d'asile publiques
et libres, comprend :

1° Les premiers principes de l'instruction religieuse, de
la lecture, de l'écriture, du calcul verbal et du dessin linéaire;

2° Des connaissances usuelles à la portée des enfants ;

5° Des ouvrages manuels appropriés à l'âge des enfants ;

4° Des chants religieux, des exercices moraux et des
exercices corporels.

Les leçons et les exercices moraux ne durent jamais plus de

dix à quinze minutes, et sont toujours entremêlés d'exercices corporels.

ART. 5. — L'instruction religieuse est donnée sous l'autorité de l'Evêque, dans les salles d'asile catholiques.

Les ministres des cultes non catholiques reconnus président à l'instruction religieuse dans les salles d'asile de leur culte.

ART. 4. — Les salles d'asile sont situées au rez-de-chaussée; elles sont planchéiées et éclairées, autant que possible, des deux côtés par des fenêtres fermées avec des châssis mobiles.

Les dimensions des salles d'exercices doivent être calculées de manière qu'il y ait au moins deux mètres cubes d'air pour chaque enfant admis.

A côté de la salle d'exercices, il y a un préau destiné aux repas et aux récréations.

ART. 5. — Nulle salle d'asile ne peut être ouverte avant que l'inspecteur d'académie n'ait reconnu qu'elle réunit les conditions de salubrité ci-dessus prescrites.

ART. 6. — Il y a dans chaque salle d'asile publique du culte catholique :

Un crucifix,

Une image de la sainte Vierge.

ART. 7. — Il y a dans toutes les salles d'asile un portrait de l'Impératrice, protectrice de l'institution.

ART. 8. — Le titre de *salle d'asile modèle* peut être conféré par le ministre de l'instruction publique, sur la proposition du comité central de patronage, à celles des salles d'asile qui auraient été signalées par les déléguées spéciales pour la bonne disposition du local, l'état satisfaisant du mobilier, les soins donnés aux enfants, ainsi que pour l'emploi judicieux et in-

telligent des meilleurs moyens d'éducation et de premier enseignement [1].

Il y a à Paris un cours pratique avec pensionnat, destiné :
1° à former, pour Paris et les départements, des directrices
ou des sous-directrices de salles d'asile ; 2° à conserver les
principes de la méthode établie ; 5° à expérimenter les nouveaux procédés d'éducation et de premier enseignement dont
l'essai serait recommandé par le comité central de patronage.

ART. 9. — Un règlement, arrêté par le ministre de l'instruction publique, sur la proposition du comité central de
patronage, déterminera, sous l'approbation de l'Impératrice,
tout ce qui se rapporte aux procédés d'éducation et d'enseignement employés dans les salles d'asile publiques, ainsi
qu'aux soins matériels qui doivent y être observés [2].

1 « Aux termes de l'article 8, le titre de *salle d'asile modèle* pourra
être conféré par le ministre, sur la proposition du comité central, à
celles des salles d'asile dont les directrices se seront rendues dignes d'une
marque particulière de distinction. Les droits à cette faveur résulteront
de la continuité des soins donnés aux enfants, de l'emploi judicieux et
intelligent des meilleurs moyens d'éducation et de premier enseignement,
de l'entretien attentif du mobilier. Le titre de *salle d'asile modèle* sera
aussi une considération des efforts accomplis par les autorités municipales, car les déléguées spéciales ne pourront le solliciter qu'en faveur
des établissements dont les dispositions matérielles ne donneront prise à
aucune critique.

» Il ne faut pas l'oublier, d'ailleurs : à ce titre de *salle d'asile modèle* est attaché un privilège qui n'est pas sans importance C'est sur la
déclaration de la directrice de l'établissement modèle qu'après ratification
du comité local de patronage, l'inspecteur d'académie (art. 31) délivrera
le certificat du stage créé par l'article 26 du décret. » *(Instruction aux
préfets*, 18 mai 1855.)

2 Voyez, page 25, ce règlement du 22 mars 1855.

TITRE II.

DE L'ADMISSION DES ENFANTS DANS LES SALLES D'ASILE 1.

ART. 10.— Aucun enfant n'est reçu, même provisoirement, par la directrice, dans une salle d'asile publique ou libre, s'il n'est pourvu d'un certificat de médecin dûment légalisé, constatant qu'il n'est atteint d'aucune maladie contagieuse et qu'il a été vacciné.

L'admission des enfants dans les salles d'asile publiques ne devient définitive qu'autant qu'elle a été ratifiée par le maire.

Dans les huit jours qui suivent l'admission provisoire d'un enfant dans une salle publique, les parents sont tenus de présenter à la directrice un billet d'admission délivré par le maire.

ART. 11. — Les salles d'asile publiques sont ouvertes gratuitement à tous les enfants dont les familles sont reconnues hors d'état de payer la rétribution mensuelle.

ART. 12. — Le maire, de concert avec les ministres des différents cultes reconnus, dresse la liste des enfants qui doivent être admis gratuitement dans les salles d'asile publiques. Cette liste est définitivement arrêtée par le conseil municipal.

ART. 15. — Les billets d'admission délivrés par les maires ne font aucune distinction entre les enfants payants et les enfants admis gratuitement.

TITRE III.

DE LA SURVEILLANCE ET DE L'INSPECTION DES SALLES D'ASILE.

ART. 14. — Indépendamment des autorités instituées pour

Voyez aussi, page 25, les articles 1 à 7 de l'arrêté du 22 mars 1855, relatif au régime intérieur des salles d'asile.

la surveillance et l'inspection des écoles par les articles 18,
20, 42 et 44 de la loi du 15 mars 1850, il peut être établi
dans chaque commune où il existe des salles d'asile, et à
Paris dans chaque arrondissement, un comité local de patronage nommé par le préfet.

Ce comité local, dont le curé fait partie de droit et qui est
présidé par le maire, est composé de dames qui se partagent
la protection des salles d'asile du ressort [1].

[1] « De semblables établissements ne peuvent se soutenir et se propager que par les efforts réunis de la charité publique et de la charité
privée. Si, d'une part, il importe qu'ils soient adoptés par les administrations municipales, sans le concours desquelles l'État serait impuissant
à les fonder, il est, d'un autre côté, essentiel qu'ils ne perdent pas, en
recevant un caractère public, cet autre caractère si doux et si attrayant
qu'ils tiennent de l'intervention charitable des mères de famille.

» C'est ce que le comité central est parvenu à établir en proposant
d'organiser, partout où il y aura utilité et possibilité, des comités
locaux de patronage composés de dames dévouées aux intérêts de l'enfance, comités présidés par le maire et dont le curé doit faire partie de
droit.

» Nul doute que dans ces réunions, où l'administration, la religion et
la charité maternelle auront leurs représentants naturels, les salles
d'asile ne trouvent tout à la fois des surveillants et des protecteurs. Ces
comités, qui correspondront avec les dames déléguées par le ministre,
dans chaque académie, se relieront ainsi au comité central de patronage,
de qui ils recevront une haute et salutaire impulsion. Par leurs soins,
rien d'intéressant ne passera inaperçu; aucune amélioration réelle ne
sera constatée dans une salle d'asile, quelque éloignée qu'elle soit de
Paris, que le comité central ne puisse être en mesure d'en recommander
l'introduction dans tous les autres établissements du même genre. »
(*Rapport à l'Empereur*, 21 mars 1855).

» Ces comités, où la religion, l'administration et la charité maternelle auront leurs représentants, sont appelés à jouer un rôle considé-

Art. 15. — Le comité local de patronage est chargé de recueillir les offrandes de la charité publique en faveur des salles d'asile de son ressort, de veiller au bon emploi des fonds alloués à ces établissements par la commune, le départe-

rable dans l'organisation générale des salles d'asile. Chacun d'eux, image du comité central institué auprès du ministère de l'instruction publique, aura, dans l'étendue de sa juridiction, à exercer des droits et à remplir les devoirs analogues à ceux qu'exerce et que remplit le comité supérieur pour la France entière, et qui se résument dans ces mots : *protection des salles d'asile.* Recueillir les offrandes en faveur des établissements du ressort; pourvoir au bon emploi des fonds alloués par la commune, le département ou l'État; veiller au maintien des méthodes, à la direction intelligente de l'enseignement; s'assurer des résultats de l'éducation reçue dans l'asile par des visites régulières, telles seront les attributions des dames qui voudront bien, sous la direction du maire, et avec la coopération du curé de la paroisse, mettre en commun les inspirations de leur charité.

« Ces comités ne resteront point isolés. D'un côté, ils correspondront avec les dames déléguées par le ministre pour l'inspection des salles d'asile de l'académie; de l'autre, ils se rattacheront au comité central, avec lequel ils devront se tenir en communication permanente et de qui ils recevront une haute et salutaire impulsion. Tout ce qui intéresse les asiles de la circonscription devra naturellement les préoccuper, en sorte que, dans les réunions qui devront avoir lieu tous les mois, il sera toujours possible à MM. les maires de soumettre aux délibérations des dames réunies sous leur présidence des objets dignes d'un véritable intérêt.

» Ces comités devront naturellement être composés de dames que leur position sociale met en mesure d'exercer, au profit des salles d'asile, une salutaire influence.

» Ces dames, je n'en doute pas, n'hésiteront point à accepter l'intéressante mission que vous serez heureux de leur offrir au nom du Gouvernement et de l'auguste protectrice de l'institution des asiles. Votre appel sera promptement entendu, puisqu'il s'adressera au dévouement

tement ou l'Etat, et au maintien des méthodes adoptées pour les salles d'asile publiques. Il délibère sur tous les objets qu'il juge dignes de fixer l'attention du comité central.

Il se réunit au moins une fois par mois.

ART. 16. — Un ou plusieurs médecins nommés par le maire visitent, au moins une fois par semaine, les salles d'asile publiques.

Chaque médecin inscrit ses observations et ses prescriptions sur un registre particulier.

ART. 17. — Le ministre de l'instruction publique et des cultes peut, suivant les besoins du service, déléguer pour l'inspection des salles d'asile, dans chaque académie, une dame rétribuée sur les fonds de l'Etat.

Nulle ne peut être nommée déléguée spéciale si elle n'est pourvue d'un certificat d'aptitude.

Le recteur de l'académie détermine l'ordre des tournées des dames déléguées spéciales et en règle l'itinéraire. Il transmet au ministre, avec son avis, les rapports généraux que les dames lui adressent. Le ministre place ces rapports sous les yeux du comité central de patronage.

Les déléguées spéciales correspondent directement avec les

et à ces sentiments généreux toujours éveillés dans le cœur des mères. Assurément, il vous sera facile de faire comprendre aux dames dont vous aurez à réclamer le concours que l'esprit et la grâce sont les meilleurs auxiliaires de la charité.

» Le nombre des membres de chacun des comités de patronage n'est pas fixé par le décret du 21 mars. Vous avez donc toute liberté d'action. Vous prendrez conseil des circonstances, à cet égard. Vous tiendrez compte naturellement et du nombre des asiles établis dans le ressort, et des éléments que vous vous croyez assuré de pouvoir activement mettre en œuvre. » *(Instruction aux préfets,* 18 mai 1855).

comités de patronage de leur circonscription et envoient à chaque inspecteur d'académie un rapport spécial sur les salles d'asile du département.

Art. 18. — Il y a près du comité central de patronage des salles d'asile deux déléguées générales rétribuées sur les fonds de l'Etat et nommées par le ministre de l'instruction publique.

Les déléguées générales sont envoyées par le ministre de l'instruction publique partout où leur présence est jugée nécessaire ; elles s'entendent avec les déléguées spéciales et provoquent, s'il y a lieu, les réunions des comités locaux de patronage; elles rendent compte au ministre et au comité central, et ne décident rien par elles-mêmes.

TITRE IV.

DES CONDITIONS D'AGE, DE MORALITÉ ET D'APTITUDE DES DIRECTRICES DE SALLES D'ASILE.

Art. 19. — Les salles d'asile publiques et libres seront à l'avenir exclusivement dirigées par des femmes

Art. 20. — Nulle ne peut diriger une salle publique ou libre avant l'âge de vingt-quatre ans accomplis, et si elle ne justifie d'un certificat d'aptitude.

Les lettres d'obédience délivrées par les supérieures des communautés religieuses régulièrement reconnues, et attestant que les postulantes ont été particulièrement exercées à la direction d'une salle d'asile, leur tiennent lieu de certificat d'aptitude.

Peuvent toutefois être admises à diriger provisoirement, dès l'âge de vingt et un ans, une salle d'asile publique ou libre qui ne reçoit pas plus de trente à quarante enfants, les sous-directrices pourvues du certificat mentionné en l'article 54 du présent décret, et les membres de communautés religieuses pourvues d'une lettre d'obédience.

ART. 21. — Sont incapables de tenir une salle d'asile publique ou libre les personnes qui se trouvent dans les cas prévus par l'article 26 de la loi du 15 mars 1850.

ART. 22. — Quiconque veut diriger une salle d'asile libre doit se conformer préalablement aux dispositions prescrites par les articles 25 et 27 de la loi du 18 mars 1850, et 1, 2 et 3 du decret du 7 octobre 1850.

L'inspecteur d'académie peut faire opposition à l'ouverture de la salle dans les cas prévus par l'article 28 de la loi du 15 mars 1850 et par l'article 5 du décret. L'opposition est jugée par le conseil départemental, contradictoirement et sans recours.

A défaut d'opposition, la salle d'asile peut être ouverte à l'expiration du mois.

ART. 23. — Les directrices des salles d'asile publiques sont nommées et révoquées par les préfets, sur la proposition de l'inspecteur d'académie ; elles sont choisies, après avis du comité local de patronage, soit parmi les membres des congrégations religieuses, soit parmi les laïques, et dans ce dernier cas, autant que possible, parmi les sous-directrices.

ART. 24. — Le conseil départemental peut, dans les formes prescrites par les articles 30 et 33 de la loi du 15 mars 1850, interdire de l'exercice de sa profession, dans la commune où elle réside, une directrice de salle d'asile libre.

Il peut frapper d'interdiction absolue une directrice de salle d'asile libre ou publique, sauf appel devant le conseil impérial de l'instruction publique.

ART. 25. — Dans toute salle d'asile publique qui reçoit

plus de quatre-vingts enfants , la directrice est aidée par une sous-directrice.

ART. 26. — Nulle ne peut être nommée sous-directrice dans une salle d'asile publique avant l'âge de vingt ans, et si elle n'est pourvue d'un certificat de stage [1] délivré ainsi qu'il est dit à l'article 31 du présent décret [2].

Les sous-directrices dans les salles d'asile publiques sont nommées et révoquées par les maires, sur la proposition du comité de patronage.

ART. 27. — Il y a dans chaque département une commission d'examen chargée de constater l'aptitude des personnes qui aspirent à diriger les salles d'asile.

La commission tient une ou deux sessions par an.

Les membres de la commission d'examen sont nommés pour trois ans par le préfet, sur la proposition du conseil départemental de l'instruction publique.

La commission d'examen se compose :

---

[1] « Ce certificat donnera le droit, d'un côté, de diriger, dès l'âge de vingt et un ans, une salle d'asile ne recevant pas plus de quarante enfants ; de l'autre, d'être nommée, dès l'âge de vingt ans, sous-directrice dans une salle d'asile publique.

» Il est facile de comprendre tout l'intérêt que présentera l'acquisition d'un tel certificat pour les jeunes personnes qui se destinent à la carrière de l'enseignement dans les salles d'asile. » (Instruction aux préfets, 18 mai 1855.)

[2] Aux termes de l'article 31 du présent décret, ce stage est de deux mois. Le certificat de stage est délivré, sur la déclaration d'une directrice de salle d'asile modèle, par le vice-recteur de l'académie à Paris, et par l'inspecteur d'académie dans les départements. Ce certificat peut être également délivré sur l'attestation de la directrice du cours pratique de Paris.

De l'inspecteur d'académie, président ;

D'un ministre du culte professé par la postulante ;

D'un membre de l'enseignement public ou libre ;

De deux dames patronesses des asiles ;

D'un inspecteur de l'instruction primaire faisant fonctions de secrétaire.

A Paris, la commission est nommée, sur la proposition du préfet, par le ministre de l'instruction publique, qui fixe le nombre des membres dont elle doit être composée.

ART. 28. — Les certificats d'aptitude sont délivrés au nom du recteur par l'inspecteur d'académie dans les départements, et à Paris par le vice-recteur.

ART. 29. — Nulle n'est admise devant une commission d'examen avant l'âge de vingt et un ans, et si elle n'a déposé entre les mains de l'inspecteur d'académie, un mois avant l'ouverture de la session :

1° Son acte de naissance ;

2° Des certificats attestant sa moralité et indiquant les lieux où elle a résidé et les occupations auxquelles elle s'est livrée depuis cinq ans au moins.

La veille de la session, l'inspecteur d'académie arrête, sur la proposition de la commission d'examen, la liste des postulantes qui seront admises à subir l'examen.

ART. 30.—L'examen se compose de deux parties distinctes :

1° Un examen d'instruction ;

2° Un examen pratique.

L'examen d'instruction comprend l'histoire sainte, le catéchisme, la lecture, l'écriture, l'orthographe, les notions les plus usuelles du calcul et du système métrique, le dessin au trait, les premiers éléments de géographie, le chant, le travail manuel.

L'examen pratique a lieu dans une salle d'asile. Les postulantes sont tenues de diriger les exercices de cette salle pendant une partie de la journée.

Art. 31. — Sur la déclaration de la directrice d'une salle d'asile modèle, visée par le comité de patronage, l'inspecteur d'académie délivre aux postulantes qui ont suivi les exercices de cette salle d'asile pendant deux mois au moins le certificat de stage mentionné en l'article 26 du présent décret.

A Paris, le certificat de stage est délivré par le vice-recteur de l'académie, soit sur l'attestation de la directrice du cours pratique, certifiée par la commission de surveillance de cet établissement.

TITRE V.

DU TRAITEMENT DES DIRECTRICES ET SOUS-DIRECTRICES DES SALLES D'ASILE PUBLIQUES.

Art. 32. — Les directrices des salles d'asile publiques reçoivent sur les fonds communaux un traitement fixe, qui ne peut être moindre de deux cent cinquante francs, et les sous-directrices un traitement dont le minimum est fixé à cent cinquante francs 1.

1 « Les traitements des directrices et des sous-directrices des salles d'asile devront être prélevés d'abord sur le produit de la rétribution mensuelle payée par les enfants, laquelle sera perçue, pour le compte de la commune, par le receveur municipal. A défaut de cette rétribution, le conseil municipal devra aviser aux moyens de compléter le minimum du traitement prescrit, soit sur ses revenus ordinaires, soit sur le restant disponible des trois centimes spéciaux affectés à l'instruction primaire, soit enfin par le vote d'une imposition spéciale. Quant aux départements,

Les unes et les autres jouissent, en outre, du logement gratuit.

Les dispositions de la loi du 9 juin 1853 sur les pensions civiles leur sont applicables **1**.

ART. 33. — Une rétribution mensuelle peut être exigée de toutes les familles dont les enfants sont admis dans les salles d'asile publiques, et qui sont en état de payer le service qu'elles réclament **2**.

Le taux de cette rétribution est fixé par le préfet en conseil départemental, sur l'avis des conseils municipaux et des délégués cantonnaux.

ART. 34. — La rétribution mensuelle est perçue pour le

qui ne peuvent être obligés d'intervenir dans cette dépense, il leur sera loisible de secourir les communes pauvres, soit sur le restant disponible de leurs deux centimes spéciaux, soit par des fonds qu'ils voteraient en vue de cette dépense » *(Rapport à l'Empereur, 21 mars 1855.)*

1 Aux termes de la loi du 9 juin 1853 sur les pensions civiles et du décret du 9 novembre 1853 rendu pour son exécution, les directrices de salles d'asile publiques ont droit, à soixante ans d'âge et après trente ans accomplis de services, à une pension de retraite réglée, pour chaque année, à un soixantième du traitement moyen, sans pouvoir excéder les trois quarts du traitement moyen.

2 « La gratuité absolue a généralement prévalu dans les salles d'asile. Peut-être était-il nécessaire qu'il en fût ainsi dès le principe, pour déterminer les familles à envoyer leurs enfants dans ces établissements, mais, tout en respectant les usages reçus, il importait de ne consacrer cette situation qu'à titre exceptionnel. Les salles d'asile sont, comme les écoles, fréquentées par beaucoup d'enfants dont les familles sont en état de payer une rétribution. Or cette rétribution, quelque faible qu'elle soit, étant versée par un grand nombre d'enfants, est une ressource trop importante pour qu'un gouvernement prévoyant n'en doive pas tenir compte » *(Rapport à l'Empereur, 21 mars 1855.)*

compte de la commune par le receveur municipal, et spécialement affectée aux dépenses de la salle d'asile.

En cas d'insuffisance du produit de la rétribution mensuelle, et à défaut de fondations, dons ou legs, il est pourvu
aux dépenses des salles d'asile publiques, 1° sur les revenus
ordinaires des communes ; 2° sur l'excédant des trois centimes spéciaux affectés à l'instruction primaire, ou, à défaut,
au moyen d'une imposition spécialement autorisée à cet effet.

Une subvention peut être accordée par les départements aux
communes qui ne peuvent suffire aux dépenses ordinaires des
salles d'asile qu'au moyen d'une imposition spéciale. Cette
subvention est prélevée soit sur le restant disponible des deux
centimes affectés à l'instruction primaire, soit sur des fonds
spécialement votés à cet effet.

Règlement ministériel du 22 mars 1855, relatif au régime intérieur des salles d'asile publiques.

TITRE Ier.

Art. 1er. — Les salles d'asile publiques sont ouvertes, du
1er mars au 1er novembre, depuis sept heures du matin jusqu'à
sept heures du soir ; du 1er novembre au 1er mars, depuis
huit heures du matin jusqu'à six heures du soir.

Des exceptions à cette règle peuvent être autorisées, selon
les circonstances locales, par le maire, sur la proposition du
comité local de patronage.

Les salles d'asile sont fermées les dimanches et les jours
fériés, savoir : le jour de la Toussaint, le jour de Noël, le
1er janvier, les jours de l'Ascension et de l'Assomption.

Il est interdit aux directrices de les fermer d'autres jours sans l'autorisation du comité local de patronage [1].

ART. 2. — Dans des cas d'urgence, les directrices doivent garder les enfants après les heures déterminées.

La surveillance et les soins particuliers auxquels cette exception doit donner lieu sont réglés par le comité local de patronage.

Les enfants qui n'ont pas été repris par leurs parents, à l'heure où la salle d'asile doit être fermée, sont conservés par la directrices ou confiés en mains sûres pour être ramenés à leur demeure.

L'enfant n'est plus admis à la salle d'asile si les parents, après avoir été dûment avertis, retombent habituellement dans la même négligence. L'exclusion ne peut, toutefois, être prononcée que par le maire, sur la proposition du comité local de patronage.

ART. 5. — Lorsqu'un enfant est présenté dans une salle d'asile, la directrice fait connaître à la famille les conditions de propreté, de soins et de nourriture auxquelles elle devra se conformer en ce qui concerne son enfant.

Indépendamment du certificat de médecin prescrit par l'article 10 du décret du 21 mars 1855 [2], la directrice doit exiger de la famille un petit panier pour les provisions de bouche de l'enfant, une éponge et un gobelet. Le comité

[1] La nature et la destination de ces établissements ne permettent pas de vacances scolaires; mais les directrices de salles d'asile peuvent obtenir des congés, conformément à un arrêté du 15 mars 1855.

[2] Aux termes de l'article 10 du décret du 21 mars 1855, ce certificat doit constater que l'enfant n'est atteint d'aucune maladie contagieuse et qu'il a été vacciné.

local de patronage supplée , s'il y a lieu , à l'impossibilité où se trouveraient des familles de fournir ces objets.

Le panier , le gobelet et les éponges de chacun des enfants admis définitivement sont immédiatement marqués d'un numéro d'ordre.

ART. 4. — A l'arrivée des enfants à la salle d'asile , la directrice doit s'assurer par elle-même de leur état de santé et de propreté, de la quantité et de la qualité des aliments qu'ils apportent dans leur panier.

L'enfant amené à la salle d'asile dans un état de maladie n'est pas reçu ; s'il devient malade dans le courant de la journée , il est aussitôt dirigé vers la demeure de ses parents et , en cas d'urgence , vers la demeure de l'un des médecins de l'établissement.

Les enfants fatigués ou incommodés sont déposés soit sur le lit de camp ou hamac , soit dans le logement de la directrice, jusqu'à ce qu'on puisse les rendre à leur famille.

ART. 5. — En cas d'absence réitérée d'un enfant sans motif connu d'avance , la directrice s'informe des causes de cette absence. Elle en donne , dans tous les cas , avis au comité local de patronage, qui fait visiter, s'il y a lieu , cet enfant dans sa famille.

ART. 6. — A l'entrée et à la sortie de chaque classe , les enfants sont conduits en ordre aux lieux d'aisances ; ils y sont toujours surveillés par la directrice elle-même.

A deux heures, avant la rentrée en classe, les enfants sont également conduits en ordre dans le préau couvert. En passant devant sa case , chacun d'eux reçoit son éponge des mains de la directrice et se présente à son rang devant la femme de service chargée du lavage des mains et de la figure.

Après ce lavage, les enfants repassent dans le même ordre devant leur case, où leur éponge est déposée de nouveau par la directrice; ils rentrent ensuite en classe.

ART. 7. — Les enfants ne doivent jamais être frappés. Ils sont toujours repris avec douceur.

Il ne peut être infligé aux enfants que les punitions suivantes :

Les faire lever et tenir debout pendant dix minutes au plus, lorsque leurs camarades sont assis ;

Les faire sortir du gradin ;

Leur interdire le travail en commun ;

Leur faire tourner le dos à leurs camarades.

Des images et des bons points peuvent être donnés, à titre de récompense, aux enfants qui font preuve de docilité. Un certain nombre de bons points peut être échangé par le comité local de patronage contre un objet utile.

TITRE II.

ART. 8. — L'instruction religieuse donnée conformément à l'article 3 du décret du 21 mars 1855, ne comporte point de longues leçons; elle comprend surtout les premiers chapitres du petit catéchisme; elle résulte aussi de réflexions morales appropriées aux récits de l'histoire sainte et destinées à présenter aux enfants des exemples de piété, de charité et de docilité, rendus plus clairs et plus attachants à l'aide d'images autorisées pour être mises sous leurs yeux.

Les exercices moraux comprennent des récits d'histoire qui tendent constamment à inspirer aux enfants un profond sentiment d'amour envers Dieu, de reconnaissance envers l'Empereur et leur auguste protectrice, à leur faire connaître et pratiquer leurs devoirs envers leur père et leur mère et leurs supérieurs, à les rendre doux, polis et bienveillants entre eux.

Art. 9. — L'enseignement de la lecture comprend les voyelles et les consonnes, l'alphabet majuscule et minuscule, les différentes espèces d'accents, les syllabes de deux ou de trois lettres, les mots de deux syllabes.

Art. 10. — L'enseignement de l'écriture se borne à l'imitation des lettres sur l'ardoise.

Art. 11. — L'enseignement du calcul comprend la connaissance des nombres simples, leur représentation par les chiffres arabes, l'addition et la soustraction enseignées à l'aide du boulier compteur, la table de multiplication apprise de mémoire à l'aide des chants, l'explication des poids et mesures donnée à l'aide de solides ou de tableaux.

Art. 12. — L'enseignement du dessin linéaire comprend la formation, sur le tableau et sur les ardoises, des plus simples figures géométriques et de petits dessins au trait.

Art. 13. — Les connaissances usuelles comprennent la division du temps, les saisons, les couleurs, les sens, les formes, la matière et l'usage des objets familiers aux enfants, des notions sur les animaux, sur les plantes, sur les industries simples, sur les éléments, sur la forme de la terre, sur ses principales divisions, les noms des principaux États de l'Europe avec leurs capitales, les noms des départements de la France avec leurs chefs-lieux et toutes les notions élémentaires propres à former le jugement des enfants.

Art. 14. — Les travaux manuels consistent en travaux de couture, de tricot, de parfilage et autres appropriés aux localités.

Art. 15. — Le chant comprend les premiers principes de la

musique vocale, soit d'après la méthode de M. Duchemin-Boijousse, soit d'après les autres méthodes qui pourraient être ultérieurement autorisées.

Art. 16. — Les leçons et les exercices religieux et moraux commencent et finissent par une courte prière ; ils ont lieu, dans les salles d'asile publiques, de dix heures du matin à midi et de deux heures à quatre heures.

Art. 17 — Les exercices corporels se composent de marches, d'évolutions et de mouvements hygiéniques exécutés en mesure par tous les enfants à la fois, dans la salle et dans le préau. Ils se composent aussi, pendant les récréations, de jeux variés selon l'âge des enfants, organisés autant que possible et, dans tous les cas, surveillés par la directrice.

Art. 18. — Il est interdit de surcharger la mémoire des enfants de dialogues ou scènes dramatiques destinés à figurer dans des solennités publiques.

Art. 19. — Les directrices de salles d'asile doivent veiller à tous les besoins physiques, moraux et intellectuels des enfants, à leur langage et à leurs habitudes dans toutes les circonstances de la journée ; elles s'assurent que la femme de service ne leur donne, sous ce rapport, que de bons exemples.

TITRE III.

Art. 20. — Il y a dans chaque salle d'asile plusieurs rangs de gradins, au nombre de cinq au moins et de dix au plus. Ces gradins doivent garnir toute l'extrémité de la salle.

Il est réservé, au milieu et de chaque côté de ces gradins, un passage destiné à faciliter le classement et les mouvements des enfants.

Des bancs fixés au plancher sont placés dans le reste de la salle, avec un espace vide au milieu pour les évolutions.

Dans la salle destinée aux repas, des planches sont disposées le long des murs, et des patères ou crochets sont fixées au-dessous pour recevoir les paniers des enfants et les divers objets à leur usage. Chaque planche est divisée, par une raie, en autant de cases qu'il y a d'enfants. Des numéros, correspondants aux numéros des paniers, sont peints au-dessous de chaque case.

Des lieux d'aisances, distincts pour chaque sexe, sont placés de manière à être facilement surveillés; ils doivent être aérés et disposés de telle sorte qu'il ne résulte de leur voisinage aucune cause d'insalubrité pour l'asile. Le nombre des cabinets est proportionné à celui des enfants. Chaque cabinet doit être clos par une porte sans loquet, ayant au plus soixante-dix centimètres de hauteur, et retombant sur elle-même.

La cour doit être spacieuse. Le sol en est battu et uni.

Art. 24. — Le mobilier des salles d'asile se compose de lits de camp sans rideaux ou de hamacs; d'une pendule; d'un boulier-compteur à dix rangées de dix boules chacune; de tableaux et de porte-tableaux; d'une planche noire sur un chevalet et de crayons blancs; d'un porte-dessin; de plusieurs cahiers d'images renfermés dans un portefeuille; d'une table à écrire garnie d'un casier pour les registres; d'une grande armoire; de petites ardoises en nombre égal à celui des enfants et de leurs crayons; d'un poêle; d'une grande fontaine ou d'un robinet alimenté par une concession d'eau, se déversant sur un grand lavabo à double fond; d'autant d'éponges qu'il y d'enfants dans la salle d'asile; enfin, de tous les ustensiles nécessaires aux soins des enfants et à la propreté du service ; d'un claquoir et d'un sifflet.

ART. 22. — Les salles et préaux sont nettoyés et balayés tous les matins, au moins une demi-heure avant l'arrivée des enfants.

Le préau est éclairé dès la chute du jour et aussi longtemps qu'il y reste des enfants.

TITRE IV.

ART. 23. — Les directrices de salles d'asile publiques tiennent :

1° Un registre sur lequel sont inscrits les noms et la demeure des enfants admis provisoirement, le nom du médecin qui a délivré le certificat prescrit par l'article 10 du décret du 21 mars 1855 [1], la date du jour où il a été provisoirement admis ;

2° Un registre sur lequel sont inscrits, jour par jour, sous une même série de numéros, les noms et prénoms des enfants admis définitivement, les noms, demeure et profession des parents ou tuteurs, et les conventions relatives aux moyens d'amener ou de reconduire les enfants ;

3° Un registre sur lequel le médecin inscrit ses observations ;

4° Un registre sur lequel les dames patronesses chargées de la surveillance de la salle d'asile inscrivent leurs remarques

[1] Aux termes de l'article 10 du décret du 21 mars 1855, les enfants admis dans les salles d'asile publiques doivent être porteurs d'un certificat délivré par un médecin, constatant qu'ils ne sont atteints d'aucune maladie contagieuse et qu'ils ont été vaccinés.

sur la tenue de l'établissement au moment de leur visite ;

5° Un registre de présence des enfants.

Art. 24. — Il est interdit aux directrices, sous-directrices, ainsi qu'aux femmes de service d'accepter des parents aucune espèce de cadeaux.

Art. 25. — La femme de service est choisie, dans chaque salle d'asile, par la directrice, avec l'approbation du comité local de patronage ; elle est révoquée dans la même forme.

Art. 26. — Les salles d'asile publiques sont ouvertes aux personnes qui désirent les visiter.

Art. 27. — Il y a, dans chaque salle d'asile, un tronc destiné à recevoir les dons de la bienfaisance publique.

La clef du tronc est déposée entre les mains de l'une des dames patronesses chargées de la surveillance de la salle d'asile.

L'emploi des deniers déposés dans ce tronc est réglé par le comité local de patronage.

Art. 28. — Un règlement, fixant l'emploi du temps pour chaque jour de la semaine dans les salles d'asile, est arrêté par le comité local de patronage [1].

Un exemplaire de ce règlement est toujours affiché dans la salle d'exercices.

[1] Ce règlement varie naturellement suivant les usages des localités. Il ne pourrait être fait à cet égard un règlement général.

LISTE PAR ORDRE ALPHABÉTIQUE

DES PRINCIPALES

Congrégations religieuses autorisées.

DÉNOMINATION de la Congrégation.	LIEU OÙ EST PLACÉE la Maison-mère.	DATE de l'autorisation
Dames de l'Assomption..	Paris, r. Chaillot.	5 avril 1856.
Dames Bernardines.	Esquermes (Nord)	9 janv. 1854.
Dames Célestines.......	Provins (S.-et-M.)	17 août 1855.
Dames de Nazareth......	Montmirail (M.).	17 janv. 1827
Dames de N.-D.-de-Lorette	Bordeaux (Gir.).	17 mai 1826.
Dames religieuses de St-Paul.	Angoulême (Ch.)	29 août 1855.
Dames du Refuge, dites de Saint-Michel......	Paris, r. St-Jacq.	30 sept. 1807.
Dames du S.-C. de Marie.	Béziers (Hérault).	19 août 1856.
Dames de Sainte-Marie-de-la-Providence.	Saintes (Ch.-Inf.)	22 avril 1827
Dames de Sainte-Clotilde.	Paris, r. Neuilly.	7 juin 1826.
Dames de Saint-Pierre...	Grenoble (Isère).	7 juin 1826.
Dames de la Sainte-Union.	Douai (Nord)...	15 avril 1850
Dames Trinitaires.	St-Martin-en-H.	19 nov. 1855.
Dames de Sainte-Ursule-du-S.-C.-de-Jésus.....	Pons (Charente-I.)	22 avril 1827
Demoiselles de l'Instruct.	Le Puy (Hte-L.)	30 août 1842.
Filles de la Conception..	Piolène (Vaucl.).	30 avril 1826
Filles de la Croix, dites Sœurs de St-André...	La Puye (Vienne)	28 mai 1826.
Filles du Divin-Rédempt.	Niederbronn.	6 nov. 1854.
Filles de l'Educat.-chrét.	Echauffour (Orne)	23 mars 1828
Filles de l'Enfant-Jésus..	Lille (Nord)....	27 août 1852

DÉNOMINATION de la Congrégation.	LIEU OU EST PLACÉE la Maison-mère.	DATE de l'autorisation
Filles de Jésus............	Vaylats (Lot)....	10 nov 1853
Filles de Jésus...........	Bégnan (Morb.).	12 mai 1853
Filles de Marie..........	Agen (Lot-et-G.)	23 mars 1828
Filles de N.-D.-des-Anges.	Lille (Nord)....	19 août 1854.
Filles de la Providence-de-Saint-Rémy.......	Chartres(E.-et-L.)	13 août 1856.
Filles de la Providence, dites de Sainte-Thérèse.	Avesnes (Nord)..	14 déc. 1852.
Filles de la Retraite.....	Quimperlé (Fin.)	13 juill. 1826
Filles du S.-C.-de-Jésus-et-de-Marie	Peaugres (Ard).	1er août 1853
Filles du Saint-et-Imma-culé-Cœur-de-Marie...	Niort (Deux-S.).	23 déc. 1852.
Filles de la Sagesse......	St-Laurent-s -S..	27 fév. 1811
Pauvres Sœurs de Saint-François-d'Assises	Avignon (Vaucl.)	8 déc 1853
Petites Servantes de Marie-Immaculée..........	Gaudechart(Oise)	9 janv. 1856
Religieuses bénédictines de N.-Dame-du-Calvaire..	Orléans (Loiret).	17 janv. 1827
Religieuses Franciscaines.	Calais (Pas-de-C.)	10 avril 1854
Religieuses de St-August.	Cambrai (Nord).	14 janv. 1853
Religieuses dites Servan-tes de Marie.........	Anglet (B.-Pyrr.)	14 déc. 1852.
Religieuses Ursulines, di-tes de Jésus.........	Chavagnes (V.)..	30 avril 1826
Sœurs Augustines......	Meaux (S.-et-M.)	19 août 1854
Sœurs Augustines......	Arras (Pas-de-C.)	21 juill. 1855
Sœurs de l'Adoration de la-Justice-de-Dieu....	Fougères (I.-et-V)	1er fév. 1853.
Sœurs de l'Adoration per-pétuelle-du-St-Sacrem.	Quimper (Finist.)	24 avril 1842

DÉNOMINATION de la Congrégation.	LIEU OU EST PLACÉE la Maison-mère.	DATE de l'autorisation
Sœurs de l'Ange-Gardien	Quillan (Aude)..	11 déc. 1852.
Sœurs de l'Annonciation.	Auch (Gers). . . .	7 juin 1826.
Sœurs du Bon - Secours, dites de N.-D.-Auxiliat.	Paris.	17 janv. 1827
Sœurs de la Charité, dites de St-Vincent-de-Paul..	Paris, r. du Bac.	8 nov. 1809.
Sœurs de la Charité de Bourges.	Bourges (Cher)..	16 fév. 1814.
Sœurs de la Charité d'Evron.	Evron (Mayenne).	13 nov. 1810
Sœurs de la Charité de Besançon.	Besançon (Doubs)	28 août 1810
Sœurs de la Charité et de l'Instr. chr. de Nevers.	Nevers (Nièvre)..	»
Sœurs de la Charité de Nîmes.	Nîmes (Gard). . .	31 juill. 1855
Sœurs de la Charité de Strasbourg.	Strasbourg	8 juin 1828.
Sœurs de Charité d'Ernemont.	Rouen (Seine-I.).	19 janv. 1811
Sœurs de la Charité de Jésus et de Marie.	Cherbourg (M.).	29 juill. 1854
Sœurs de la Charité, dites Filles du St-Esprit	St-Brieuc.	13 nov. 1810
Sœurs de la Charité de Saint-Louis.	Vannes (Morbih.)	21 mars 1816
Sœurs de la Charité de Sainte-Marie.	Angers (M.-et-L.)	14 déc. 1852.
Sœurs de la Charité maternelle.	Metz (Moselle)..	2 déc. 1814.
Sœurs de la Charité de la Présentation de la Ste-Vierge.	St-Symph.-lès-T.	19 janv. 1811

DÉNOMINATION de la Congrégation.	LIEU OU EST PLACÉE la Maison-mère.	DATE de l'autorisation
Sœurs de la Charité du S.-C. de Jésus et de Marie.............	La Salle de Vihiers	2 avril 1852.
Sœur du Cœur immaculé de Marie..........	St-Loup (H.-M.).	1er fév 1853.
Sœurs de la Compassion de la Sainte-Vierge...	St-Denis (Seine).	30 août 1842
Sœurs de la Conception..	Avignon (Vaucl.)	20 déc. 1826.
Sœurs de la Croix.......	Lavaur (Tarn)..	14 déc. 1852.
Sœurs de la Croix......	St-Quentin (A).	23 mars 1828
Sœurs de la Croix......	Limoges (H.-V)..	7 juin 1826.
Sœurs de la divine Providence.............	Reims (Marne)..	8 déc. 1853.
Filles de la Doctrine chrétienne............	Bordeaux (Gir.).	28 mai 1826.
Sœurs de la doctrine chrétienne de Digne......	Digne (B.-Alpes).	9 mars 1853.
Sœurs de la Doctrine chrétienne, dites Vatelottes.	Nancy (Meurthe).	3 août 1808.
Sœurs de l'Education chrétienne.........	Argentan (Orne).	23 mars 1828
Sœurs des Ecoles chrétiennes, dites de la Sainte-Enfance.......	Versailles......	13 nov. 1852
Sœurs de l'Enfance de Jésus et de Marie, dites de Sainte-Chrétienne..	Metz (Moselle)...	12 août 1807
Sœurs de l'Enfance de Jésus et de Marie, dites Sœurs de la Miséricorde du Bon-Pasteur......	Draguignan (Var)	29 avril 1853
Sœurs de l'Enfant-Jésus.	Soissons (Aisne).	17 janv. 1827
Sœur de l'Enfant-Jésus..	Reims (Marne)..	29 nov. 1853

DÉNOMINATION de la Congrégation.	LIEU OU EST PLACÉE le Maison mère.	DATE de l'autorisation
Sœurs fidèles compagnes de Jésus............	Paris.	8 octob. 1853
Sœurs hospitalières	Dammartin-la-C.	17 janv. 1855
Sœurs hospitalières de l'Instruction chrétienne, dites Ursulines....	Troyes (Aube) ..	14 déc. 1810.
Sœurs de l'Immaculée-Conception.	Saint-Méen.....	8 nov. 1852.
Sœurs de l'Immaculée-Conception, dites Dames de la Providence..	Niort (Deux-S.).	9 janv. 1856.
Sœurs de l'Immaculée-Conception de la Sainte-Vierge.	Bordeaux (Gir.).	7 juin 1825.
Sœurs de l'Instruction chrétienne, dites de la Providence.	Portieux (Vosges)	21 janv. 1841
Sœurs de l'Instruction chrétienne, dites S.-C. de Jésus...........	Bordeaux (Gir.).	7 juin 1826.
Sœurs de l'Instruction chrétienne, dites de la Providence.	Vitteaux (C-d'Or)	18 mars 1827
Sœurs de l'Instruction charitable du Saint-Enfant-Jésus, dites de Saint-Maur.	Paris.	19 janv. 1811
Sœurs de l'Instruction de l'Enfant-Jésus.	Aurillac (Cantal).	25 juill. 1855
Sœurs de l'Instruction chrétienne, dites de la Providence.	Troyes (Aube)...	13 déc. 1835.
Sœurs de l'Instr. chrét. de St-Gildas-des-Bois..	St-Gild.-des-Bois.	24 sept. 1836

11*

DÉNOMINATION de la Congrégation.	LIEU OU EST PLACÉE la Maison-mère.	DATE de l'autorisation
Sœurs de N. D.-de-l'Immaculée-Conception...	Castres (Tarn)...	13 sept. 1852
Sœurs de Notre-Dame-de-la-Présentation......	Manosque(B.-Al).	7 juin 1826.
Sœurs de Notre-Dame-de-Saint-Augustin......	Paris, rue de Sèv.	7 juin 1826.
Sœurs de N.-D.-de-Sion.	Paris.........	25 juin 1856.
Sœurs de Notre-Dame...	Cateau (Nord)...	19 août 1853.
Sœurs de Notre-Dame...	Briouze (Orne)..	5 janv. 1855.
Sœurs de Notre-Dame...	St-Erme (Aisne).	22 avril 1827
Sœurs de Prés.-de-N.-D.	Castres (Tarn)...	5 janv. 1855
Sœure de la Présentation de Marie..........	Le B.-St-A. (D).	29 mai 1830.
Sœurs de la Providence (hospitalières).......	Ruillé-s.-L. (S.).	19 nov. 1826
Sœurs de la Providence..	Peltre (Moselle)..	28 mai 1826.
Sœurs de la Providence..	Créen (C.-du-N.).	18 nov. 1841
Sœurs de la Providence..	Rouen (S.-Infér.).	27 juin 1842
Sœurs de la Providence..	Sens (Yonne)...	14 juil. 1855
Sœurs de la Providence..	La Pom. (M-et-L)	25 mai 1852.
Sœurs de la Providence..	Laon (Aisne)....	17 janv. 1827
Sœurs de la Providence..	Arras (Pas-de-C.)	10 janv. 1854
Sœurs de la Providence.	Lisieux (Calvados)	30 sept. 1841
Sœurs de la Providence..	Langres (Hte-M.)	50 avril 1826
Sœurs de la Providence..	Strasbourg (B-R)	10 mars 1807
Sœurs de la Providence..	Séez (Orne).....	22 janv. 1841
Sœurs de la Providence..	Alençon (Orne)..	20 sept. 1852
Sœurs de la Providence..	Grenoble (Isère).	28 mai 1826.
Sœurs de la Retraite, dites de la Société-de-Marie.	Angers (M.-et-L.)	17 janv. 1827
Sœurs de la Réunion-au-Sacré-Cœur-de-Jésus...	Bordeaux Gir).	18 mai 1826.

DÉNOMINATION de la Congrégation.	LIEU OU EST PLACÉE la Maison-mère.	DATE de l'autorisation
Sœurs de Marie-Joseph...	Dorat (H-Vienne)	28 janv. 1852
Sœurs Maitresses d'école.	Quentin	15 janv. 1827
Sœurs de la Miséricorde de Billom...........	Billom (P.-de D.)	14 janv. 1855
Sœur de la Miséricorde de Caen.............	Caen (Calvados)..	8 nov. 1852.
Sœur de la Miséricorde de Moissac...........	Moissac (T.-et-G.)	17 janv. 1827
Sœurs de la Miséricorde de Rouen..........	Rouen (S.-Inf.)..	15 sept 1852
Sœurs de la Miséricorde.	S-Sauv.-le-V (M.)	13 oct. 1858
Sœurs de la Miséricorde de Séez............	Séez (Orne).....	13 oct. 1859
Sœurs de la Miséricorde-du-St-Cœur-de-Marie..	Blon (Calvados)..	5 août 1855.
Sœurs de la Nativité-de-la-Sainte-Vierge.......	S-G.-en-L.(S-et-O	7 juin 1826.
Sœurs de la Nativité-de-Notre-Seigneur-Jésus-Christ............	Valence (Drôme).	28 mai 1828
Sœurs de Notre-Dame-de-Charité............	Lisieux (Calvad).	28 juin 1855.
Sœurs de Notre-Dame-de-Charité-du-Bon-Pasteur..............	Angers (M.-et-L.)	13 sept. 1852
Sœurs de Notre-Dame de-Bon-Secours	Troyes (Aube) ..	14 août 1852
Sœurs de Notre-Dame-de-Bon-Secours	Charly (Aisne)..	17 janv. 1827
Sœurs de Notre-Dame-du-Calvaire...........	Gramat (Lot)...	8 déc. 1855.
Sœurs de Notre-Dame-de-Grâce............	Aix (B.-du-Rh.).	25 avr. 1807

DÉNOMINATION de la Congrégation.	LIEU OÙ EST PLACÉE la Maison-mère.	DATE de l'autorisation
Sœurs du Sacré-Cœur-de-Jésus	S-Pierv. (Ard.) .	14 déc 1853.
Sœurs du Sacré-Cœur-de-Jesus	St-Aubin (S.-Inf.)	26 mars 1843
Sœurs du Sacré-Cœur-de-Jésus	Paris, r. Var. 44.	22 avril 1827
Sœurs du Sacré-Cœur-de-Jésus	Marigny(Manche)	9 avril 1846.
Sœurs de Saint-Aignan	Orléans (Loiret).	5 oct. 1855..
Sœurs de St-Augustin	Cambrai (Nord).	14 janv. 1853
Sœurs de Saint-Charles	Lyon (Rhône)...	12 janv. 1815
Sœurs de Saint-Charles	Nancy (Meurthe).	»
Sœurs du Saint-Cœur de Marie	Treignac(Corrèze)	19 août 1856
Sœurs de Saint-François-d'Assises	Lyon (Rhône)...	8 déc. 1853.
Sœurs de Saint-Joseph	Lyon (Rhône)...	23 mars 1828
Sœurs de Saint-Joseph	Bourg (Ain)....	31 août 1828
Sœurs de Saint-Joseph	Bordeaux (Gir.)..	23 oct. 1852.
Sœurs de Saint-Joseph	St-Flour (Cantal)	3 août 1855.
Sœurs de Saint-Joseph	Gap (Htes-Alpes).	30 avril 1853
Sœurs de Saint-Joseph	St-Gervais(Hér.).	29 nov. 1853
Sœurs de Saint-Joseph	Aux Vans (Ard.).	17 janv. 1830
Sœurs de Saint-Joseph	Nancy (Meurthe).	17 janv. 1827
Sœurs de Saint-Joseph	St-Félicien (Ard.)	1er fév. 1854
Sœurs de Saint-Joseph	St.-Et.-de-L (A.)	23 déc 1854
Sœurs de Saint-Joseph	Oulias (Tarn)...	19 août 1853
Sœurs de Saint-Joseph	Cheylard (Ard.).	23 mai 1855.
Sœurs de Saint-Joseph	Vanosc(Ardèche).	26 juin 1855
Sœurs de Saint-Joseph	Cusset (Allier)...	4 juillet 1855
Sœurs de Saint-Joseph	Tuzaguet (H.-P.).	30 nov. 1852

DÉNOMINATION de la Congrégation.	LIEU OU EST PLACÉE la Maison-Mère.	DATE de l'autorisation
Sœurs de St-Joseph-de-l'Apparition.........	Marseille(B.d.R).	13 oct. 1855.
Sœurs de Saint-Joseph...	Cluny (S.-et-L.).	17 janv. 1827
Sœurs de St-Joseph , dites du Bon-Pasteur......	Cler.-F.(P.-d-D.)	9 avril 1811.
Sœurs de St-Just ou du Saint-Sacrement	Romans (Ardèc.).	»
Sœurs de Saint-Martin..	Bourgueil (I-et-L)	2 juil. 1855.
Sœurs du Saint-Nom-de-Joseph.	Mailhac (Aude)..	25 juin 1856.
Sœurs du Saint-Nom-de-Jésus.	Loriol (Drôme).	27 oct. 1855.
Sœurs du Saint-Nom-de-Jésus.	Toulouse (H.-G.)	17 janv. 1827
Sœurs de Saint-Paul, dites de Saint-Maurice.....	Chartres (E-et-L.)	23 juil. 1811
Sœurs de Saint-Régis...	Aubenas (Ard.)..	19 avril 1854
Sœurs de Saint-Roch....	Felletin (Creuse).	5 août 1853.
Sœurs du St-Sacrement..	Autun (S.-et-L.).	26 déc. 1810.
Sœurs de Saint-Thomas-de-Villeneuve........	Paris	28 janv. 1853
Sœurs de Sainte-Anne , dites de la Providence.	Saumur (M et L).	19 avril 1854
Dames de Sainte-Clotilde.	Paris	7 juin 1826.
Sœurs de la Sainte-Enfance-de-Jésus-et-de-Marie ..	Ste-Colombe (Y.)	28 avril 1853
Sœurs de la Ste-Famille.	Amiens (Somme).	30 juil. 1826
Sœurs de la Ste-Famille.	Pézenas (Aude)..	3 janv. 1853.
Filles de la Ste-Famille..	Besançon(Doubs).	28 mai 1826.
Sœurs de la Ste-Famille.	Villefranche....	17 janv. 1827
Sœurs de la Ste-Famille-de Nazareth.........	Le Plan (Hte-G.).	25 juil. 1855

DÉNOMINATION de la Congrégation.	LIEU OÙ EST PLACÉE la Maison-mère.	DATE de l'autorisation
Sœurs de Sainte-Marie de Torfou.............	Torfou (M.-et-L).	4 mai 1852.
Sœurs de Sainte-Marie..	Paris..........	7 juil. 1853.
Sœurs de Sainte-Marthe..	Périgueux (Dor.)	13 nov. 1810
Sœurs de Sainte-Marthe.	Romans (Ardèc.).	28 mai 1826.
Sœurs de Ste-Philomène..	Salvert (Vienne).	18 juil. 1854.
Sœurs du Sauveur-et-de-la-Sainte-Vierge......	La Souter. (Cr.)	25 déc. 1838.
Sœurs du tiers-ordre de Notre-Dame-du-Mont-Carmel	Avranches (M.).	23 oct 1852.
Sœurs du Très-Saint-Cœur-de-Marie.......	Gap (Htes-Alpes).	30 avril 1853
Sœurs Trinitaires......	Valence (Drôme).	16 juil. 1810
Sœurs Ursulines de Jésus.	Molet (Aveyron).	22 fév. 1842.
Sœurs Ursulines........	Orgelet (Jura).	15 juin 1854.

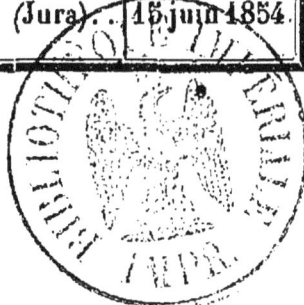

TABLE DES MATIÈRES

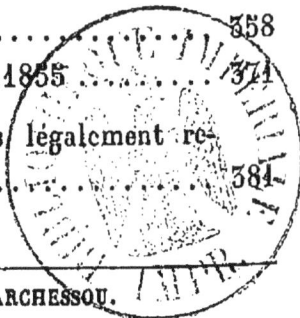

LE PUY, IMPRIMERIE M.-P. MARCHESSOU.

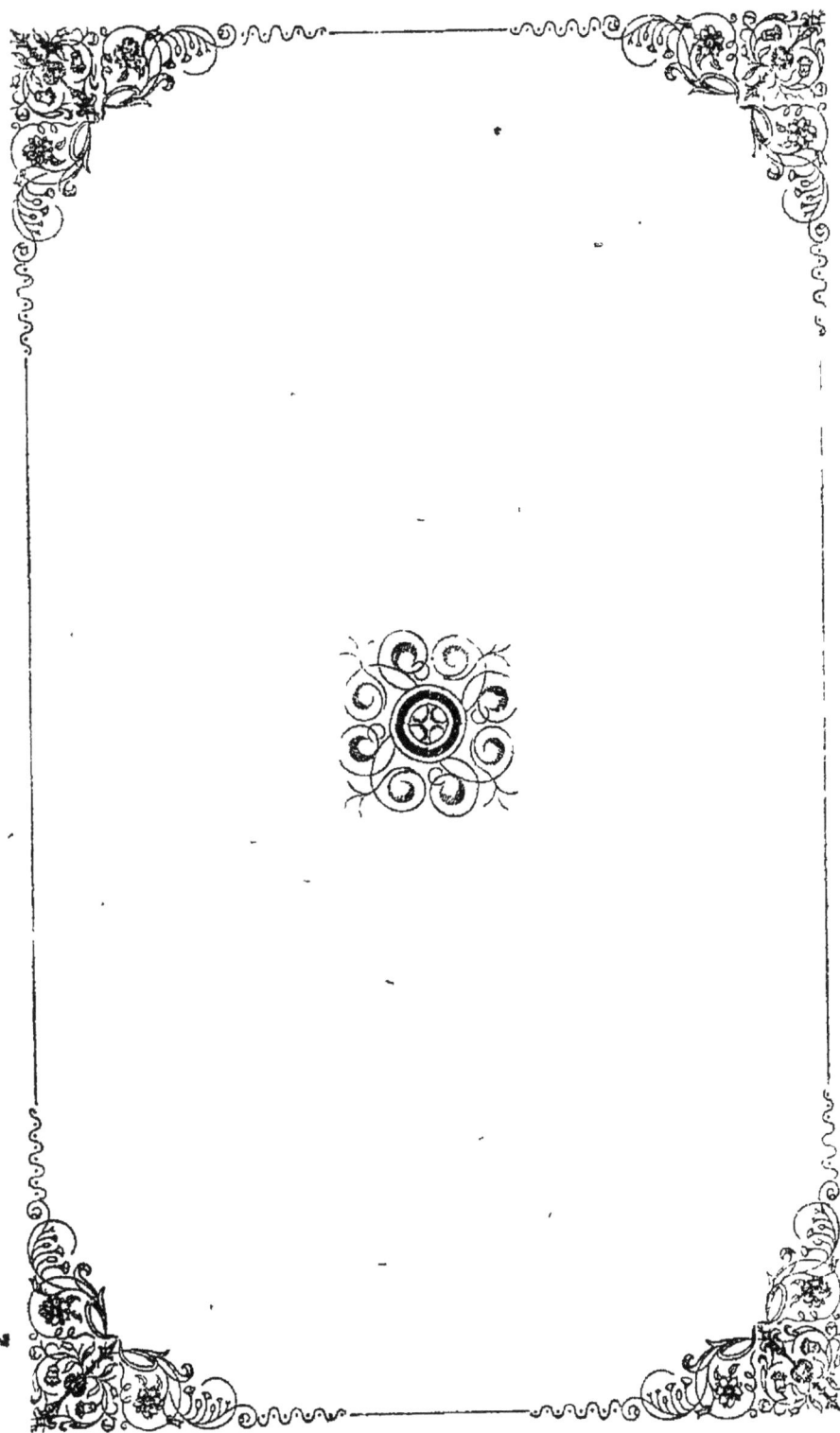